사회복지
윤리와 인권

양 옥 경

KNOWLEDGE COMMUNITY 공동체

사회복지윤리와 나와의 인연은 지금으로부터 27년 전, 이화에 처음 부임한 1990년 첫 강의《사회복지실천윤리》로부터 시작한다. 당시 4학년이던 87학번에게 개설되었던 이 강의는 한국에서도 이화에서도 처음 열린 것이었다. 돌이켜보면 이 강의는 개설 자체가 당돌한 일이었으며 도전적이었고 담대한 일이었다. 나 자신 윤리학자도 아니고 철학자도 아니었기에 가치와 윤리를 강의하는 것은 도전으로 다가왔다. 그러나 사회복지의 새로운 영역과 미래를 만들어 내는 일이었기에 나름 담대한 마음으로 시작하였다. 다양한 사례를 토론하고 상황극으로 전개해 보는 강의방식은 학생들로부터 좋은 반응을 얻었으며 즐겁고 창의적인 수업으로 받아들여졌다.

사회복지인권과의 인연 역시 비슷하다. 2006년 사회복지전문대학원 개원과 함께《사회복지윤리와 인권옹호》를 강의하였다. 이 역시도 매우 당돌하고 담대하고 도전적인 일이었다. 윤리와 인권을 함께 묶어놓았다는 것만으로도 파격적이라는 평가를 받았다. 서로 다른 것이라고 생각해 오던 윤리와 인권을 하나의 프레임 안에서 고민해야 한다는 주장은 당돌 그 자체였다. 인권이 정규과목으로 채택되자 학생들은 '인연'이라는 인권연구회까지 만들어 가면서 적극적으로 호응하였다.

사실 이때까지만 해도 사회복지 분야에서는 인권에 대해 큰 관심이 없었다. 여전히 인권은 법이나 정치의 영역으로 간주되었으며 상당 부분 이념과 정파의 문제를 내포하고 있는 것으로 여겨졌다. 그러나 인권은 말 그대로 인간으로서의 권리에 관한 것이기에 특정 이념이나 정파에 의해 그 중요성이 달리 다루어져야 할 대상이 아니다. 그나마 다행인 것은 인권에 대한 관심이 높아가고 있다는 것이다. 이제는 일상의 용어로 받아들여지고 있다. 특히 2004년 호주 세계사회복지대회에서 인권을 강조하는 내용으로 윤리강령을 발표한 이후로는 사회복지 분야에서도 인권의 이슈에 관해 적극적으로 반응하기 시작하였다. 윤리강령에 인권보장의 내용을 구체적으로 포함하자는 것이다. 미국 사회복지교육협의회는 2008년부터 인권과 정의를 사회복지학과 교육목표의 하나로 포함시킬 것을 인증조건으로 요구하고 있다. 이에 앞선 2001년〈한국 사회복지사 윤리강령〉개정 내용에는 인권이 포함되어 있다.

윤리가 제공자에 대한 실천 지침이라면, 인권은 제공자와 사용자 모두에 대한 지침이다. 윤리는 사회복지사에게 사회복지실천을 어떻게 윤리·도덕적으로 제공해야 하는지를 알려주는 길잡이 역할을 한다. 반면 인권은 제공자와 사용자의 구분조차 하지 않는다. 제공자가 범할 수 있는 인간 존엄성을 해치는 문제, 그래서 사용자가 일방적으로 당할 수 있는 인간존엄성 침해의 문제 등에 관해 양측이 정확하게 이해하고 민감하게 인지하고 있어야 함을 강조한다. 윤리와 인권은 공히 인간존엄을 기본 가치로 두고 있다는 점에서 외연과 내포는 동형적이다. 그래서 윤리와 인권을 하나의 책으로 엮고 싶었다.

이 책은 크게 2부로 나누어져 있다. 제1부는 사회복지를 실천함에 있어 윤리적 고려에 관한 내용이며, 제2부는 인권을 어떻게 고려해야 할 것인가에 관한 내용이다. 각 부는 개념과 역사, 이론, 국제적인 흐름 및 현황, 준거틀과 절차, 그리고 사례분석을 논하는 것으로 구성하였다. 윤리와 인권에 관해 개념적인 토대를 잡고 세계적인 정세에 관해 이해해야 다양한 사례에 정확하게 접근하여 이슈 해결을 위한 사고를 할 수 있기 때문이다. 그리고 다양한 유형의 사례를 각 부의 마지막 장에 배치함으로써 사례들의 토론을 통해 윤리와 인권의 현상을 이해할 수 있도록 하였다. 여기서 다루지 못한 더 많은 사례들과 상황들은 이 책을 읽으면서 독자들이 토론의 현장으로 가져올 수 있을 것이라 믿는다.

윤리와 인권 중심 실천의 본질은 사람사랑이다. 학생들과 사람사랑을 가르치고 배우던 지난 시간들은 나에게 매우 소중한 시간이었다. 윤리와 인권의 강의를 수강하고 진지하게 토론에 임해준 모든 학생들에게 감사하는 마음을 가지고 있다. 1994년 《사회복지실천과 윤리》를 함께 출판하였던 동료 학자들에게도 고마운 마음을 전하며, 출판을 독려하고 지지해 주신 故 문인숙 교수님의 혜안에 존경을 표한다. 이 책의 윤리 부분은 그 책의 기저에 기초하고 있다. 나의 출판 제안을 반갑게 받아준 도서출판 공동체의 김동근 전무와 출간에 참여한 출판사 모든 분들에게 감사드린다.

2017년 10월

양옥경

2부 사회복지 인권

1부

사회복지 윤리

01

사회복지 실천윤리

1. 사회복지 가치와 윤리

사회복지의 가치와 윤리는 그 시대 그 사회의 가치와 윤리에 기초를 두고 있다. 그리고 그 가치와 윤리는 사회복지의 전문적 가치와 윤리에 적용된다. 의학, 약학, 법학, 간호학, 언론학 등에서와 마찬가지로 사회복지전문직에서의 전문적 가치와 윤리도 사회적 가치와 윤리의 기준에 기반하게 된다. 그리고 전문직은 사회적 가치와 윤리를 실천하도록 사회로부터 인정과 재가를 받게 된다. 그러나 이때 사회복지전문가는 사회적 가치와 전문적 가치가 동일한 가치를 공유하지 않고 있는 상황을 접하게 된다. 이 같은 일은 취약계층을 옹호하는 과정에서 종종 발생하게 되는데, 이는 전문직의 실천이 사회적 가치를 역행하는 것으로 여겨지기 때문이다. 그러므로 취약계층과 주로 함께 일하는 사회복지사에게 실천가치와 실천윤리를 명확하게 하는 것은 매우 중요한 일이다.

1) 가 치

가치value는 믿음이다. 가치는 자신이 원하는 행동 또는 상황적으로 자기 자신에게 적합한 행동을 선택하는 개인의 선호이다. 즉, 가치는 좋은 것이다. 따라서 가치는 개인에게 적합한 행동을 선택하게 하는 기준이 된다(Loewenberg & Dolgoff, 1988 : 15). 반면에 윤리는 옳은 것이다. 가치가 좋거나 나쁜 것이라면, 윤리는 옳거나 옳지 못한 것이다(Loewenberg & Dolgoff, 1988 : 17). 그래서 윤리는 판단이라고 할 수 있다. 비록 서로 혼용되는 경우가 종종 있지만, 가치와 윤리는 이렇게 서로 다른 개념이다. 예를 들어, '사생활 보호privacy'는 좋은 가치이다. 그러나 '고지된 동의informed consent'는 클라이언트의 사생활 보호를 실천하기 위한 사회복지사의 행동에 대한 윤리적 기준이다.

사회복지는 가치중심value-based 전문직profession이다(Levy, 1973; Levy, 1976 : 238). 그래서 가치가 사회복지의 구조 전반에 전면적으로 배치된다(Timms, 1983 : 17). 그러다 보니 가치가 사회복지실천에 관련된 모든 것에 설득력을 갖게 된다. 프리들랜더Friedlander는 사회복지사social worker라면 최소한 다음의 민주주의 가치관에 입각한 태도를 가지고 실천을 해야 한다고 하면서 이를 네 가지로 정의하였다(Friedlander, 1976 : 2-6). 그 네 가지는 첫째, 인간 고유의 가치와 진실성 및 존엄에 대한 강한 신념the inherent worth, the integrity, and the dignity of the individual, 둘째, 경제, 사회적 욕구뿐 아니라 개인적인 욕구에 대해 자신의 욕구가 무엇이며 어떻게 충족되어야 하는지에 대해 자기가 결정할 수 있다는 권리에 대한 신념the right to determine himself, 셋째, 개인의 수용능력에 의한 제한 이외에는 모두에게 동일한 기회가 있다는 강한 믿음equal opportunity for all, 그리고 넷째, 이 세 가지는 자기 자신, 자기 가족, 그리고 사회에 대한 사회적 책임과 연결되어 있다는 신념social responsibilities이다.

즉, ① 인간존엄, ② 자율결정, ③ 기회균등, ④ 사회책임이다. 사회복지가 가지고 있는 사람중심의 가치로서 인간존엄과 인간존엄을 위한 사회정의의 내용을 담고 있다. 미국의 사회사업훈련연구소National Institute for Social Work Training는 전통적인 사회사업social work의 가치를 ① 클라이언트를 존중respect하라, ② 클라이언트를 있는 그대로 수용accept하라, ③ 클라이언트를 비난condemn하지 말라, ④ 클라이언트의 자기결정의 권리를 인정uphold하라, 그리고 ⑤ 클라이언트의 자신감confidence을 존중하라 라고 정리하였다(National Institute for Social Work Training, 1964 : 19, Timms, 1983 : 46 재인용). 사회복지전문직이 가지고 있는 사람으로서의 클라이언트를 바라보는 시각을 인간존엄에 두고 있음이 강조되고 있다.

이에 기초하는 사회복지실천의 전문적 가치는 ① 개인가치와 인간존엄성, ② 개인존중, ③ 변화 가능성에 대한 가치, ④ 자기결정권, ⑤ 비밀보장과 사생활 보호, ⑥ 적합한 자원과 서비스 제공, ⑦ 권한부여, ⑧ 균등한 기회 보장, ⑨ 반 차별주의, 그리고 ⑩ 다양성 존중(NASW, 1995 : 894)이다. 이 가치들은 실천현장에서 경험하는 매우 중요한 핵심 가치들이다. 그러나 사회복지 실천현장에서는 개인 가치와 사회적 가치가 전문적 가치와 함께 공존한다. 그리고 이 서로 다른 가치들은 사회복지사들을 갈등에 빠뜨리기도 한다. 물론 대부분의 사회복지사들은 전문적 가치를 따르게 되는데, 이 가치들 간의 차이가 혼돈과 갈등을 일으키게 될 때, 특히 개인가치나 사회가치가 전문직 가치와 함께 가지 않을 때, 그때 사회복지사들은 가치갈등과 딜레마에 빠지게 된다.

사회복지전문직에는 사람, 결과, 수단의 세 수준의 가치가 있으며(Levy, 1973), 각 수준의 가치는 각각 다른 중요성을 가지고 있다. 그리고 이 세 수준들은 서로 동일한 중요도를 가지고 있으며 어떤 것 하나가 다른 것의 우위에 있지 않다.

첫 번째 수준은 사람우선 가치이다. 이것은 모든 전문직이라면 가지고 있어야 하는 자신들의 클라이언트에 대한 기본적인 가치이다. 이런 가치가 바로 개별 인간에 대한 타고난 존엄성과 고귀함dignity and worth이며, 지식을 갖춘 사람으로서 전 생애를 통해 변화되고 성장 발전해 나가는 개인의 능력과 욕구이다(Lowy, 1974 : 29). 이는 또한 상호 책임감이고, 어딘가에 속하고 싶은 소속의 욕구이며, 각 개인의 독특한 욕망이다. 그와 같은 가치를 인식하고 실천하기 위해 사회복지사는 클라이언트를, 필요한 능력을 갖춘 독특한 한 개인으로 대해야 한다.

두 번째 수준은 결과우선 가치이다. 이것은 서비스가 클라이언트에게 전달되었을 때 보이는 결과에 대한 가치이다. 빈곤, 질병, 차별, 또는 불공평한 기회에 대한 균등한 기회 안에서의 사회적 책임에 대한 믿음으로부터 비롯된다. 사회는 인간이 가지고 있는 성장 발달에 대한 잠재성을 향상시킬 의무가 있다(Lowy, 1974 : 29). 이것은 자원에 대한 공평한 기회 제공에 대한 믿음이다.

세 번째 수준은 수단우선 가치이다. 이것은 모든 종류의 접근방법, 측정도구, 그리고 각종 도구들에 대한 가치이다. 인간에 대한 존엄과 존경으로부터 비롯되어 실천된다. 이것은 클라이언트의 자기결정권, 사회적 변화 과정에 있어서의 동등한 기회 보장, 그리고 독특한 인간 개인으로서의 인식에 있어서의 동등한 기회에 대한 믿음에 기초하고 있다. 타인을 원조한다는 것은 그 사람에 대한 편견이나 낙인 없이 대한다는 것을 의미한다(Lowy, 1974 : 29).

이 같은 가치의 수준은 또한 가치의 위계적 단계로도 설명된다(김정자, 2004 : 65-66). 다양한 가치들을 종적으로 분류한 것으로 다음의 세 단계가 있다.

첫 번째 단계는 도구적 가치instrumental values의 단계이다. 바람직한 목적에 바람직한 수단을 구체화하는 것과 같은 것으로 매우 구체적인 가치들이다. 어떤 경우라도 진실truth은 추구되어야 할 중요가치이다(Lowy, 1974 : 29).

예를 들어, 비밀보장, 자기결정, 고지된 동의 등이 여기에 속한다.

두 번째 단계는 근사적 가치proximate values의 단계이다. 중간 수준의 가치들로, 단기목표를 제시한다. 특정 치료를 거부할 수 있는 환자의 거부권리, 보건의료 서비스에 대한 치료접근권리, 주택마련 등에 대한 권리 등이 여기에 속한다.

세 번째 단계는 궁극적 가치ultimate values의 단계이다. 최고 수준의 가치이다. 장기목표에 대한 일반적 지침을 제공한다. 인권존중, 평등, 비차별 등과 같은 가치가 여기에 속한다. 이 궁극의 가치는 사회복지의 궁극의 목표와 정체성 확립에 기반이 되는 가치들이다.

2) 윤 리

윤리학ethics은 철학의 한 줄기로 영어권에서는 도덕철학moral philosophy이라 불리기도 한다. 도덕에 관한 철학연구(Feldman, 1978 : 1, 김기덕, 2002 : 34 재인용)이거나, 도덕성 및 도덕적 문제, 그리고 도덕적 판단에 대한 철학적 사고(Frankena, 1973 : 4, 김기덕, 2002 : 34 재인용)인 것이다. 도덕철학인 윤리학은 도덕적 원칙과 이론을 정당화하고자 하는 체계적인 노력이라고 하면서(Pojman, 2002 : 2, 김기덕, 2002 : 34 재인용), 두 가지 과제를 제시하고 있다. 첫 번째 과제는 윤리학이 집단의 행동지침으로서 올바른 행위에 대한 원칙을 제시해야 한다는 것이고, 두 번째 과제는 개인적으로는 어떤 삶이 가치 있는 것이고, 사회적으로는 어떤 사회가 도덕적으로 가치 있는가를 제시해야 한다는 것이다.

이 같은 과제를 중심으로 볼 때, 윤리학은 사람에 관한 학문이며 사람의 삶을 대상으로 하는 사람의 행위에 관한 학문이고 그 사람이 살아가는 사회에 관한 학문이다. 윤리학은 도덕적 규범과 의무에 관한 학문으로 인간행동의 적절성에 관한 학문이다. 그래서 윤리학은 어떤 상황이 도덕적 당위성의 측면에서 어떠해야 하며 어떤 것이 도덕적으로 옳은 것인지를 밝혀내기 위해 탐색하는 학문이다. 윤리ethics는 영어로는 윤리학ethics과 구분되지 않게 쓰이는데, 사전적 의미로는 사람이 사회적 관계에 있어 "사람으로서 마땅히 행하거나 지켜야 할 도리"(표준국어대사전, 1999 : 4827)이다. 영어로는 에틱스ethics라고 하며, 한 개인으로서 지켜야 할 도덕적 원칙들moral principles, as of an individual이다(Unabrideged Dictionary, 2001 : 665). 'ethos'라고 하는 그리스어에서 온 말로, 관습, 습관 등을 의미한다(Loewenberg & Dolgoff, 1988 : 3).

윤리는 가치와 구분된다. 가치가 인간의 좋고 바람직한 것에 관한 믿음이나 가정이라면(Pincus & Minahan, 1973 : 38), 윤리는 옳고 그른 것에 관한 사회적 합의이다. 가치가 사람들의 마음에서 비롯된 가정적 개념이라면, 윤리는 사람의 행동에 관한 실천적 개념이다. 가치는 과학적이거나 규범적인 기준을 요구하지 않지만, 윤리는 인간행동을 판단하기 위한 원칙과 규범적 기준을 요구한다(양옥경, 1993 : 29). 그러므로 윤리는 인간행동을 통제하거나 규제하는 기준과 원칙까지도 포함하는 개념으로서 타인에 대한 책임감에서 우러나오는 인간에 대한 기대이다(문인숙 외, 1985 : 117).

전문직 윤리는 실천현장에서 전문직 가치를 전문적 실천활동으로 전환하는 데 필요한 지침을 제공한다(Dolgoff et al., 2012 : 27). 따라서 실천윤리로서의 전문직 윤리는 사회적 윤리와 동일하지는 않다고 하더라도 서로 긴밀하게 연결되어 있다. 따라서 사회복지전문직에서 사회복지전문직 윤리는 사회복지사가 사회복지 가치 기준에 맞는 실천을 하였는지에 대한 행동의 옳고 그름의 판단 기준을 제시한다.

2. 사회복지 가치와 윤리의 등장

사회복지는 사회정의와 공정성에 뿌리를 둔 규범적 전문직이다(Reamer, 1995 : 5). 개인주의 가치와 인도주의 가치 사이의 타협이 사회복지실천(Watson, 1978 : 27)이라고 보았을 때, 사회복지는 가치를 중심으로 전문적 실천을 발달시켜 온 것이라고 할 수 있다. 전문적 실천의 중심인 사회복지 가치가 중요하게 논의되기 시작한 시점은 19세기 말까지 거슬러 올라간다. 반면 윤리는 20세기 중반이 되어서야 논의되기 시작한다.

1) 사회복지 가치체계의 발달

(1) 가치체계 형성의 시대

사회복지의 가치가 체계를 갖추고 발달하기 시작한 것은 19세기 말부터이다(Reamer, 1995 : 5-9). 19세기 말 20세기 초에는 철학적 사고가 등장하던 시기이다(Hunt, 1978 : 11). 사회복지가 사회복지실천을 전문직으로 선언하고 발전을 시작하던 때로 다음의 두 단계를 거친다.

① CSO 중심의 발달단계

1840년대 구빈법에 기반하여 빈곤한 사람들의 상태를 향상시키기 위한 협회Associations for Improving the Condition of the Poor들이 만들어지던 때로부터 1869년 영국에서 자선조직협회Charity Organization Society가 최초로 형성되어 사회복지실천 기관들의 공식적인 협회로 기능하던 때이다. 계속 증설되던 자선조직들은 우애방문자들friendly visitors을 파견하여 중산층 도덕을 통한 교화를 실행하였고 이들의 가치 도덕관을 변화시키려 하였다. 빈곤한 자들에게 자신들의 중산층 도덕을 강요하였는데, 이들은 기독교 도덕으로 무장된 사람들로서 자신들의 가치관이 최상의 가치관이라고 믿고 있던 사람들이었다. 따라서 빈곤한 사람들이 빈곤에서 벗어나려면 자신들과 같은 가치관을 가져야만 한다고 믿고 있었다. 이 우애방문자들은 빈곤층의 빈곤 원인이 빈공층의 도덕성에 문제가 있어서라고 믿고 빈곤을 타파하려면 이들의 도덕성을 자신들과 같은 중산층 기독교 도덕에 맞추는 것이 옳은 일이라고 믿었다.

이 시기에 가치는 중산층 이상 상류계층의 도덕이 최상의 가치인 것으로 여겨졌으며, 빈곤한 자의 가치는 철저하게 무시되었다. 따라서 빈곤계층이 가지고 있는 자신들의 가치나 권리는 존재 자체가 거부당하였다. 다만, 기득권계층의 가치관을 배우고 실천에 옮기는 것만 의미 있고 가치 있는 자세와 행동으로 받아들여졌다. 이 같은 부권주의적 접근paternalist approach의 단계는 꽤 오랫동안 지속되었으며, 어떤 면에서는 지금 현 시점에서도 이때의 가치관이 아직도 유효하게 진행된다고 할 수 있다.

② SHM 중심의 발달단계

19세기 말부터 20세기 초에 걸친 거주정착운동[1])Settlement House Movement이 활발하게 전개되던 시기이다(Reamer, 1995 : 5-9). 1885년 영국 화이트채플Whitechapel의 토인비홀Toynbee Hall을 비롯하여 1886년 이웃조합neighborhood guild, 1889년 미국 시카고Chicago의 헐하우스Hull House가 활발히 운동을 전개하던 시기이다. 이 시기에 활동하던 사람들은 이들의 지역으로 주거지를 옮

1) 본 저서에서는 Settlement House Movement를 일반적으로 통용되고 있는 '인보관운동'이라는 해석 대신 '거주정착운동'으로 명명하고자 한다. 이미 '현지거주운동'이라 지칭했던 선례도 있으나(김상균 외, 2011 : 192) settlement house가 사회복지사들이 현지로 이주하여 거주하는 것만이 목적이 아니라 다양한 다른 목적도 가지고 있었으며, 이민자를 비롯하여 유리걸식하는 빈민들을 지역사회에 정착시키는, 즉 settle down 시키는 역할이 매우 중요한 기능이었으므로 클라이언트의 입장까지 반영하여 '거주정착운동'으로 명명하고자 한다. 이는 일제강점기인 1930년대 일제가 조선사회사업연구회를 만들고 settlement house를 인보관으로 번역했던 일본식 번역에 대해 그 단어가 갖는 의미를 학문적 통찰 없이 받아들였던 것에 대한 반성적 차원에 기인하는 것이기도 하다. 사회사업(social work)이라는 단어 역시 본 저서에서는 동일한 맥락적 이유로 사용을 자제하며 사회복지실천(양옥경 외, 2000 : 21)으로 대체하여 사용하고자 한다.

겨 이들과 함께 생활하면서 숙식을 나누고 도덕과 가치도 서로 나누며 존중하는 생활을 하였다.

20세기 초는 활발히 전개되던 진보주의의 영향을 받은 시기이다. 빈곤한 자의 빈곤은 도덕성 결여의 문제라기보다는 사회문제와 불평등과 같은 사회 환경과 그 구조에 기인한다는 주장을 하던 시기이다. 거주정착운동의 주요 활동가들인 옥스퍼드나 캠브리지 또는 하버드나 예일 대학의 젊고 똑똑한 학생들은 자선조직협회가 빈곤한 자에 대해 개인중심의 도덕적 접근을 수용하는 전문직 가치에 의문을 제기하면서 활동을 시작하였다. 이는 빈곤의 원인에 대한 전문직의 가치체계에 변화를 초래하였는데, 빈곤을 인식하는 데 있어 개인의 도덕에만 초점을 두고 변화를 강조할 것이 아니라 사회적 가치에도 변화를 가져와야 한다는 주장을 한 것이다. 개인의 도덕성 회복과 더불어 도덕적인 지역사회 건설(김기덕, 2002 : 131)이 중요했던 이들은 중산층 이상의 기독교 도덕적 가치만이 중요하다는 것에 이의를 제기하였다. 빈곤한 자에게도 나름의 도덕적 가치관이 있음을 인정하게 되었고 그 가치관을 존중하였다. 따라서 빈곤층은 중산층의 도덕성을 배우지 않아도 되게 되었음은 물론, 자신들이 지역사회의 주인이 되어 자신들의 힘으로 지역사회를 일구어 나갈 수 있도록 도움을 받았다. 거주정착이라는 세틀먼트하우스settlement house의 이름 그대로 지역사회를 안정되게 정착시켜 나갔으며, 지역사회가 함께 공존하는 이웃neighborhood을 만들어 갔다.

(2) 윤리 도덕성의 시대

1940년대와 1950년대에 이르러 커다란 변화가 나타났다. 그때까지 미국에서의 사회복지실천은 가치체계를 클라이언트에게 맞추고 있었다(Reamer, 199

5 : 5-9). 자선조직협회 차원의 가치체계였던 것이다. 그러나 윤리 도덕성 시대에 접어들면서부터는 가치체계의 무게중심이 클라이언트에게서 사회복지사로 이동되기 시작하였다. 이것은 매우 큰 변화였다. 사회복지사가 속해 있는 중산층의 도덕적 가치를 빈곤한 계층의 클라이언트에게 무조건 강요하던 것에서 벗어나 사회복지사의 가치체계를 점검하기 시작한 것이다.

20세기 중반까지 모든 힘 있는 사람들은 힘 있는 사람들의 편이었다. 그리고 그 힘 있는 사람들이 만들어 내는 가치체계가 사회에서 통용되는 가치체계였다. 사회복지는 사회변화를 추구한다기보다 그 체계에 편입해 있으면서 기득권의 가치를 지키는 사회통제 쪽에 더 가까이 있었다(Hunt, 1978 : 10). 이를 위해 빈곤한 개인으로 하여금 자신들의 상황에 타협하면서 살아가도록 하였으며, 문제해결의 초점을 개인에게 떠넘기던 시대였다.

그러나 20세기 중반 이후로 들어오면서 클라이언트를 대하는 전문가들이 자기 가치관에 대해 의문을 제기하기 시작하였다. 그러면서 전문직 가치체계에 입각한 전문적 실천을 할 것을 강조하기 시작하였다. 이는 사회복지계에도 마찬가지여서 사회복지전문직은 사회복지사들이 클라이언트를 대할 때 취하는 행동이 어떤 가치관에 근거하는가에 대해 의문을 갖기 시작하였다. 결국 사회복지사들이 도덕적이고 윤리적으로 행동하게 하기 위하여 기준과 지침을 생각하게 되었고 이를 사회로부터 승인받고자 하였다. 이는 1947년 미국에서 최초의 사회복지사 윤리강령을 만들게 하는 결과를 이끌어 냈으며, 1970년 윤리 및 도덕에 관한 첫 번째 저서인 플랜트의 「케이스웍에서의 사회 · 도덕적 이론」 *Social and Moral Theory in Casework*(Plant, 1970)을 발간하게 하였다.

또한 외부요인도 동시에 작용하였다. 제2차 세계대전 후 미국 전역에서 활발히 전개되던 사회운동의 영향을 받아 사회정의, 사회개혁을 사회복지 분야에서도 구체적인 활동으로 연결짓기 시작하였다(김기덕, 2002 : 33-34). 인권, 차별, 평등, 억압 등의 주요 사회적 이슈에 관심을 보이기 시작한 것이다. 그러나 관심 차원에 머물러 있었을 뿐 그 이상의 발전을 이루어 내지는 못하였다.

(3) 윤리강령의 시대

1960년 미국의 공식적인 사회복지사 윤리강령이 최초로 공포되던 이때부터 20세기 말까지를 윤리강령의 시대라 할 수 있다(Reamer, 1995 : 5-9). 각국에서 사회복지사 윤리강령이 제정되고 반포되었으며, 사회복지사들은 사회복지사 윤리강령에 입각한 사회복지실천을 하는 것을 중요하게 생각하던 시기이다. 한국에서도 1982년 최초의 사회복지사 윤리강령이 초안을 잡았고, 1988년 최초로 공포한 이래, 1992년과 2001년 한국사회복지사협회가 재정비된 사회복지사 윤리강령을 공포하였다. 이 같은 일련의 과정을 통해 윤리와 가치에 관한 관심이 증대하게 되었다.

이 시기의 가장 큰 변화는 다양성에 대한 인정과 과학과 기술의 발전이다. 의학과 공학의 발달로 생명연장이 가능해졌고 장기이식이나 유전공학의 실현 등이 쉽게 다가왔다. 이에 따라 클라이언트도 인공수태, 장기이식, 안락사, 성감별에 의한 유산 등을 경험하면서 다양한 상황에서 결정을 내리기 위한 가치판단이 필요한 경우에 놓이게 되었다. 그리고 이런 경우 대부분이 인간존엄을 존중하거나 동시에 인간존엄에 위협을 가하게 되는 상황을 초래하게 되었다. 그러다 보니 이 같은 상황에 놓였을 때 사회복지사의 가치판단을 도와줄 도구가 필요하게 되었다. 그래서 만들어진 것이 윤리강령이다.

이 시기에는 윤리와 더불어 전문가 가치에 관해 많은 연구가 있었던 시기이다. 레비Levy가 사회복지 가치의 중요성을 강조하면서 사회복지사들을 일깨운 사회복지 가치에 관한 저술 *Social Work Ethics*(1976)를 내놓았고, 리머

Reamer가 가치와 윤리에 관해 *Social Work Values and Ethics*(1995)를 저술하였다. 한국에서는 양옥경과 동료 교수들이 공동집필한 《사회복지실천과 윤리》(1993)가 사회복지분야에서는 최초의 윤리 저서로 출간되었다. 실천윤리를 넘어서서 사회복지 영역에서 학문으로 윤리학을 다루는 《사회복지윤리학》(김기덕, 2002)이 출간되기도 하였다. 이후 사회복지윤리와 철학이 사회복지사 자격제도의 법정교과목이 되면서 《사회복지윤리와 철학》 교재들(김상균 외, 2002; 양옥경 외, 2004; 고수현, 2005; 오혜경, 2005; 김상윤, 2008; 오윤수 외, 2010; 김기덕 외, 2012; 우국희 외, 2013; 서미경 외, 2015; 곽미정 외, 2016; 이효선, 2016 등)이 출간되었다. 2016년에는 인권을 윤리와 함께 논의한 《인권과 함께 보는 사회복지윤리와 철학》(윤성호 외, 2016)이 출간되었다. 교과서 외에도 많은 논문들이 발간되었다. 사회복지 기본 가치와 보편적 윤리의 관계성에 관한 연구(이효선, 2002)를 비롯하여 사회복지실천에 있어서의 가치와 윤리에 관한 연구(오혜경, 2004), 윤리의 민감성과 윤리교육의 효과성에 관한 연구(최명민, 2009) 등이 있다.

(4) 윤리와 인권의 공존 시대

현재 21세기는 인권의 시대이다. 사회복지실천의 현장은 윤리와 인권이 공존하는 곳인데 이를 인정한 매우 변혁적인 시기라 할 수 있다. 윤리중심의 논의에서 그 윤리의 다른 한 면에 인권을 포함하여 논의를 시작하고 있는 시기이다. 윤리와 인권을 동전의 양면(Ife, 2001 : 104)으로 생각하기 시작한 시기이며, 인간존엄의 가치가 인권이라는 개념으로 더욱 강조되는 시기이다.

지금까지 사회복지 실천현장은 전문직의 윤리적 실천을 강조해 왔으나, 이 윤리적 실천을 클라이언트의 인권 옹호와 연결시켜 실행해 내기에는 다소 미흡했던 것이 사실이다. 꽤 오랫동안 인권은 법에 연관되어서만 이해되는 것으로 여겨져 왔다. 이는 아마도 인권이 법적으로 인신구속을 자유롭게 해방시키는 것으로부터 비롯된다고 생각한 것에 연유할 것이다. 따라서 대부분의 사회복지사들은 윤리적 실천을 하는 것에 중점을 두고 진행해 왔으며, 인권을 사회복지적 실천과 연결짓지는 못했다. 유엔인권센터가 1994년 '사회복지는 인권전문직이다'[2)][UN Center for Human Rights(이혜원 역), 2005 : 20]라고 천명했음에도 불구하고 사회복지 분야에서 사회복지전문직이 인권전문직임을 인정하고 관심을 보인 것은 시간이 꽤 지난 후였다.

이 시기에서 2004년은 매우 중요한 해이다. 세계사회복지사연맹International Federation of Social Workers, IFSW과 세계사회복지대학협의회International Association of School's of Social Work, IASSW가 전 세계적으로 사회복지 윤리에 대해 도전장을 던진 해이다(Reichert, 2011 : 198). 이 두 협의체의 회원들은 2004년 호주 아들레이드에 모여 당시 실천되고 있던 사회복지 실천윤리에 있어 변화가 필요함을 심도 있게 논의하였다.

IFSW는 유엔인권센터의 사회복지가 인권전문직이라는 정의를 인용하면서 사회복지가 인권전문직임이 다시 한 번 인정되었다고 강조하고(IFSW, 2005 : 20), 인권전문직으로서의 사회복지가 변화해야 할 필요성이 있음을 역설하였다. IFSW는 이제는 윤리에서도 인권이 지배적인 주제가 되고 있음을 피력하였다. 인권이 사회복지와 사회복지의 핵심 사명의 주된 원칙으로 자리 잡아야 함을 강조하였고 인권주제의 저술들을 출간하였다. 이때 IFSW는 IFSW에 소속된 각 개별 국가들이 2004년 채택한 문서에 기초하여 새로운 가치와 윤리와 인권을 교육할 것을 기대한다고 발표하였다. 이즈음 짐 아이프Jim Ife(2001)

---

2) 유엔인권센터는 1994년 Human Rights and Social Work 라는 소책자를 출간하면서 1988년 "사회복지는 인권전문직"이라는 IFSW의 문구를 인용하였다. 이로써 사회복지는 유엔이 공식 인정한 인권전문직임이 확인된 것이다. 이 소책자는 UN Center for Human Rights*유엔인권센터*, the International Federation of Social Workers*세계사회복지사연맹*, 그리고 the International Association of Schools of Social Work*국제사회복지대학협의회*가 공동으로 집필한 것이다.

와 엘리자베스 라이커트Elizabeth Reichert(2003) 같은 학자들은 사회복지현장에서 인권적 관점이 얼마나 중요한지를 강조하였다. 한국에서는 2006년 설립된 이화여자대학교 사회복지전문대학원이 《사회복지윤리와 인권》을 정식 교과목으로 채택하여 2007년 최초로 인권을 강의하기 시작하였다.

이 시기는 애초부터 가지고 있는 사회복지의 기본 가치인 인간존엄성이 제대로 클라이언트에게 맞추어진 단계라 할 수 있다. 가치체계 형성의 시기에는 인간존엄의 초점이 중산층 이상 상류계층에게 맞추어져 있었다면, 시대를 지나오면서는 클라이언트의 차별을 금지하는 사회복지사의 윤리적 실천에 맞추어지다가, 현 단계에 들어서면서 클라이언트를 사회복지사와 다르지 않은 계층 간 차별이 없는 인간 그대로의 존엄함을 인정하는 가치체계로 맞추게 된 것이다. 긍정적 방향으로 계속 발전해 오고 있다.

2) 사회복지 윤리의 출현

사회복지실천의 윤리는 앞선 가치의 발달단계에서 보이는 것처럼 20세기 중반이 되어서야 활발히 논의되기 시작하였다. 그때까지는 사회가 그다지 복잡하지 않아서 실천윤리가 개입할 정도의 심각성을 가지고 있지 않았기 때문이었다. 그러다 1960년대, 1970년대에 들어오면서 사회복지뿐 아니라 의학, 법, 간호, 언론 등에서도 인간존엄성의 가치가 각자의 행동에서 지켜질 수 있는 행동적 원칙과 기준이 있어야 하겠다는 인식을 갖기 시작하였다.

이때까지 사회복지는 가치의 중요성을 크게 염두에 두지 않았었다. 지식, 기술, 그리고 가치가 사회복지를 구성하고 있는 3대 핵심 요소이지만, 지식과 기술은 사회복지가 전문직으로 발전하는 데 지대한 영향을 미치지만 가치는 그 반대라고 생각했기 때문이었다. 사회복지전문가들에게 가치중심의 실천은 과학적이라고 여겨지지 않았기 때문이다. 그러다 1960년 미국에서 사회복지사 윤리강령을 채택했을 때, 사회복지계는 비로소 윤리강령이 강조하는 사회복지실천의 핵심 가치들에 대해 관심을 보이기 시작하였다. 그리고 가치중심의 실천을 철학의 한 분류인 윤리학과 연결하여 조금 더 과학적으로 발전시키고자 하였다.

이제 윤리적 원칙과 기준은 사회복지사들이 사회복지실천을 하는 데 있어 필수적인 요소로 자리 잡았다. 물론 아직도 클라이언트가 각자 다 개성을 가진 독특한 개인들인데 하나의 원칙을 가지고 클라이언트를 대할 수 있는가, 사회복지사가 능력이 출중하다면 그 능력하에 클라이언트를 도우면 충분한 것이지 왜 윤리와 가치가 기준과 원칙이 되어야 하는가 등의 문제를 제기하는 사회복지사들이 많이 있다. 그리고 이 같은 주장은 특히 임상사회복지를 실천하는 실천가들에 의해 더욱 강하게 문제 제기되고 있는 것으로 이해되고 있다. 증거기반 실천이면 충분하다든가, 윤리란 철학자들의 궤변이 아닌가라든가, 도덕적인 사람이면 충분히 해낼 수 있는 게 아닌가 라든가 등의 이유를 들어 가치나 윤리에 기반한 실천을 반대하기도 한다(Dolgoff et al., 2012 : 39-40).

3. 사회복지 가치의 중요성

앞서 강조했듯이 사회복지는 가치중심 학문이고 가치중심 실천이다(Levy, 1973; Levy, 1976 : 238). 사회복지사가 사회복지를 선택하여 평생직업으로 삼고 일하는 이유도 사회복지의 가치에 동의하기 때문이다(Timms, 1983 : 28). 그러다 보니 사회복지사들은 다 전문직의 가치를 따른다고 생각할 수도 있고 또 그렇게 기대될 수도 있다. 그러나 사회복지사는 철학자나 윤리학자도 아니고 도덕군자도 아니다. 일반인으로서의 한 개인일 뿐이라는 것은 인정해야 한다. 물론 클라이언트의 인생에 끼어들어 클라이언트의 가치와 철학에 피할 수 없는 관계inescapable connection를 갖게 되는 것은 맞지만(Biestek, 1975 : 23) 그렇다고 사회복지사를 가치중심적value laden 전문가라고 하는 것은(Goldstein, 1973 : 90) 무리가 있다는 주장이다. 그러므로 사회복지사를 높은 가치관을 가진 훌륭한 사람으로 인식하고 과도한 윤리도덕적 기대를 부과해서는 안 된다는 것이다. 이때의 가치는 어떤 가치를 말할 것인가. 사회복지사가 사회복지 전문직이 추구하는 가치만을 차곡차곡 쌓아서 가지고 있다고 생각하는 것도 맞지 않다. 사회복지사도 한 개인이기 때문에 개인이 가질 수 있는 고유한 가치를 가지고 있음을 부인할 수도 무시할 수도 없다. 다만, 전문직의 가치에 입각하여 실천을 해야 한다는 것이 중요하게 부각될 뿐이다.

따라서 사회복지실천에서 사회복지사는 자신의 개인적 가치를 조율해야 하며 전문적 가치와 복잡하게 얽혀 있는 상황들을 파악하고 있어야 한다. 또한 사회복지사들은 그들의 클라이언트도 그들 자신의 개인적 가치를 가지고 있음을 인식하고 있어야 한다. 그리고 그 클라이언트의 개인적 가치가 사회복지사의 개인적 가치, 사회복지전문직의 가치, 그리고 사회적 가치와 충돌하여 갈등을 일으킬 수 있음을 인지하고 있어야 한다. 그러므로 사회복지사들에게 자기인식은 매우 중요하다.

미국 NASW는 윤리강령에서 사회복지의 6가지 핵심 가치core values를 제시하고 있다. 그 가치들은 ① 서비스service, ② 사회정의social justice, ③ 인간 존엄과 존중dignity and worth of the person, ④ 인간관계의 중요성importance of human relationships, ⑤ 진실성integrity, 그리고 ⑥ 능력competence이다. 헵워스Hepworth와 그의 동료들은 사회복지 실천과정에서의 4가지 중심 가치cardinal values를 제시하고 있다. 그 가치들은 ① 모든 사람들은 자신들의 잠재성을 계발하고 문제를 해결하기 위해 자원에 공평하게 접근할 수 있어야 하며, ② 사회복지사들은 인간의 천부적인 존엄과 가치를 존중해야 하고, ③ 믿음이 가는 행동으로 진실성을 담보해야 하며, 마지막으로 ④ 전문성을 발전시키는 전문가 역량이 있어야 한다(Hepworth et al., 2010 : 53-59)는 것이다

본 절에서는 이와 같은 다양한 가치들에 기초하여 사회복지실천에서 전문직으로서의 핵심 가치를 다음의 5가지로 논하고자 한다.

1) 사회복지실천 전문직의 핵심 가치

(1) 인간존엄

사회복지사는 천부적으로 가지고 태어난 인간의 존엄성human dignity과 인간에 대한 가치를 존중해야 한다. 따라서 이 같은 가치를 실행하기 위해 사회복지사는 과거의 행동이 어떠했든, 현재 어떤 모습이든, 현재의 지위가 높든 낮든, 또는 삶의 방식이 어떠하든, 믿음의 형태가 어떠하든, 피부색이 어떠하든, 그리고 전통과 역사가 어떠하든, 인간이라면 누구나 각자 고유한 본질적인 주요 가치를 가지고 있다는 것을 믿어야 한다. 그리고 그 가치가 변화를 추구하기 위해 자신과 함께 일할 파트너의 본질이라는 것을 믿어야 한다. 이는 인간에 대한 존경이 원조관계에서 가장 핵심적인 요소라는 것을 의미하며, 클라이언트에 대한 수용과 무조건적인 긍정적 관심을 보이는 것을 의미한다. 어떤 형태의 경제, 사회, 문화적 조건에 의해서도 차별되지 않아야 한다. 특히 과학이 첨예하게 발달하고 있는 현대사회에서 물질과 기계에 관심과 우선순위가 주어지는데 그 어떤 때보다도 인간의 존엄함을 지키기 위한 노력이 필요하다.

(2) 자원 접근의 평등

모든 인간은 자신들의 생애주기 문제를 해결하기 위해 또는 자신들의 잠재력을 최대한으로 계발하기 위해 필요한 자원에 접근할 권한equal right to social resources을 가지고 있다. 그리고 이때의 자원은 '기회'까지도 포함한다. 따라서 사회복지사는 모든 사람들이 모든 자원에 공평하게 접근할 권한을 가지고 있다는 것을 믿어야 한다. 그리고 이때는 어떤 종류의 차별도 허용되지 않아야 한다. 이는 사회정의social justice적 접근으로, 사회복지사는 아직까지 욕구가 충족되지 않은 클라이언트를 위해 자원을 확보하고, 정책을 개발하며, 정책을 실행하기 위해 다양한 서비스와 프로그램을 개발하여야 한다. 따라서 사회복지사라면 이를 위해 전력을 다해야 한다는 것을 의미한다.

(3) 진실성

사회복지사는 항상 진실되게 행동해야 한다. 진실성integrity이 실현되기 위해서는 진실하려는 사람이 믿음이 가도록 행동해야 한다. 이는 사회복지사가 자신의 신용을 정확하게 발휘하고, 오해가 발생할 만한 일을 절대적으로 피하며, 거짓을 말하거나 거짓행위를 하거나 클라이언트를 속이는 말과 행동을 하지 않아야 함을 의미한다. 이것은 매우 명백해 보이지만 사실은 실행하기 가장 어려운 가치이다. 이를 통해 사회복지사는 클라이언트와 라포를 형성할 수 있게 된다. 미국 NASW 윤리강령은 진실성이라는 핵심 가치를 통해 사회복지전문직의 가치, 사명, 윤리원칙과 기준 등이 서로 일치해야 하며 이 모든 것이 실천현장에서 사회복지사들에 의해 실현되는 것이 중요하다고 강조하고 있다.

(4) 인간관계의 중요성

사회복지사는 관계relationship를 클라이언트의 변화를 초래하기 위한 중요한 도구로 사용한다. 물론 이 관계를 사용할 때는 인간존엄에 기초해야 하며, 클라이언트를 파트너로 삼고 일해야 한다. 사회복지사는 클라이언트가 개인이든, 집단으로 오든, 가족과 함께하든, 조직 전체나 지역사회 전체와 함께하든 클라이언트의 복지만을 위해 관계를 설정하고 발전시켜야 한다. 따라서 사회복지사는 관계를 도구화함에 있어 연구를 게을리하지 말아야 한다. 관계를 어떻게 도구화하기 위한 개발연구에 정진할 필요가 있다.

(5) 능력

능력competence을 갖추는 것은 사회복지사의 의무이다. 사회복지사는 오로지 자신의 지식과 기술과 전문성의 범위 안에서 클라이언트에게 서비스를 제공해야 한다. 그러므로 사회복지사는 자기 역량을 계발하는 것을 게을리해서는 안 된다. 이 가치는 사회복지사로 하여금 자기 자신에 대한 정확한 이해를 바탕으로 자기규율에 입각해서 사회복지실천을 해야 한다는 것을 의미한다.

2) 사회복지실천 전문직 가치의 중요성

사회복지실천의 가치는 사회복지사가 클라이언트와 관계를 맺고 그 관계를 바탕으로 개입하는 사회복지전문직의 특성상 매우 중요하며, 이로 인해 윤리적 딜레마에 빠질 수 있기 때문에 중요하다. 리머(2013 : 15-16)는 사회복지사가 가치를 왜 중요하게 생각해야 하는지에 관해 4가지 차원에서 설명하였다.

(1) 사회복지의 본질적 가치에 대한 믿음

사회복지의 근본 목적과 미션이 사회복지는 사람을 돕는다는 본질적인 가치를 가진 전문직이라는 믿음에 그 뿌리를 두고 있기 때문이다. 사회복지는 기술직이 아닐 뿐 아니라 가치에 근본을 둔 가치지향의 전문직이라는 것이다. 매우 정교한 개입방법론을 활용하여 취약한 계층을 돕도록 설계된 가치 중심의 전문직이다. 따라서 사회복지 또는 사회복지실천의 가치는 사회가 기대하는 사회복지의 역할 안에 사회적 책임의 표준을 대변해 주는 것이다 (Levy, 1973 : 39). 그렇기 때문에 사회복지의 가치는 중요하다.

(2) 사회복지사의 관계

사회복지사가 클라이언트, 동료, 그리고 사회의 구성원들과 관계를 맺기 때문이며, 그 관계 속에서 영향력을 행사하기 때문이다. 사회복지사는 자신이 함께 일할 클라이언트를 선택할 선택권이 있다. 빈민, 노인, 장애인, 폭력 피해자 등 자신의 클라이언트를 자기가 선택할 수 있다. 이들과 일하겠다고 선택할 수도 있고, 일하지 않겠다고 선택할 수도 있다. 그리고 이 같은 선택은 당연히 사회복지사 자신의 개인적 가치체계에 근거해서 결정되는 것이다. 따라서 자신의 가치체계를 정확히 이해하는 것은 매우 중요하다.

(3) 사회복지사의 개입방법

사회복지사의 개입방법이 다양하기 때문이다. 사회복지사들의 개인적 가치는 매 순간마다 매 클라이언트마다 그들이 어떤 개입방법을 선택할 것인지 그 결정에 영향을 미친다. 상담을 할 것인지, 시설을 안내할 것인지, 보호시설을 제공할 것인지, 옹호활동을 펼칠 것인지, 시위를 할 것인지, 정책을 입안할 것인지 등 사회복지사들이 대면하고 있는 개입방법은 다양하며 클라이언트와 그 상황에 따라 결정의 과정과 결과는 달리 나타날 것이다. 이때 사회복지실천의 중심가치가 작동을 하게 된다.

(4) 윤리적 딜레마

사회복지실천에서 윤리적 딜레마에 봉착하기 때문이다. 윤리적 딜레마는 대체적으로 가치를 내포하고 있다. 윤리적 딜레마는 전문가의 의무와 책무에서 빚어지는 갈등을 포함한다. 윤리적 갈등에 직면했을 때 사회복지사는 궁극적으로 사회복지의 가치체계, 특히 그 가치가 전문가적 의무와 책무로 전환된 그 가치체계에의 믿음하에 결정을 내리게 된다.

4. 사회복지실천의 윤리적 쟁점들

사회복지를 실천하는 과정에서는 다양한 윤리적 쟁점을 접하게 되며, 그로 인해 다양한 윤리적 갈등을 경험하게 된다. 여기서는 빈번히 경험하는 9가지 쟁점(양옥경 외, 2010 : 58-61)을 간략히 다루고자 하며, 이 쟁점들은 제5장에서 사례와 함께 다시 논의되고 있다.

1) 자기결정

자기결정self-determination은 인간 모두에게 있는 자율권과 자유권의 보장이다. 사회복지사가 클라이언트에게 자기결정 권리를 보장하는 것은 클라이언트를 인간으로서의 권리를 가진 사람으로 생각한다는 뜻이다. 클라이언트가 비록 사회복지사에게 도움을 요청하러 오긴 하였지만 그렇다고 해서 클라이언트가 가지고 있는 인간으로서의 존엄과 권리조차 내려놓은 것은 아니다.

따라서 클라이언트의 존엄과 권리는 인간 모두의 그것과 마찬가지로 존중되어야 한다는 것이고 자기결정권이란 클라이언트가 도움을 받는 과정 전체에서 어떤 결정을 내려야 하는 순간에 그 결정의 권한을 존중해 준다는 것을 의미한다. 이때 클라이언트는 자신의 문제를 분석하고 해석하고 해결의 방안을 모색할 때 자신의 생각과 아이디어 등을 사회복지사에게 제공할 수 있고 제공된 생각들은 그대로 존중된다.

그러므로 사회복지사는 클라이언트를 지원할 때 클라이언트가 최상의 조건에서 최상의 결정을 내릴 수 있도록 클라이언트와 함께 일해야 한다. 이 과정에서 사회복지사는 클라이언트가 문제를 사정하고 분석하며 해결책을 고민할 때 사회복지사 자신의 생각과 아이디어를 클라이언트에게 강요해서는 안 된다. 사회복지사는 오로지 정확한 다양한 정보를 제공하고 그 정보에 대한 공정한 해석만을 제공해야 한다. 이것이 클라이언트의 입장에서는 제공받아야 할 권리이며, 사회복지사 입장에서는 제공해야 할 의무이다.

그러나 아무리 사회복지사가 열심히 클라이언트의 자기결정권을 지켜주려 해도 클라이언트의 자기결정이라는 것 자체가 사실상 거의 불가하다는 것은 피할 수 없는 현실이다. 자기결정이란 자기가 스스로 책임을 가지고 자신의 일에 관해 결정하는 것인데, 클라이언트의 상황이 그것을 어렵게 하기 때문에 사회복지사에게 온 것이라서 100% 자기결정을 지켜준다는 것이 현실적으로 가능하지 않다는 것이다. 자기결정이 사회복지실천에서 가장 기초적인 가치(Whittington, 1975 : 81)인 것은 여러 정황상으로도 맞다. 그러나 자기결정권이 진실로 가능한가에 관해서는 꽤 오랫동안 논쟁이 이어져 왔다(McDermott, 1975). 자기결정권이 가능하지 않다는 주장이 만만치 않게 펼쳐지자 펄만Perlman은 강하게 나섰다. 자기결정이라는 것은 90%(nine-tenths)는 환상illusion이고 오직 10%(one-tenth)만이 실재reality라고 믿고 있다고 한 것이다(Perlman,

1975 : 65). 그러면서 이 환상은 그러나 인간의 성장 발달과 인간존엄과 자유에 기초가 되는 "위대한 환상grand illusions" 중 하나일 뿐이라고 부연 설명하였다. 그러면서 그 환상을 지원하고 향상시키기 위해 노력할 것이며, 우리 삶의 현재에 현실적으로 실재하고 있는 가능성을 위해 역량을 발휘할 것이라고도 하였다. 그렇기 때문에, 즉 클라이언트의 자기결정이 지켜지기 어렵기 때문에 지키도록 노력해야 한다는 것을 강조한 것이다. 그래서 비에스텍Biestek은 자기결정을 사회복지실천의 7대 원칙 중 하나로 하여 중요하게 다루고 있다(Biestek, 1957).

2) 비밀보장

비밀보장confidentiality은 인간 모두에게 있는 사생활 보호권의 보장이다. 사회복지사들이 클라이언트의 비밀을 보장해 주는 것은 전문적 관계의 기본적인 윤리원칙이다. 이 원칙하에서 클라이언트는 마음 놓고 자신의 문제와 그 문제를 둘러싸고 있는 정보들을 사회복지사에게 공개하는 것이다. 클라이언트들이 정보를 노출시킬 때 그들은 사회복지사가 절대로 자신들이 제공한 정보를 제3자에게 노출시키지 않을 것이라는 신뢰를 갖기 때문에 정보를 주는 것이다. 따라서 사회복지사들은 클라이언트들이 제공한 정보를 노출시켜서는 안 되고 비밀을 지켜주어야 한다. 뿐만 아니라 사회복지사들은 제3자로부터 클라이언트에 관한 또는 클라이언트의 문제에 관련된 정보를 얻게 되기도 한다. 이럴 때도 역시 사회복지사는 이 정보에 관한 비밀을 보장해 주어야 할 의무가 있다. 그래서 비에스텍은 비밀보장을 사회복지실천의 7대 원칙 중 하나로 하여 중요하게 다루고 있다(Biestek, 1957).

그러나 사회복지사가 이 비밀보장을 완벽하게 지키지 못하는 두 가지 경우가 있다. 하나는 법정에서이고 다른 하나는 교육현장에서이다. 사회복지사는 면책특권privileged communication을 가지고 있지 않다. 법정에서 사회복지사는 클라이언트의 비밀을 지켜주고 증언을 강요당하지 않을 법적 의무를 가지고 있지 못하다는 것이다. 따라서 클라이언트가 범법 행위를 하여 법의 심판을 받게 되면 사회복지사는 법이 정해놓은 범위 안에서 클라이언트와의 대화내용을 공개해야 한다. 그런가 하면, 교육의 목적이나 슈퍼비전을 위한 전문가 회의 등 전문적인 이유에서도 클라이언트와의 대화내용은 공개될 수 있다. 물론 이런 경우 사회복지사는 클라이언트의 사생활 보호가 지켜질 수 있는 최대한의 범위 안에서 조심스럽게 실행해야 한다. 그리고 클라이언트에게 이 같은 사실을 미리 고지하여 동의informed consent를 얻어놓아야 한다.

3) 진실성 고수와 알 권리

진실성 고수와 알 권리는 인간 모두에게 있는 자신에 대한 정보 접근권의 보장이다. 클라이언트는 자신의 문제에 대한 전문가들의 해석, 그에 관한 정보, 그가 처한 상황 등에 관해 정확하게 알 권리가 있다. 그리고 사회복지사들은 이 정보에 대해 정확하고 진실되게 알려줄 의무가 있다. 이것은 클라이언트의 사생활 보호와도 연결된다. 만약 클라이언트가 정보가 차단되거나 제한적으로만 알려지는 상황에 놓이게 되면, 사회복지사는 진실을 알려주어야 한다.

그러나 제3자가 정보를 제공하면서 클라이언트에게 비밀로 해주기를 원한다고 했을 때, 사회복지사는 제3자의 정보에 대한 비밀보장원칙과 클라이언트의 진실을 알 권리 사이에서 갈등을 경험하게 된다. 또한 클라이언트가 진실을 알게 될 경우 클라이언트에게 도움이 되지 않는다는 판단이 내려졌을 때에도 사회복지사는 그럼에도 불구하고 진실을 알리는 것이 맞는지 진실 고수를 유보하는 것이 맞는지 그 사이에서 갈등을 경험하게 된다. 그러나 어떤 경우라도 클라이언트에게 진실을 유보하는 결정이 선한 결정이 되기는 어렵다.

4) 제한된 자원의 공정한 분배

제한된 자원의 공정한 분배는 인간 모두에게 해당되는 정의의 보장이다. 사회복지사들이 사용할 수 있는 사회의 자원은 제한적이다. 따라서 모든 클라이언트에게 사회의 자원을 공정하고 동등하게 배분하는 원칙을 고수하는 것은 상호 모순적이다. 뿐만 아니라 이는 매우 어려운 일이고 사실상 거의 불가능한 일이다. 따라서 사회복지사는 형평성의 기준을 가지고 그에 맞추어 자원을 분배하는 것이 가장 바람직한 일이다.

5) 상충되는 의무와 기대

상충되는 의무와 기대는 사회복지사를 둘러싸고 있는 많은 사람들이 저마다의 기대를 가지고 있고 그에 대한 사회복지사의 의무가 다르기 때문에 발생한다. 사회복지사들이 클라이언트와 함께 일할 때 클라이언트는 직접 만나는 당사자들만이 아니라 클라이언트의 문제를 둘러싼 사람들까지 포함하게 될 가능성이 많다. 이들도 우리는 클라이언트 또는 잠재적 클라이언트라 부른다. 함께 일하는 직장 동료, 직장 상사, 직장 밖의 사회인 등 많은 사람들이 한 명의 클라이언트와 그의 문제에 직·간접적으로 연루되어 있을 수 있으며, 이들 역시 서로 상충되는 다양한 기대를 보일 수 있다. 이때 사회복지사는 매우 난감한 상황에 놓이게 된다. 그러나 어떤 상황에 놓이더라도, 직접 클라이언트에 대한 의무를 중심으로 생각하는 것이 가장 바람직하다.

6) 전문적 관계

전문적 관계는 사회복지사와 클라이언트가 클라이언트의 문제를 중심으로 맺는 두 사람 간의 공적인 관계이다. 두 사람은 처음부터 끝까지 클라이언트가 가지고 온 문제를 풀기 위해서만 집중적으로 그 관계를 사용하며 또한 그래야 한다. 이 관계는 친구관계도 아니고, 어떤 형태의 친밀한 관계도 아니다. 그렇다고 해서 권위적일 필요는 없지만, 허물없이 친하게 지내는 사적 관계는 절대 아니라는 것이다. 문제를 해결하기 위해서는 지지적이고 친근하며 수용적이고 공감적인 관계를 형성하고 유지해야 하기도 하지만, 그럼에도 불구하고 사회복지사와 클라이언트는 문제중심으로 형성된 공식적인 관계임을 분명히 해야 한다.

전문적 관계에서 사회복지사가 염두에 두어야 할 것은 이중관계이다. 클라이언트와의 공적 관계에서 이중관계라 함은 사회복지사와 클라이언트가 문제해결을 위한 전문적인 공적 관계와 함께 또 다른 개인적인 사적 관계를 동시에 가지고 있는 것을 의미한다. 예를 들어, 자신의 딸의 담임선생님, 친구의 어머니, 대학 다닐 때 교수님, 옛 애인 등이 사회복지사의 클라이언트가 되어 찾아왔을 때, 이 관계는 이중관계가 된다. 이럴 때 하나의 관계는 다른 하나의 관계를 방해하게 되는데, 종종 사적 관계가 공적 관계의 공정성을 해치면서 그 관계를 유지하기 어렵게 한다.

전문적 관계에서 이중관계는 복잡하고 미묘한 이슈임에도 불구하고 사회복지실천의 교육에서 비중 있게 다루지 못하고 있는 것이 현실이다. 행동으로까지 옮기는 경우는 거의 없다 하더라도 이중관계에 대한 신념적 허용도가 높다는 연구가 이를 증명한다고 하겠다(김진숙, 2012 : 260-262). 그러나 이중관계에 대한 허용의 사고는 꽤 높은 편이어서 윤리적 민감성을 높일 필요가 있어 보인다. 학자들은 윤리를 집중적으로 다루는 교과목을 통해서 배우거나(최명민, 2009 : 393) 윤리 관련 보수교육을 통해 이론보다는 실제를 배우는 것(김진숙, 2012 : 261)이 매우 중요하며 필요하다고 하고 있다.

7) 클라이언트의 이익 vs. 사회복지사의 이익

클라이언트의 이익 vs. 사회복지사의 이익이란 사회복지사들이 클라이언트를 돕는 과정에서 자신의 이익을 도모하기 위한 행동을 해서는 안 된다는 것을 의미한다. 사회복지사도 사람이기 때문에 자신의 생명이 위태롭다든지 자신의 직업이나 가족의 희생이 요구된다든지 하는 등 자신의 이익을 클라이언트의 이익보다 우선 고려하게 되는 상황에 접하게 된다. 이때 대부분의 사회복지사들은 갈등을 경험하게 된다. 사회복지사는 어떤 경우에도 클라이언트의 이익을 우선 생각해야 하며, 클라이언트의 이익에 반하는 자신의 이익을 챙겨서는 안 된다. 그러나 이것이 자신을 위험에 노출시키면서까지, 특히 생명의 위협을 느끼면서까지 지켜야 한다는 것을 의미하는 것은 아니다.

8) 동료관계

사회복지사는 거의 모든 경우 동료와 함께 일하게 된다. 특히 한국의 경우 사회복지사는 사회복지사업법에 의해 독자적으로 개업하여 개인실천활동private practice을 할 수 없게 되어 있으므로 기관에 소속되어 일하는 형태를 취하게 된다. 따라서 기관에서 함께 일하는 동료들과 일상에서 관계를 맺지 않을 수 없게 된다. 이와 같은 상황은 사회복지사로 하여금 함께 일하는 동료를 존중할 것을 요구한다. 동료들 간 서로 존중하는 것은 당연한 일이다. 사회복지사와 동료들은 서로에게 해를 입히거나 고통을 주어서는 안 되고 그와 같은 일을 겪게 될 때 불필요하게 참아서도 안 된다. 이는 그와 같은 잘못된 행위를 목격했을 때에도 그냥 지나치거나 묵과하지 말고 정당한 과정을 통해 문제가 해결될 수 있도록 노력해야 하는 것까지 의미한다.

9) 규칙과 정책 준수

모든 기관은 정책이나 규정을 가지고 있는데, 기관에 속한 상태에서 일하게 되는 사회복지사들은 이 정책과 제도와 규정을 준수할 것을 요구받는다. 대부분의 경우 기관의 정책이 결국 국가의 정책이나 제도일 가능성이 높거나, 적어도 그에 준해 맞추어진 것인 경우가 많다. 그러나 이 제도나 규정들이 완벽한 것은 아니어서 클라이언트에게 서비스를 제공하기 위해서는 기관의 정책을 준수하지 못하게 되는 경우가 있을 수 있다. 이럴 때 사회복지사는 국가의 정책, 기관의 규정, 그리고 클라이언트의 욕구 사이에서 갈등을 경험하게 된다.

〈표 1-1〉 사회복지실천의 윤리적 쟁점들

① 자기결정
② 비밀보장
③ 진실성 고수 / 알 권리
④ 제한된 자원의 공정한 분배
⑤ 상충되는 의무와 기대
⑥ 전문적 관계
⑦ 클라이언트 이익 vs. 사회복지사 이익
⑧ 동료관계
⑨ 규칙과 정책 준수

02

실천윤리 이론

1. 윤리이론의 철학적 토대

윤리학은 철학의 한 분과이다. 사회복지사들이 현장에서의 윤리적 쟁점을 이해하고 윤리적 결정을 내리는 등 윤리적 실천을 하기 위해서는 필히 윤리적 사고를 해야 한다. 그리고 이 윤리적 사고를 위해서는 윤리학의 기본을 알 필요가 있다.

윤리학은 기술윤리학, 규범윤리학, 메타윤리학으로 구분된다(Thompson, 2000 : 28-30, 김기덕 외, 2012 : 58-63). 실증적 도덕에 관한 정보를 기술하는 데 그치는 기술윤리학은 윤리학의 하위영역에 포함되지 않는 경우도 많다. 사회복지 분야에서 주로 사용하는 규범윤리학은 도덕적 규범을 연구의 핵심주제로 설정하고 인간의 행위와 태도 등을 집중 탐구하는 학문이다. 인간이 지켜야 할 도덕적 의무와 책임이 무엇인지 제시할 수 있는 도덕적 진리를 추구하는 상대적으로 실용적인 학문영역이다. 사회복지의 실천윤리는 이 규범윤리학에 토대를 두고 있다고 하겠다. 반면 메타윤리학은 도덕 그 자체에 대한 분석과 논증을 시도하는 것으로 도덕적인 의미와 정당화에 초점을 둔 다소 철학적인 학문영역이다. 앞서 우리는 윤리를 옳고 그른 것에 관한 사회적 합의라고 하였다. 이는 규범윤리학에 기초한 것이다.

여기서는 윤리학의 근본인 철학적 토대의 줄기인 윤리적 절대주의 철학과 윤리적 상대주의 철학을 살펴볼 것이다.

1) 윤리적 절대주의

윤리적 절대주의ethical absolutism는 고정불변의 도덕률을 강조하는 것으로 선과 악, 옳고 그름도 그 행위의 결과와 상관없이 모든 상황에 절대적으로 적용된다는 전제를 가지고 있다(Dolgoff et al., 2012 : 53-54). 특정 행위나 실천은 그 자체로서 도덕적으로 옳거나 그릇된다고 생각하는데, 이는 그 결과 때문이 아니라 그 자체가 본질적으로 옳고 그른 특질을 가지고 있기 때문이다. 따라서 윤리적 절대주의자들은 이 같은 윤리규범을 형성해 놓고 모든 상황에 다 적용하는 원칙을 고수하였다.

윤리학자들은 윤리적 행위와 그 행위의 판단을 위한 절대적이고 보편적인 기준이 있다고 믿어왔다(남경희, 2004 : 40). 그리고 그 믿음은 인간이라면 누구나 가질 수 있는 보편적인 능력, 즉 이성을 가지고 있다는 믿음이었다. 윤리적 절대주의는 고대 그리스의 소크라테스Socrates, 플라톤Plato, 아리스토텔레스Aristoteles로부터 시작하여 18세기의 칸트Immanuel Kant를 거쳐 셸링F. W. von Schelling, 헤겔Georg Wilhelm Friedrich Hegel로 이어지며 주장이 관철되었다. 소크라테스는 도덕을 지식과 연관지어 설명하였으며 인간이 악을 행하는 것은 나쁜 뜻이 있어서가 아니라 무지의 소치라고 하였다(김상균 외, 2002 : 44). 그러나 무지로 인한 모든 행위는 자발적인 것이 아니기 때문에 행위 이후에 고통과 뉘우침이 따라야 그 무지가 용서받을 수 있게 된다고 아리스토텔레스는 주장하였다(아리스토텔레스, 2013 : 93-94). 플라톤은 이데아idea라고 부르는 진리의 세계를 주창하였는데 최상의 이데아는 선의 이데아라고 하였다. 다양한 이데아들에 대한 관점을 갖고 윤리학적 접근을 하면서 '옳음'의 이데아보다는 '좋음'의 이데아가 근본적인 이데아라고 하였고, 좋으면서 옳은 모든 것들이 우리에 대한 가치를 얻는 '좋음'의 본질적인 '본성'이라고 하였다(로스, 2011 : 273). 이는 인생의 궁극의 목적은 선의 실현이라는 목적론에 영향을 미쳤다.

근대로 들어오면서 근대 윤리학의 창시자로 불리는 칸트는 그의 저서 《실천이성비판Critique of Practical Reason》에서 무제약적 '선으로의 의지'에 절대권을 부여하면서 아무리 좋은 심성을 가졌어도 선한 의지가 없으면 악용될 수 있다고 생각하고 선악의 판단은 결과가 아니라 동기에 의해 가려진다고 주장하였다(김상균 외, 2002 : 62). 칸트는 의지의 준칙이 항상 동시에 보편적 입법원리로서 타당할 수 있도록 그렇게 행위하라고 하였으며 이를 순수실천이성의 근본 법칙이라고 명명하였다(문성학, 2005 : 35). 이는 어느 시대, 어느 민족, 어느 문화권에도 행위의 공과로 책임지로 지우는 도덕적 경험이다(문성학, 2005 : 34). 칸트에게 있어서는 자유조차도 의지의 자의성을 넘어 도덕법칙에 아무 조건 없이 자발적으로 따르고 복종하는 것이었고 그것이 실천이성이었다(이정일, 2007 : 7). 이런 의무는 강제 없는 강제로 이해된다(이정일, 2007 : 126). 헤겔은 인류 출현 이전에 이미 존재하고 있는 자연적이고 사회적인 세계의 어떤 현상을 '절대정신'이라고 부르면서 인간의 사유적 현상을 절대정신이라고 표현하였다(이정일, 2007 : 274-299). 이들이 주장하는 '절대'는 인간의 의식과 사유를 관장하는 이성에 주고 있는 권한으로서 그때까지 신에게 부여했던 절대성을 인간에게로 전환하였다는 특징을 가진다. 이때부터 인간에 대한 타고난 절대가치, 즉 인간존엄이 대두되게 된다. 이런 믿음 아래 윤리학의 목표는 객관적이고 보편적인 원리를 갖는 행위규범들이 삶의 이상을 발견하는 것이었다.

2) 윤리적 상대주의

윤리적 상대주의ethical relativism는 어떤 종류의 정해진 도덕률도 부인하는 것으로 선과 악이나 옳고 그름도 주관적이고 상대적인 것이지 절대적 가치란 없다는 전제를 가지고 있다(Dolgoff et al., 2012 : 52). 따라서 어떤 개인이 특정한 방식으로 행동하는 것이 올바른 것인가 아닌가에 대한 판단은 그가 속해 있는 사회에 따라 전적으로 상이하다는 것이다(김기덕, 2002 : 64-65). 윤리적 상대주의론자들은 절대적인 가치를 부인하는데, 이는 좋고 나쁜 것, 선하고 악한 것 등은 어디까지나 주관적이고 상황적이고 상대적인 것이라고 믿기 때문이다.

윤리적 상대주의는 고대 그리스 철학자 프로타고라스Protagoras와 같은 궤변론자들로부터 시작하였다. 이어 스펜서Herbert Spencer, 콩트Auguste Comte 같은 실증주의자들에 의해 정리되었다. 프로타고라스는 "인간은 만물의 척도이다"라고 믿었으며 이에 근거하여 인간의 윤리적 판단의 상대성을 주장하였다. 이는 세상에는 어떤 것도 절대적인 진실이라는 것이 존재하지 않는다는 믿음이었으며, 참과 거짓은 단지 인간에 의해서만 시비가 가려진다는 믿음이었다. 이것으로 윤리적 상대주의자들은 인간을 권위와 자주권의 중앙에 놓았다.

스펜서는 이성은 단지 상대적인 것을 인식할 수 있을 뿐이라면서 사물의 본질이나 절대적인 것은 인식되지 않는다고 주장하였다. 사물은 인간 주체가 본 대로 존재한다는 것을 주장한 것으로서, 과학이 발전하면서 도덕철학도 과학철학의 영향을 받아 변할 수밖에 없다는 도덕적 상대성을 주장하였다.

콩트도 과학을 경험적인 사실이나 현상에 대한 묘사라고 하였으며, 그 경험적 사실이나 사물은 인간의 주관적인 감각에 의해 설명된다고 주장하였다. 사물이나 현상의 본질에 관해서는 알 수 없다는 것이다. 따라서 왜 존재하는가, 본질은 무엇인가 등의 질문도 할 수 없어, 그 본질은 당연히 간과될 수밖에 없다. 단지 그 사물이나 현상이 산출해 낸 결과와 그 상황만이 고려의 대상이 되는 것이다. 이 논리를 윤리에 적용시켜 보면, 원인은 관심의 초점이 될 수 없으며 행위의 결과의 옳고 그름만이 관심의 초점이 된다.

윤리적 상대주의가 관심의 대상이 되는 이유는 두 가지이다. 하나는 사회의 가치가 시대와 문화에 따라 다를 뿐 아니라 지속적으로 변하기 때문이라는 문화상대주의 때문이며, 다른 하나는 현대사회의 시대적 조류이기도 한 자유주의 영향 때문이다(남경희, 2004 : 40-43). 현대사회에서는 모든 가치는 항상 변하고 있다고 믿고 있다. 어제의 가치는 오늘의 가치에 적용되지 않는다. 따라서 상대적인 사고가 필수적이라고 여겨진다. 또한 각기 다른 사회에 서로 다른 문화가 존재하지만 어떤 문화가 더 옳고 어떤 문화가 덜 바람직한지를 따질 수 없다는 것이다. 보편적이고 영원한 고정불변의 도덕적 가치는 더 이상 존재하지 않는다는 믿음이다. 단지 특정 행위의 결과가 얼마나 좋고 나쁜가에 대한 가치만이 중요하게 여겨진다. 그리고 그 결과만이 그 가치를 판단할 수 있는 기준을 제공한다. 자유주의 역시 개인의 자유와 권리를 최대한 허용하고 보장하며 가치관의 문제나 삶의 방식의 설정 등 모든 것을 개인에게 맡긴다. 따라서 각자 개인의 사고에 따른 상대적 사고가 필수적이 되는 것이다. 객관적인 도덕의 가치는 존재하지 않으며 도덕적 판단의 진위는 사회적 관습이나 개인에 따라 다르다는 것이다. 그럼에도 불구하고 이 입장이 의미가 있는 이유는 개인들의 다양한 가치관들이 공동선에로 수렴될 수 있고 개인은 자유를 구사하여 다양한 가치관을 형성하고 이를 교환하여 풍요로운 사회를 만들 수 있다고 믿기 때문이다. 그러나 이와 같은 자유주의가 윤리적 상대주의는 아니므로 이에 대한 혼돈이 있어서는 안 된다.

2. 윤리적 결정의 철학적 관점들

윤리적 사고를 해낸 사회복지사들은 실천현장에서 윤리적 결정을 내려야 하는 다양한 상황을 접하게 된다. 이때 윤리적 결정을 내리기 위한 자신만의 철학적이고 윤리학적인 관점을 가지고 있어야 한다. 절대주의, 상대주의, 의무론, 목적론, 공리주의 등이 윤리적 결정을 내리는 데 있어 윤리적 지침을 제공할 것이다. 그러나 사회복지실천의 과정에서는 어떤 주의에 입각해 결정을 한다고 해도 결국 결론은 동일하게 내려지는 경우도 있다.

1) 의무론

의무론Deontology은 윤리적 딜레마 상황에서 선택과 결정을 위해 고려해야 하는 기준을 제안하는 원리 중 하나이다(남경희, 2004 : 34). 목적론Teleology과 함께 윤리적 결정 과정에 빈번하게 활용되는 이념 틀이다. 의무론은 고대 그리스어 '데온토스deontos'에서 왔으며, '의무적인'이라는 뜻을 가지고 있다(Reamer, 2013 : 71). 의무론은 우리의 행위들 중 절대적으로 옳은 행위나 절대적으로 그른 행위가 있다는 입장을 취한다(남경희, 2004 : 34). 그리고 그 절대적으로 옳은 도덕적 가치를 지닌 고유한 행위가 바로 의무인 것이다.

가장 잘 알려진 의무론 학자는 18세기 독일의 철학자 임마누엘 칸트Immanuel Kant이다. 칸트는 인간의 감정이나 욕망이 아닌 오직 이성의 의지에 근거한 절대적이고 보편적인 도덕원칙을 정립하고자 하였다(김기덕, 2002 : 80). 그리고 이런 절대적인 도덕적 가치를 지닌 행위를 '정언명령Categorical Imperative'이라고 불렀다. 정언적이라 함은 무조건적이라는 의미로 가언적임에 대비되는 말이다. 칸트는 정언적 행위를 조건이나 단서에 관계없이 절대적으로 또한 본질적으로 옳은 행위라고 보았고 이는 무조건 수행해야 하는 것으로 여겼다(남경희, 2004 : 34; 문성학, 2005 : 225). 이런 정언적 행위를 명령으로 설명하는 이유는 우리 정신의 최상부를 점하는 윤리적 실천이성이 이런 행위를 수행하라고 지시하기 때문이다. 인간의 이성의 명령인 것이다. 따라서 인간은 수단으로 간주되어서는 안 되고 궁극의 목적으로 여겨져야 한다(김기덕, 2002 : 184). 정언명령의 대표적인 예로 칸트는 자살금지, 능력개발, 약속이행, 어려운 사람 돕기 등 4가지 의무를 들고 있다. 칸트에게 인간은 이성을 가진 가능성의 존재였다. 그리고 그 가능성 중 가장 중요한 것으로 도덕적 가능성을 지적하였다. 그리고 이 도덕적 가능성은 모든 사람에게 동일하다고 생각했다.

이 의무론을 사회복지실천에 적용하면, 사회복지사는 자신의 클라이언트에게 절대 거짓을 말해서는 안 되는데, 거짓을 말하는 것이 클라이언트에게 더 좋은 결과를 초래한다고 해도 절대 그래서는 안 된다(Reamer, 2013 : 70). 동일한 주장이 다른 경우에도 적용되는데, 예를 들어 동료에게 약속을 지키는 것, 계약조건을 지키는 것, 그리고 법과 규정을 지키는 것 등이 이에 해당된다.

도덕적 의무론자들에게 규정, 권리, 원리원칙 등은 절대 위반해서는 안 되는 신성한 것이다. 도덕적 의무론자들은 목적이 수단을 도치해서는 안 된다고 믿는다. 특히 목적달성을 위해 법, 규정, 규칙, 원칙, 권리 등의 위반이 요구된다면 더욱 절대 허용되어서는 안 된다고 믿는다. 그러나 도덕적 의무론의 가장 심각한 문제는 절대적이고 고유한 옳은 행위에 있어서도 상반적인 상황을 연출해 내는 갈등적 상황이 있다는 것이다(Reamer, 2013 : 70).

예를 들면, 시한부 인생의 장기 중증 환자가 인생을 마감하기 위해 자살을 시도하려 했을 때, 도덕적 의무론자는 모든 인간은 삶에 대한 고유한 권한을 가지고 있어 사회복지사가 자살을 지원하거나 하는 일에 관여하는 것을 비도덕적이거나 옳지 않은 행위라고 생각할 것이다. 즉, 이 환자의 자살시도를 막아야 한다는 것이 옳은 행위가 되는 것이다. 그러나 다른 도덕적 의무론자는 모든 인간은 삶에 대한 고유한 권한을 가지고 있다는 동일한 조건 때문에 사회복지사가 이 환자의 자기결정권을 존중해 주어야 할 고유한 의무를 가지고 있다고 생각할 것이다. 즉, 이 환자의 자살시도를 환자가 원하는 대로 도와야 하는 것이 옳은 행위가 되는 것이다. 이 같은 상황은 사회복지사들이 종종 접하게 되는 것으로, 동일한 의무 안에서도 갈등이 일어나는 어려운 상황이 펼쳐진다.

2) 목적론

목적론Teleology은 윤리적 딜레마 상황에서 선택과 결정을 위해 고려해야 하는 기준을 제안하는 원리 중 하나이다(남경희, 2004 : 35). 의무론Deontology과 함께 윤리적 결정 과정에 빈번하게 활용되는 이념 틀이다. 목적론은 고대 그리스어 '텔레이오스teleios'에서 왔으며, '목적이나 결과를 초래하는'이라는 뜻을 가지고 있다(Reamer, 2013 : 70). 목적론은 행위에 대한 시비 기준을 행위 자체에서가 아니라 삶의 목적에 비추어 찾는 입장을 취한다(남경희, 2004 : 35). 그리고 이 삶의 목적을 추구하는 것은 최선의 것, 잘 살기 위함, 즉 복지상태를 의미한다.

가장 잘 알려진 목적론 학자는 아리스토텔레스Aristoteles와 무어G. E. Moore이다(남경희, 2004 : 35). 아리스토텔레스는 삶의 목적을 인간이 인간으로서 기능하면서 탁월성을 발휘하는 것이라고 하였다. 무어는 인간에게 옳은 행위는 세상의 것들을 가능한 한 최선의 것으로 한다고 주장하였다. 아리스토텔레스는 인간은 다양한 기능을 지니고 있는 생명체로서 영양과 생식의 기능, 동물로서 감각과 욕구의 기능, 그리고 인간 고유의 기능으로서 이성과 사유의 기능을 가지고 있다고 하였다. 그리고 이 같은 모든 행동과 선택은 선을 목표로 삼는다고 하였다. 이를 실현할 때 인간은 잘 삶 또는 복지상태에 이르게 된다는 것이다. 이와 같은 행복의 상태 또는 복지의 상태를 유데모니아eudaimonia, 즉 좋은eu, good 정신daimon, spirit이라고 불렀으며, 이는 인간적인 기능을 가장 탁월하게 발휘함으로써 성취된다고 믿었다.

목적론에 의하면 목적에는 위계가 있는데(김상균 외, 2002 : 45), 궁극의 목적은 최고선이고 최고선은 행복이다. 아리스토텔레스는 최고선을 얻는 방법으로 덕을 발휘하는 것을 꼽았다. 덕을 발휘시키기 위해 인간의 탁월한 이성적 기능의 가동을 강조하였다. 아리스토텔레스는 최고의 덕을 정의와 사랑이라고 생각하였다. 이는 사회복지의 기본 가치와 동일하다고 하겠다. 목적론은 이미 설명했다시피 결과의 선함에 의해 그 행위의 옳고 그름이 결정된다는 것을 믿는 입장을 취한다. 그러므로 목적론자는 잠재적 결과를 저울질해 보지 않고 윤리적 결정을 내리는 것은 매우 순진한 일이라고 생각한다(Reamer, 2013 : 70-73). 따라서 이 목적론을 사회복지실천에 접목하면, 사회복지사는 다양한 일련의 행동들이 초래할 비용과 이익을 정밀하게 분석한 후 행동을 결정해야 한다.

3) 공리주의

공리주의utilitarianism는 목적론 학파 중 한 줄기에 해당되는 학파로(Reamer, 2013 : 71), 사회복지와 연관이 매우 깊다. 최대행복원리greatest happiness principle라고도 불리는 공리주의는 최대 다수의 최대 행복을 모든 상황에 적용하는 주요 원리로 삼고 있다(Dolgoff et al., 2012 : 52). 공리주의는 18세기 말 영국의 제레미 벤담Jeremy Bentham에 의해 창설되었으며 19세기 존 스튜어트 밀John Stuart Mill에 의해 발전되었다(남경희, 2004 : 45). 이들은 국가와 사회의 법과 정책을 입안하고 실행하는 데 있어 일반대중에게 알맞게 개혁되기를 바라는 마음으로 윤리적 기초를 놓기 위해 공리주의를 제안했다. 이들의 윤리적 과제는 사회적 유용성 또는 복지를 증대시킬 수 있는 행위란 어떤 것이어야 하는가에 대한 물음에 답을 다는 것이었다. 이런 측면에서 이들은 사회복지 개념을 본격적으로 윤리학의 핵심적인 개념으로 등장시킨 윤리학자들이라고 할 수 있다. 이들은 자신들이 내세우는 원칙이 영향을 발휘하게 하기 위하여 의회에 설립된 빈민구제법위원회에서 활동하기도 하였다(터너, 2016 : 84).

공리주의는 사람들이 대부분 행복, 쾌락, 안락함, 유용성, 공리, 복지 등을 추구한다는 인간심리에 대한 통찰에서 출발한다. 이는 누구나 인정할 수 있는 사실이다. 공리주의자들은 행위의 시비를 판정할 수 있는 근본 원리를 이런 사실에서 간단히 도출할 수 있다고 본다. 그것은 모든 사람들의 복지나 유용성을 최대화하는 행위를 옳은 행위로 보는 것을 뜻한다. 그런데 실제로 하나의 행위방식으로는 모든 사람에게 만족스러운 결과를, 그것도 최대한의 행복을 주기란 쉽지 않다. 사회는 다양한 사람들로 구성되어 있는 만큼 사람들의 삶의 방식, 가치관, 원하는 바가 다를 뿐 아니라 상충할 수도 있다. 최선은 이들을 모두 만족시키는 것이지만 이는 원리적으로 불가능하다. 전제국가도 아니고 다원주의 사회에서는 이런 완벽주의는 오히려 많은 사람들에게 고통을 안겨주며 절대악을 낳을 수도 있다.

그러나 공리주의에는 직관적인 호소력이 있다(남경희, 2004 : 46). 하나는 공리주의의 윤리원리가 대체로 모든 사람이 지니고 있는 행복이나 복지에 대한 욕구를 기반으로 한다는 점이며, 다른 하나는 이것이 이상에만 그치는 것이 아니라 현실적으로 최대 다수를 목표로 하고 있다는 것이다. 이런 이유에서 통상적으로 사회복지를 추구하는 국가들이 법, 제도, 정책을 확립할 때 가장 많이 의존하는 원리가 되었다. 이런 이유에서 사회복지전문직이 주의를 기울이는 원리이기도 하다. 공리주의는 근대 개인주의 시민사회가 등장하면서 제안된 윤리설이다. 따라서 인간을 형이상학적 존재로 상정하는 것이 아니라 자연적 존재로 상정한다는 점에서 모두 인정할 수 있는 상식적 차원으로부터 출발한다. 공리주의는 아리스토텔레스나 칸트의 형이상학적 윤리설, 중세의 신학적 윤리학에 비해 인간화된 윤리학이다.

그러나 공리주의도 몇 가지 문제점을 가지고 있다. 다양한 배경의 사람들은 정치, 경제, 문화의 다양한 경험의 결과로 여러 가지 이유를 가지고 다양한 요소들을 저울질한다(Reamer, 2013 : 73).

우선 첫 번째로 공리주의는 의도와 상관없이 소수의 개인들이 희생될 것을 요구할 수 있다. 최대 다수의 행복을 위해서는 항상 소외되는 소수가 있기 마련이다. 그리고 그 소수 개인의 삶이나 그가 추구하는 가치가 다수의 행복보다 중요할 수도 있다. 사회복지사의 경우 갈등의 상황에 놓이게 되었을 때 얼마나 많은 사람들에게 얼마나 큰 행복을 가져다줄 수 있는지를 계산하게 된다. 이것이 공리주의의 입장이다.

두 번째로 공리주의는 철저하게 고통과 쾌락, 불행과 행복의 양을 계산하여 저울질할 것을 요구한다. 쾌락의 총량을 최대화하는 것이 선이라는 양적 쾌락에 초점을 두는 것이다. 따라서 쾌락과 고통의 계산에 따라 쾌락이 크면 선이고 고통이 크면 악이라는 등식을 세운다. 즉, 인간에게 고통보다 쾌락을 더 많이 가져다줄 수 있는 행위가 도덕적이라는 것이다(김기덕, 2002 : 90-91; 김상균 외, 2002 : 65). 그러나 사람마다 고통이나 불행, 쾌락이나 행복을 느끼는 정도가 다 다르기 때문에 인간이 경험하는 기쁨을 동일한 기준으로 환원할 수 없다. 그래서 이를 수량화하여 계산한다는 것 자체가 불가능하다.

세 번째로 공리주의는 최대 다수를 계산하게 하는데, 우리 삶에는 단순히 시장경제 차원에서 할 수 있는 계산의 대상이 되지 않는 어떤 절대성의 영역이 있다. 역사적 유산과 문화재는 전쟁 중에도 지켜져야 한다든가, 위험의 순간에서 다수의 어른보다는 소수의 어린이가 구해져야 한다든가 하는 행위들은 절대적 가치를 지닌 것이다. 따라서 이런 행위들은 사회적 공리, 유용성, 행복을 증진시키기는커녕 비용과 고통을 초래하더라도 수행해야 한다고 합의하는데, 공리주의 원칙을 따르게 되면 이를 무시하게 된다는 것이다.

사회복지 차원에서 볼 때 장애인, 독거노인, 노숙자, 고아 등 공리적 계산보다는 절대성의 관점에서 존중되고 보호되어야 하는 사회적 약자를 대상으로 하는 경우가 더 많고 그것이 기본 업무로 인정된다. 즉, 사회복지 이념은 공리성의 최대화와 함께 어떤 절대성의 영역을 인정하는 데서 출발한다고 할 수 있다.

3. 윤리적 결정의 현재 개념들

현대사회에서는 전통적인 철학과 윤리학의 이론들이 상황을 분석하고 윤리적으로 결정 내리는 데 있어 유용하게 활용되지 못하는 경우도 있다. 따라서 여기서는 현대사회에서 자주 만나게 되는 시각, 관점, 접근 등에 관해 소개하고자 한다.

1) 임상적 관점

임상적 관점clinical perspective은 사회복지실천의 현장에서 자주 접하게 되는 관점이다. 임상의 현장에서 전문사회복지사들은 정확한 이론에 맞추어 잘 만들어 낸 개입서비스를 제공하는 데 있어 사회복지사의 능력과 역량이면 충분하다고 생각하는 경우가 많이 있다. 상담하고 치료하는 데 있어 도덕이 관여될 일은 없다는 주장인 것이다. 임상적으로 역량 있는 사회복지사들은 자신들의 실천을 향상시키려고 지속적으로 노력하는 데 총력을 기울이고 임상적으로 원칙에 맞게 실천해 낸다면 윤리적인 문제에 얽힐 일은 없을 것이라고 자신한다(Dolgoff et al., 2012 : 56). 이론에 입각한 전문적인 서비스를 제공해 주는 것 자체가 윤리적이라는 것이다.

이 관점을 따르는 사회복지사들은 자신들의 실천활동을 인정해 주는 사회적 가치를 실행하는 사람들이다. 그러다 보니 이들은 다소 보수적이라고 평가되는데, 이유는 이들이 사회의 지배적인 주류 가치를 준수하는 성향을 보이면서 클라이언트로 하여금 새로운 가치를 위해 도전하도록 북돋워 주는 식의 실천을 하지 않기 때문이다(Dolgoff et al., 2012 : 57).

임상적 실천현장에서는 클라이언트와 직접 만나서 서비스를 제공하기 때문에 다양한 유형의 윤리적 갈등을 경험하게 된다. 임상 실천현장에서 자주 만나는 윤리적 이슈들은 비밀보장, 면책특권, 고지된 동의, 서비스 종료, 진실성 고수, 이중관계와 경계이슈, 이익의 갈등, 언론이나 인터넷 중심의 서비스, 내부고발, 그리고 법과 기관정책 준수 등이다(Reamer, 2013 : 21). 어떤 면에서는 이 같은 윤리이슈에 적절하게 대처하기 위해 윤리강령이 만들어졌다고도 볼 수 있다. 그 근거로 윤리강령의 상당히 많은 조문들이 임상현장에서의 이슈들에 대응하기 위한 내용들로 채워져 있다는 것을 들 수 있다.

2) 온정주의적 관점

부성주의적 온정주의 관점paternalist perspective은 19세기 말과 20세기 초에 걸쳐 극명하게 나타난 시각이다(Reamer, 2013 : 20). 이 당시는 자선조직협회가 조직되고 자선단체들이 계속해서 증가하던 때이다. 자선조직협회에 소속되어 있는 우애방문자들이 빈곤한 계층의 집을 방문하면서 자신들의 가치관을 주입시키던 때였는데, 그 이념적 배경은 부성주의였으며 온정주의였다. 물질을 베푸는 물질적 자선의 온정주의가 가치와 도덕에 있어서도 그대로 나타나 가치관과 도덕관 역시 자신들이 가지고 있던 가치관과 도덕관을 그대로 답습하게 하였던 것이다.

부성주의적 온정주의 시각에서 볼 때 사회복지의 미션은 클라이언트의 도덕적 청렴함을 고양시키고 그들로 하여금 공적 부조를 통해 도덕적인 삶을 살아갈 수 있도록 하는 것에 초점을 두고 있다. 그러면서도 온정을 베푸는 자와 그 온정을 받는 자가 철저하게 구분되어 있다. 베푸는 자는 상류계층의 사람이며 수혜자는 하류계층의 사람이다. 이 같은 시각은 계층구분을 조장한다. 하류계층이 빈곤할 수밖에 없는 이유는 이들이 도덕적으로 부도덕하기 때문이다. 따라서 온정을 베푸는 상류계층은 빈곤계층을 교화시키고, 계몽시키며, 또한 보호를 제공하는 것을 주된 업적으로 생각한다. 동시에 도덕성에 결함이 있어 부도덕한 이들을 지시하고, 명령하며, 통제해야 한다고 생각한다. 이들에게 수혜계층은 다소 간섭적이며 권위주의적인 그 지시와 명령과 통제를 따라야 할 의무가 있다고 생각한다.

따라서 부성주의적 온정주의는 제공자 입장의 시각이며, 클라이언트의 입장에서 볼 때는 인권이나 윤리적 실천을 위태롭게 하는 시각이다. 이 시각을 가진 사회복지사는 클라이언트를 무능하거나 불쌍한 사람이라고 여기게 되며 보호제공이라는 이름 아래 과잉보호하거나 클라이언트 대신 결정을 내려주는 실천을 할 가능성이 크다. 그러므로 온정주의 시각에 가까이 접근해 있는 사회복지사는 자신의 윤리적 민감성을 고양시키는 데 노력을 기울여야 할 것이다.

3) 사회정의 관점

사회정의 관점social justice perspective은 취약계층이 취약계층일 수밖에 없는 이유가 이들을 둘러싸고 있는 사회, 경제, 문화적 삶에 구조적인 결함이 있기 때문이라는 시각이다(Reamer, 2013 : 20-21). 빈곤, 실업, 범죄, 인종차별 등은 그 사회의 문화가 도덕적 민감성을 잃어버렸기 때문에 발생하는 부산물이다. 이 관점에서 빈곤은 빈곤한 사람의 잘못이 아니다. 이들이 빈곤한 것은 기본적으로 사회가 가지고 있는 부의 재분배에 있어서의 불평등, 성차별과 같은 차별과 다양한 유형의 사회적 억압 때문이라는 것이다. 이는 온정주의와 상반되는 시각인데, 계층에 따라 사회적 차별을 허용하는 것은 정당하지도 공평하지도 않다고 주장한다.

사회정의 관점은 클라이언트의 문제를 사회적 부조리를 척결하는 차원에서 접근한다. 클라이언트를 옹호하는 과정을 통해 부당한 사회구조를 개혁하는 등의 활동을 전개하며 이 과정을 통해 사회정의를 실현하고자 하는 것이다. 그러다 보니 사회정의와 사회개혁에 과중한 초점을 두는 과정에서 정작 클라이언트가 경험하고 있는 실질적인 실제 생활에서의 고통을 간과하는 경우가 종종 발생한다는 것이 이 관점의 최대 맹점이다. 특히 사회개혁은 시간이 오래 걸리는 일이기 때문에 이 같은 접근은 클라이언트의 문제가 해결되기는커녕 클라이언트에게 또 하나의 고통을 안겨주는 형태가 되기 쉽다는 지적이 많다.

따라서 사회정의적 시각을 가진 사회복지사는 클라이언트의 실제 생활에 조금 더 관심을 기울이는 노력을 해야 할 것이다.

4) 종교적 관점

종교적 관점religious perspective은 사회복지의 태생적 뿌리에 근간을 두고 있다. 자선조직협회의 우애방문자들이 빈곤계층을 방문하기 시작할 때 이들이 가지고 있던 시각은 기독교적 가치와 기독교적 도덕의 관점이었다. 부성주의적 온정주의 시각을 함께 가지고 있던 우애방문자들은 자신들이 가지고 있던 종교관과 기독교 가치관을 심어주었다.

종교적 관점의 주된 미션은 전문가들로 하여금 종교적 신념을 자신들의 전문적 서비스로 전환하는 것이다(Reamer, 2013 : 21). 우애방문자들의 이웃사랑은 기독교에서 보았을 때, 신의 명령으로 마땅히 따르고 지켜야 할 소명이었다. 이들에게 종교적 믿음과 윤리적 도덕은 동전의 앞뒷면과 같이 늘 함께 있는 것이었다(Dolgoff et al., 2012 : 58).

따라서 종교적 관점을 강하게 가지고 있는 사회복지사는 자신의 클라이언트도 종교적 관점을 가지고 있을 수 있음을 인정할 수 있어야 한다. 그리고 그 종교적 관점이 자신과는 다른 종교로부터 기인한다는 것도 인정할 수 있어야 한다. 윤리강령에 입각하여 어떻게 갈등적 상황을 대처할 것인지 자신의 민감성을 높이는 노력을 해야 한다.

5) 여성주의 관점

여성주의 관점feminist perspective은 큰 틀에서 볼 때는 부권주의적 온정주의와 같은 기존의 관점들이 권위주의적인 속성을 본질적으로 내포하고 있다고 본다. 여성주의 관점은 주로 여성의 경험에 초점을 두게 되기 때문에 주로 여성에게 적용되는 내용이 많다(Dolgoff et al., 2012 : 61). 따라서 여성이 일하거나 생활하는 데 있어 억압적인 상황에 초점을 둔다. 그동안 억압되고 소외되어 왔던 여성들의 권리를 의사결정권의 주체를 가진 사람으로 인정하는 것이다. 그러다 보니 다소 정치적이라는 의견이 있으며 좋고 나쁨의 윤리적 갈등 상황보다는 힘의 논리에서의 윤리적 갈등에 더 많이 노출되게 된다.

역설적으로 이런 관점은 여성주의 시각이 여성에게만 적용되는 것에서 탈피하여 전체 인구에게 적극적으로 적용하는 노력이 필요하다는 것을 주장하게 한다. 남과 여의 대결구도 형성이나 여성의 권리취득 등의 편향된 접근이 아니라 모든 상황을 바라보는 시각과 해석하는 논리를 여성주의적 관점에서 적용하자는 것이다.

여성주의 시각을 강하게 가지고 있는 사회복지사는 클라이언트 한 개인의 상황보다는 성차별, 인종차별, 계층차별 등과 같은 사회의 구조적인 상황에 더 관심을 갖게 된다. 따라서 윤리적 결정의 과정에서도 클라이언트의 개인적인 문제조차도 사회의 문제라는 맥락에서 접근하려는 경향이 있다. 개인의 상황과 사회적 맥락이 별개가 아니라는 입장 때문인데, 이는 대부분의 여성들의 개인적인 문제라는 것이 결국은 사회의 차별과 불평등에 기인하는 것임을 증명해 주었기 때문이다. 그러므로 여성주의 시각을 실천하는 사회복지사는 클라이언트 한 개인이 당면한 이슈나 문제를 간과하지 않도록 클라이언트 개인에게 주의를 기울여야 한다.

03

사회복지사 윤리강령

1. 윤리강령의 출현

거의 모든 대인서비스 전문직은 윤리강령을 가지고 있다. 윤리강령은 해당 전문직이 따라야 할 가치, 미션, 그리고 기준을 적시하고 있다. 의학계에서 의사 토마스 퍼시발Dr. Thomas Percival이 1803년 영국에서 작성한 것이 근대에 들어와서 쓰여진 첫 번째 윤리강령으로 알려져 있다(Dolgoff et al., 2012 : 43). 퍼시발의 강령을 모델로 하여 미국의학협회American Medical Associations는 미국 의사 윤리강령을 1847년에 작성하였다(Loewenberg et al., 2000 : 39). 한국의 전문직 윤리강령의 경우도 의사협회가 가장 먼저 의사 윤리강령을 1965년에 작성한 것으로 기록되어 있다(양옥경, 2004 : 87). 윤리강령의 역사를 약 2,000여 년 전 고대 그리스 의사들의 선서였던 히포크라테스 선서Hippocratic Oath로 시작한다는 주장(Loewenberg & Dolgoff, 1988 : 27-28)도 있으나, 이는 윤리강령이라기보다 선서이다. 실천현장에서 전문적이고 윤리적인 행동을 하겠다는 자기 자신에게 하는 맹세인 것이다. 반면 사회복지사 분야에서는 한국사회복지사협회가 2001년 선포한 사회복지사 선서가 있다.

1) 사회복지사 윤리강령의 출현

사회복지사 윤리강령은 미국에서 미국사회복지사협회American Association for Social Workers가 1951년에 작성한 것이 최초의 윤리강령으로 알려져 있다(Loewenberg & Dolgoff, 1988 : 29-30). 그러나 이 강령은 공식적인 강령으로 채택되지 못하였다. 당시 미국 사회복지계는 여러 협회들이 각자의 활동을 전개하던 시기였으므로 한 단체가 작성한 강령을 미국 전체의 강령으로 채택하게 하는 데는 한계가 있었던 것이다.

이후 모든 협회들이 하나로 결집되면서 1955년 미국의 사회복지사협회National Association of Social Workers가 탄생하였고, 1960년 윤리강령을 제정하여 선포함으로써 미국 최초의 윤리강령으로 공식 채택되었다. 이 윤리강령은 이전의 1951년 윤리강령을 그대로 받아들인 것이다(Reamer, 1992 : 17). 1951년 윤리강령이 최초의 윤리강령으로 인정되는 이유이다.

1960년에 공포한 미국 사회복지사 윤리강령은 사회복지사의 의무에 대해 나열하고 있다. "나는"으로 시작하고 있어 강령이라기보다 선서에 더 가깝게 여겨지는 이 당시의 윤리강령은 자신의 이익보다 클라이언트의 이익을 우선시하고, 클라이언트의 사생활을 보장하며, 공공의 응급 시 봉사할 것과 지식과 기술을 후배에게 이양할 것 등을 요구하고 있다. 1차 개정은 1967년에 이루어졌으며 모든 클라이언트에 대한 비차별 조항이 첨가된 것이 주요 개정 사항이었다. 1979년 윤리기준의 6개 기본 영역을 제시하는 등 대폭적인 개정이 이루어졌는데, 공공복지보다 개인복지에 더 초점을 맞추었다는 지적을 받았다. 1984년과 1993년, 기본 틀은 유지한 채 내용에 수정을 가하는 개정작업이 이루어졌다. 클라이언트, 동료, 고용인, 고용기관, 사회복지전문직, 그리고 사회 전반에 대한 윤리적 책임을 강화하였다. 1996년 기본 틀을 대폭 수정하여 현재의 윤리강령의 틀을 만들었다. 리머Reamer는 윤리강령도 그 내용에 있어 역사적인 흐름이 있음을 인정하면서 전문직 초기에는 도덕적이고 보호적이던 것이 이후 임상적 단계, 종교적 단계, 사회정의의 단계 등으로 발전해 나가다가 현재는 가치중립인 상태에 이르렀다고 평가하고 있다(Reamer, 1992 : 18-20).

이후로 1999년과 2008년에 개정이 이루어졌으나 자구수정의 수준으로서, 6개 핵심 가치를 비롯한 윤리기준과 그 틀에는 변동이 없었다. 이 윤리강령에서는 윤리강령의 목적을 구체화시켜 밝히고 있으며, 서비스service, 사회정의social justice, 인간존엄성 및 가치dignity and worth of the person, 인간관계의 중요성importance of human relationships, 진실성integrity, 그리고 능력competence의 6개 핵심 가치를 사회복지실천의 토대 가치로 삼고 이를 중심으로 윤리의 원칙과 기준을 제시하고 있다. 기존의 윤리강령이 활동범위에 준하여 구분되었다면, 이 윤리강령은 기본 가치에 준하여 구분된 것이 특징이다(양옥경 외, 2010 : 50). 윤리강령의 목적, 기능, 핵심 가치에 따른 윤리원칙 등에 관해서는 이후 해당 절에서 상세히 설명하고 있다.

영국의 사회복지사 윤리강령은 꽤 늦게 작성되었다. 의사의 윤리강령이 영국에서 가장 먼저 쓰여진 것에 비한다면 사회복지 분야에서는 많이 늦어진 것이다. 1975년 영국사회복지사협회British Association of Social Workers의 첫 번째 윤리강령이 채택되었으며, 2002년이 되어서야 국제적인 기준에 맞는 윤리강령이 제정되었다(BASW, 2012 : 4). 1973년부터 여러 차례 토론을 거치면서 사회복지의 기초를 클라이언트의 출신, 지위, 성, 연령, 신념, 그리고 사회적 공헌도와 상관없이 모든 인간 개인의 가치와 존엄을 인식하는 것이라고 정리하였다. 이 토론의 내용은 출간되지 않은 영국사회복지사협회의 토론 자료집 2호A Code of Ethics for Social Work와 3호The Inalienable Element in Social Work에 실려 있는 것으로(Watson, 1978 : 38-39), 이때부터 윤리강령을 제정하고자 하는 의지가 강력했음을 보여준다.

IFSW의 윤리강령은 1994년 스리랑카의 수도 콜롬보에서 개최된 총회에서 채택되었으며, 회원과 회원국들의 "윤리적 논쟁과 성찰을 증진"시키는 것을 목적으로 하였다(김상균 외, 2002 : 99). 현재 발효 중에 있는 윤리강령은 2004년 호주 아들레이드에서 IASSW와 함께 채택한 것이다.

한국 사회복지 분야에서는 한국사회복지사협회가 1982년 작성, 제정하고 총회까지 통과하였으나 반포하지 못한 한국 사회사업가 윤리강령이 최초의 사회복지사 윤리강령이다(양옥경, 2004 : 87). 이때 반포하지 못한 강령은 1차 개정작업을 거쳐 1988년 최초의 윤리강령으로 반포되었다. 이후 1992년, 2001년 3차례의 개정과정을 거쳤다. 현재 발효 중에 있는 사회복지사 윤리강령은 2001년 12월 15일 개정된 윤리강령이다.

2) 한국 사회복지사 윤리강령의 출현[3)]

한국사회복지사협회(그 당시는 한국사회사업가협회로 명명되었음)는 1972년 사회사업가 윤리강령의 필요성을 인식하고 5명으로 구성된 기초위원회를 발족시켜 제정 작업을 의뢰하였으나 완성을 보지 못하였다(한국사회복지사협회, 1997 : 97). 이에 1973년 2월 28일 총회에서 윤리강령 제정을 결의하였고, 1979년 8월 24일 제정을 위한 회의를 소집하였으며, 제정 작업을 거쳐 1982년 1월 15일 한국사회사업가협회 총회에서 윤리강령 안을 통과시켰다. 그러나 무슨 이유에서인지 공포하지는 못한 것으로 기록되어 있다. 1982년 최초 제정된 한

3) 한국 사회복지사 윤리강령의 역사에 관한 내용은 양옥경(2004 : 87-91)의 윤리강령 역사의 내용을 재구성한 것이다. 최초 윤리강령이 몇 년 것인가에 대해 의견이 분분하였으나, 한국사회복지사협회 홈페이지(http://www. welfare.net)에 의하면 최초 제정을 1982년 1월 15일로 하고 있다. 본 저자의 의견과 일치한다. 이후 1988년 3월 26일 1차 개정, 1992년 10월 22일 2차 개정, 그리고 2001년 12월 15일 3차 개정을 하였다고 또한 기록되어 있다.

국 '사회사업가 윤리강령(초안)'은 전문과 강령 10조로 이루어져 있다(부록 1-1). 클라이언트의 인간존엄성, 사회사업가의 전문성, 그리고 사회사업의 공공성 및 사회성을 강조하였다. 인도주의와 민주주의에 기반을 두면서 개인의 자아실현 목표를 개발하고 이용 가능한 사회적 자원과 과학적 지식을 통합하여 복지사회와 정의로운 사회 건설에 헌신하도록 하는 것을 기본 직업윤리로 삼고 있다.

비록 공포하지는 못했으나, 1982년 윤리강령은 그 자체로서의 의미가 있었다. 이 안을 놓고 자구수정 등을 거쳐 1988년 1차 개정안을 완성하였다. 한국사회사업가협회는 1988년 3월 26일 이사회와 대의원총회를 거쳐 개정안을 확정하였고, 4월 14일 '사회복지사 윤리강령'이라는 이름으로 공포하였다(부록 1-2). 현재 공포된 전문이 알려진 최초의 윤리강령이다. 1983년 사회복지사업법의 개정으로 사회복지사업종사자(사회사업가)가 사회복지사라는 명칭으로 공식적으로 불리게 되면서 윤리강령에도 이 내용이 반영되었다. 전문과 강령 8개 조항으로 이루어져 있으며, 인도주의와 민주주의 이념을 기반으로 하고 있다. 인간존엄성과 사회정의를 실천해야 함을 강조하고 있으며, 훌륭한 사회복지사가 되도록 쉼없이 연구정진하며 자기품성을 도야할 것을 강조하고 있다. 기본 품성으로는 성실, 친절, 봉사, 사랑, 그리고 진정한 이해를 들고 있으며, 기본 활동으로는 정의, 공평, 평화를 수호하는 선도적 위치를 명하고 있다. 복지와 사회여건 개선을 위한 봉사적 사회운동 참여, 인종, 국적, 성별, 사상, 종교, 지위, 빈부 등의 차별에서 초월한 공평한 대우, 클라이언트의 자립정신 강조, 사회사업실천에서의 사회복지사 개인의 영리도모 금지, 사회복지사 권익옹호 등을 언급하고 있다. 사회사업가의 명칭이 사회복지사가 되었음에도 불구하고 내용에서는 사회복지실천이 아니라 사회사업실천이라는 "사회사업"이 그대로 사용되고 있음을 볼 수 있다.

2차 개정된 사회복지사 윤리강령[4]은 1992년 10월 22일 제6회 전국사회복지사대회에서 공포되었다. 전문과 10개 조항으로 이루어져 있으며, 조항별로 행동범위를 구분하여 사회복지사가 지켜야 할 윤리적 행동기준을 제시하고 있다(부록 1-3). 1~3항은 전문가로서의 사회복지사의 태도 및 전문직에 대한 책임, 4~7항은 클라이언트에 대한 사회복지사의 의무, 8항은 동료와의 관계에 대한 사회복지사의 태도, 9항은 동료나 기관의 비윤리적 행위에 대한 사회복지사의 의무, 그리고 10항은 사회와의 관계에 관한 역할규정에 대한 최소한의 행동지침을 제시하고 있다.

전문에서는 정의, 평등, 자유, 민주주의 가치를 바탕으로 하고 있으며, 클라이언트뿐 아니라 사회 구성원 간의 인간존엄성을 강조하고 있다. 반면 봉사정신, 사명감 등의 단어는 찾아볼 수 없는데, 이는 봉사정신과 사명감이 전근대적 느낌을 주는 용어이므로 제외되는 것이 좋겠다는 강령 개정 당시 현장의 의견을 수렴한 결과 중 하나이다. 각 조문별로는 클라이언트의 권익, 자기결정권, 사생활 존중, 그리고 사상, 종교, 인종, 성별, 연령, 지위, 계층에 따른 차별 금지 등이 주요 골자이다. 전문직 개발, 전문가로서의 품위와 자질 유지, 동료에 대한 존중, 그리고 사회복지사의 권익옹호 등이 함께 언급되어 있으며, 비윤리적 행위에 대한 공식절차에 대해 언급하고 있는 것이 이전 강령과 차별화된 내용이다. 이 윤리강령에서는 클라이언트를 '복지대상자'라고 칭하고 있다. 이는 클라이언트가 영어이므로 한글로 대치하는 것이 좋겠다는 현장의 의견을 수렴하여 내린 결정이었으며, 현장 사회복지사들이 제시한 여러 단어들 중 가장 많은 사회복지사들이 선호한다고 답변한 '복지대상자'를 클라이언트의 대체용어로 선택한 것이었다.

---

4) 윤리강령 개정위원회는 문인숙(이화여대 교수)을 위원장으로 학계에서는 최일섭(서울대 교수), 김융일(가톨릭대 교수), 김성이(이화여대 교수), 성규탁(연세대 교수)을, 실무현장에서는 우성세(영락보린원), 정현모(순복음상담소), 박경수(태화샘솟는집), 민정애(한국뇌성마비복지회)를, 정부에서는 이상룡(보건복지부 사무관)을, 그리고 협회에서는 최성균(사무국장), 김기선, 박창석 등을 위원으로 하여 총 13명으로 구성되어 있었다.

3차 개정 사회복지사 윤리강령[5]이 2001년 12월 15일 제10회 전국사회복지사대회에서 선포되었다(부록 1-4). 이것이 현재 사용하고 있는 윤리강령이다. 이 3차 개정은 1992년 개정 당시 7년 후 다시 개정하자는 결의에 따른 것으로, 실제로는 1999년부터 개정작업이 시작되었으며 약 3년의 작업을 거쳐 탄생하였다. 새천년의 시작과 함께 이루어진 개정은 변화하는 사회의 요구를 포괄하고 새천년을 앞서 나가는 의지를 담고자 하였으며, 윤리의식과 행동방향을 설정하는 형태로서의 윤리강령이 되도록 만들고자 하였다. 전문과 5개 윤리대상별 윤리기준을 갖도록 구성한 것이 기본 틀이다. 그리고 윤리강령에 포함되는 것은 아니지만, 윤리강령의 기조에 맞추어 별도로 사회복지사 선서(부록 2)를 제정하여 10회 전국사회복지사대회에서 동시에 선포하였다.

3차 개정의 주요 요지는 헌신성, 전문성, 그리고 진보성이었다. 구체화하자면, 윤리위원회의 구성, 차별대우 조건 다양화, 슈퍼바이저와의 관계 강조, 사회복지사의 경제적 이익취득 제한, 그리고 재교육을 포함한 협회의 활동 강조 등이었다. 따라서 "가장 열악한 대상층에 대한 접근, 클라이언트의 최대 이익 추구, 봉사, 솔선수범 등의 헌신성, 사회적 가치실현을 구체화하여 타 분야와의 차별성 및 독자성 확보 및 타 분야와의 상호연대에 대한 적극성 추구, 개인과 사회의 동시적 변화를 추구하는 독자적 기술 확보 등의 전문성, 그리고 개인의 존엄성 확보와 사회적 가치 실현을 위한 사회제도 및 여건의 변화를 추구하는 조직적 역량 확보의 진보성"(한국사회복지사협회 내부자료, 1999) 등이 윤리강령 개정의 주요 요지이다. 5개 윤리기준은 사회복지사의 기본적 윤리기준, 사회복지사의 클라이언트에 대한 윤리기준, 사회복지사의 동료에

5) 3차 개정은 양옥경(이화여대 교수)과 윤찬영(전주대 교수)에 의해 집중적으로 이루어졌다. 초안을 전체 사회복지사협회 회원들에게 회람하여 의견을 수합하였으며, 다시 조정한 후 윤리강령 개정위원회 위원장(백종만 전북대 교수)을 포함한 회장단(회장 : 김융일 가톨릭대 교수)의 검토와 수정을 거쳤고, 국어학자의 어구수정을 거쳤다.

대한 윤리기준, 사회복지사의 사회에 대한 윤리기준, 그리고 사회복지사의 기관에 대한 윤리기준이다.

개정과정에서 가장 논란이 되었던 것은 client(클라이언트)와 social work(사회복지실천)를 무엇으로 지칭할 것인가였다. 클라이언트에 대해서는 바로 직전 2차 개정 안에서 사용하고 있었던 복지대상자를 그대로 쓸 것인지 다른 단어로 바꿀 것인지를 비롯하여 바꾼다면 어떤 단어를 사용할 것인지가 큰 논쟁거리였다. 거론된 단어들은 복지대상자, 사회복지대상자, 복지수급자, 복지권자, 사회복지수급권자, 복지수급권자, 수급권자 등 매우 다양하였다. 1992년 윤리강령에서 사용했던 복지대상자라는 용어는 부적절하기 때문에 바꾸어야 한다는 의견이 팽배하였다. 그 이유는 크게 두 가지였는데, 하나는 실무현장에서 클라이언트라고 부르지 복지대상자라고 부르지 않는다는 이유였고, 다른 하나는, 당시가 국민기초생활보장법이 제정되던 때라 클라이언트를 수급의 권리를 가진 사람으로 이해해야 하는데 복지의 대상자라고 부르는 것은 클라이언트들을 대상화하는 것으로서 사회복지의 가치와 이념에 맞지 않는다는 이유였다. 따라서 자연스럽게 사회복지수급권자에 대해 찬성하는 의견이 많이 개진되었는데, 단어가 너무 생소한 데다 아직 수급권자라는 용어가 사용되지 않고 있었기 때문에 채택되지 못하였다. 여러 차례 토론 끝에 결국은 '클라이언트'라는 client의 한글표기를 그대로 사용하기로 결정하였다.

사회복지실천social work에 대해서도 사회사업, 사회복지업무, 사회복지실무, 사회복지실천 등 다양한 용어가 제시되었다. 어떤 용어를 사용할 것인가에 대해 여러 차례 논의를 하였으며, 결국 '사회복지실천'을 채택하게 되었다. 그 이유는 사회복지사 1급 국가시험 필수과목이기도 하고 필수 이수과목이기도 한 사회복지실천론이 social work를 대치하는 단어로 사회복지실천을 사용하고 있기 때문이었다.

2. 사회복지사 윤리강령의 목적

윤리강령은 기본적으로 포괄적인 윤리기준을 제시한다. 윤리강령의 주된 목적은 좋은 행동과 좋은 결정을 위해 지침을 제공하는 것이다. 그리고 각 강령의 기준들을 조율한다. 이 같은 윤리강령의 목적은 주로 강령의 서문에 잘 나타나 있다.

IFSW는 2012년 IASSW와 공동으로 윤리강령의 목적이 "IFSW 소속 국가들의 사회복지사들과 IASSW 소속 대학의 사회복지학과 교수 및 학생들까지 우리 모두가 윤리적 논쟁과 성찰을 증진시키는 것"이라고 밝혔다(http://ifsw.org). 앞서 윤리강령의 역사에서도 살펴본 바와 같이 1994년에 IFSW에서 윤리강령을 선포했을 때의 목적과 동일한 변하지 않는 목적이다. 윤리강령은 또한 "전 세계의 사회복지사들로 하여금 자신들이 직면하고 있는 도전이나 딜레마를 되돌아보는 것을 북돋워 주는 것과 각각의 특별한 상황에서 어떻게 윤리적인 결정을 내릴 것인지에 관한 윤리적인 정보를 제공해 주는 것"에 목적을 둔다고 하였다.

윤리강령이 필요한 이유에 관해 IFSW는 사회복지사가 종종 접하는 몇 가지 문제 상황을 설명하는 것으로 대신하였다. 첫째, 사회복지사의 사회복지 전문직 또는 사회에 대한 충성심이 이해관계 갈등의 한복판에 있을 수 있다는 사실이다. 둘째, 사회복지사가 종종 돕는 자도 되었다가 통제하는 자도 되었다가 하는 양쪽 상황에서, 어떤 경우에는 시차를 두고 또한 어떤 경우에는 동시에 다 기능하게 되는 경우가 있다는 사실이다. 셋째, 사회복지사는 클라이언트를 보호해야 하는 의무를 행사해야 함과 동시에 사회로부터의 유용성과 효용성을 요구받는 갈등적 상황에 놓인다는 사실이다. 넷째, 사회에서 구할 수 있는 자원이 제한적이라는 사실이다.

미국의 NASW는 6개의 윤리강령 목적(Reamer, 2013 : 56)을 제시하고 있다. NASW는 전문가 윤리는 사회복지의 핵심이라고 주장하면서 사회복지전문가라면 기본 가치, 윤리원칙, 그리고 윤리기준을 명확히 할 의무가 있다고 강조하고 있다. 그것이 이 윤리강령이 쓰여진 이유라고 하였고, 그래서 사회복지사들의 행동을 윤리적으로 안내하기 위해 공표한다고 하였다. 미국 NASW가 표방하고 있는 윤리강령의 6가지 목적은 다음과 같다. ① 사회복지 미션이 기초로 하고 있는 핵심 가치를 확인한다. ② 사회복지실천을 인도하는 전문직의 핵심 가치를 반영하고 특별한 윤리적 기준들을 수립하는 포괄적인 윤리원칙들을 요약한다. ③ 사회복지사들이 윤리적 의무가 갈등을 일으키거나 윤리적 모호함이 발생하게 될 때 이슈에 관련된 의미 있는 생각과 결정을 하는데 도움을 주도록 설계되어 있다. ④ 일반 대중들이 사회복지전문직이 믿고 맡길 수 있는 신뢰할 만한 전문직이라는 생각을 할 수 있도록 윤리적 기준들을 제공한다. ⑤ 전문직에 새로 진입하는 사회복지사로 하여금 사회복지전문직의 미션, 가치, 윤리원칙, 그리고 윤리기준들을 알려주고 사회화시킨다. ⑥ 사회복지전문직 자체가 사회복지사들이 비윤리적 행위에 연루되지는 않았는지를 평가할 수 있는 기준을 명확히 한다.

이렇게 사회복지사 윤리강령은 모든 사회복지사들, 사회복지학과 학생들, 그리고 그들이 일하고 있는 기관들, 심지어 그들이 서비스를 제공하는 클라이언트 집단들에게 관련이 있는 내용들을 담고 있으며, 그래서 존재와 활용의 의의가 있는 내용들이다.

한국 사회복지사 윤리강령의 목적은 "클라이언트, 동료, 기관, 그리고 지역사회 및 전체 사회와 관련된 사회복지사의 행위와 행동을 판단, 평가하며 인도하는 것이라 할 수 있다. 이는 윤리강령 전문에서 밝히고 있는 내용이다.

이에 본 저자가 생각하는 윤리강령의 7가지 목적을 정리하자면 다음과 같다. 첫째, 사회복지실천의 기본 사상 및 핵심 가치를 표방한다. 둘째, 사회복지실천의 방향을 제시한다. 셋째, 사회복지실천의 활동 범위를 제시한다. 넷째, 사회복지실천을 인도하는 윤리적 원칙 및 기준을 마련하고 제시한다. 다섯째, 사회복지전문직에 대한 대중의 신뢰를 확보하는 좋은 도구가 된다. 여섯째, 사회복지사에게 윤리적 행위가 어떤 것인지에 대한 안내를 해줄 수 있다. 일곱째, 사회복지사의 윤리적 민감성을 고양시킬 수 있다.

〈표 3-1〉 **사회복지 윤리강령의 목적**

사회복지 윤리강령의 목적
① 사회복지실천의 기본 사상 및 핵심 가치 표방
② 사회복지실천의 방향 제시
③ 사회복지실천의 활동 범위 제시
④ 사회복지실천을 인도하는 윤리적 원칙 및 기준 제시
⑤ 사회복지전문직에 대한 대중의 신뢰 확보
⑥ 사회복지사의 윤리적 행위에 대한 안내
⑦ 사회복지사의 윤리적 민감성 고양

3. 사회복지사 윤리강령의 기능

대부분의 윤리강령은 전문가들이 지켜야 할 행동기준과 원칙을 기술해 놓은 것으로 전문가들이 서로 합의한 내용을 담고 있다. 따라서 동일 전문직 내 전문가들은 그 윤리강령을 따라야 할 의무가 있다. 윤리강령이 법적 제제를 할 권한을 가지고 있지는 못하지만 그것보다 더 강한 사회적 · 도덕적 · 윤리적 규제를 가지고 있음을 전문가들은 잊지 말아야 한다.

사회복지사 윤리강령의 핵심적인 기능은 사회복지사가 사회복지전문직의 기본 가치체계에 근거하여 행동할 수 있는 판단의 기준을 제공하는 것이며, 전문가로서 클라이언트에게 해야 하는 윤리적인 기본 행동에 관해 고지하고, 비윤리적인 행동을 하는 동료나 기관에 대해 취해야 할 행동에 관해 기본적인 판단의 기준을 제시하는 것이다(양옥경 외, 2010 : 48-49).

본 저자는 윤리강령의 기능을 다음의 다섯 가지로 보았다.

첫째, 사회복지 실천현장에서 윤리적 갈등이 생겼을 때 지침과 원칙을 제공한다. 둘째, 사회복지 전문직의 자기규제를 통해 클라이언트를 보호한다. 셋째, 스스로 자기규제를 가짐으로써 사회복지전문직의 전문성을 확보하고 외부통제로부터 전문직을 보호한다. 넷째, 일반 대중에게 전문가로서의 사회복지 기본 업무 및 자세를 알리는 일차적 수단으로 기능한다. 마지막으로 다섯째, 선언적 선서를 통해 사회복지전문가들의 윤리적 민감성을 고양시키고 윤리적으로 무장시킨다.

윤리강령은 어떻게 생각하면 불편하거나 부담스러울 수 있는 내용들을 담고 있다고 생각할 수 있다. 그러나 윤리강령은 그와 같은 불편하거나 부담스러울 수 있는 상황에서 사회복지사를 보호하기 위해 존재한다고 생각하면 된다. 그런 상황에 빠질 수 있는 것에 대비하여 미리 준비시키고 미연에 방지하기 위한 지침과 원칙을 알려주기 위해 존재하는 것이다. 그리고 이렇게 내부에서 사회복지사들을 스스로 관리하고 준비시키는 장치가 있다는 것을 선포함으로써 전문직 내외에서 신뢰와 인정을 받을 수 있게 된다. 전문직이 스스로 내부에서 윤리적으로 자기 관리를 할 수 있는 체계를 갖추고 있다는 것은 해당 전문직이 전문직임을 자신하는 필수불가결한 조건이기도 하다(Greenwood, 1957).

〈표 3-2〉 사회복지사 윤리강령의 기본 기능

① 사회복지 실천현장에서 윤리적 갈등이 생겼을 때 지침과 원칙 제공
② 사회복지전문직의 자기규제를 통해 클라이언트 보호
③ 스스로 자기규제를 가짐으로써 사회복지전문직의 전문성 확보 및 외부통제로부터의 전문직 보호
④ 일반 대중에게 전문가로서의 사회복지 기본 업무 및 자세를 알리는 일차적 수단
⑤ 선언적 선서를 통해 사회복지 전문가들의 윤리적 민감성 고양 및 윤리적 무장

4. 국제 사회복지사 윤리강령[6)]

국제 사회복지사 윤리강령은 2004년 10월 호주 아들레이드에서 IASSW와 IFSW가 함께 작성하였다. IFSW는 윤리강령이라고 명명하기보다는 윤리적 원칙 성명서Statement of Ethical Principles라는 표현을 사용하였다. 서문과 4개의 섹션으로 나뉘어 있는데, 사회복지의 정의definition of social work, 국제규약들international conventions, 원칙들principles, 그리고 전문가 행동professional conduct이다. 이 성명서를 통해 IFSW와 IASSW는 윤리적 측면과 인권적 측면을 함께 설명하려고 노력하고 있다. 특히 세계인권선언에 기초한 각종 국제규약들을 소개함과 동시에 원칙섹션에서는 인권human rights과 인간존엄성human dignity, 그리고 사회정의social justice를 구분하여 정의하면서 설명하고 있다. 인권과 윤리가 동시에 존재하는 것으로 이해하고자 하는 노력의 결과라 하겠다.

서문에서는 사회복지사들의 전문적 실천이 윤리적 실천이라는 것을 강조하고 있으며 사회복지사들의 윤리적 행동과 헌신적 책무가 사회복지의 전문적 실천의 본질임을 역설하고 있다. 사회복지전문직은 사람들이 그들의 환경과 상호작용하는 데 있어 어려움을 경험할 때 개입하는데, 이 과정에서 사회복지의 전문직은 대인관계에서 발생하는 문제를 해결하며, 사회변화를 이끌어 내고, 사람들의 복지를 향상시키기 위해 각종 제약으로부터 자유롭게 해주고 권한을 부여해 주며 힘을 실어준다. 사회복지전문직이 이렇게 할 수 있는 이유는 인권과 사회정의가 사회복지의 핵심적인 본질이기 때문이다.

기본 원칙으로 IFSW 윤리강령은 인권과 인간존엄, 그리고 사회정의를 강조하고 있다. 사회복지는 모든 인간이라면 갖고 있는 내재된 존엄과 가치를 가지고 있다고 믿는다. 그래서 사회복지사는 각 개인의 신체적, 심리적, 정서

---

6) 국제 사회복지사 윤리강령은 세계사회복지사연맹*IFSW*의 홈페이지(http://ifsw.org)를 참조하였음.

적, 그리고 영적 온전함과 안녕함을 유지하고 옹호해야 한다. 또한 사회복지사는 전체 사회에서 사회정의를 촉진시켜야 할 책무가 있다.

인권과 인간존엄의 옹호라 함은
① 자신에 관한 결정을 자기 자신이 내리고 존중받을 자기결정권 존중,
② 자신에 관한 것을 정확하게 이해하고 결정에 참여할 참여권 신장,
③ 가족, 지역사회, 사회, 자연환경 등과의 관계 안에서 자신이 이해될 수 있어야 하는 전인적 대우,
④ 자신의 강점과 능력에 힘이 실릴 수 있는 강점 인식 등을 의미한다.

사회정의 촉진이라 함은
① 부정적 차별에의 도전,
② 다양성의 인식,
③ 자원의 공정한 분배,
④ 불공정한 정책과 실천에의 도전,
⑤ 연대감 및 사회공동체 의식 강화 등을 의미한다.

IFSW는 사회복지사는 각 국가에서 사용되고 있는 윤리강령이나 윤리지침에 따라 행동해야 함을 강조하고 있다. 전문가 행동의 지침으로 다음의 12개 조항을 제시하고 있다.

(1) 사회복지사는 자신들의 업무를 수행하기 위해 필요한 기술과 능력을 갖추고 계속해서 발전시켜 나가야 한다.
(2) 사회복지사는 자신들의 기술을 고문이나 테러 등과 같은 비인간적인 목적을 위해 사용해서는 안 된다.

(3) 사회복지사는 진실성을 가지고 업무에 임해야 한다. 이는 자신의 업무를 볼모로 클라이언트와의 신뢰의 관계를 오용해서는 안 되며, 이 관계를 자신의 이익을 취하기 위해 악용해서도 안 되고, 클라이언트와의 전문적 관계의 경계를 명확하게 인식해야 하는 것을 의미한다.

(4) 사회복지사는 자신의 서비스를 제공함에 있어, 자애compassion, 공감empathy, 그리고 관심care으로 맺어진 관계 안에서 행동해야 한다.

(5) 사회복지사는 자신의 욕구와 이해를 위해 서비스를 이용하려는 사람들에게 굴복해서는 안 된다.

(6) 사회복지사는 적합한 서비스를 제공할 수 있도록 확실히 하기 위해, 전문적으로나 개인적으로, 그리고 일터에서나 사회에서 자신을 보호하기 위해 필요한 단계를 취해야 할 의무가 있다.

(7) 사회복지사는 자신의 서비스를 이용하는 사람들에 관한 정보를 지켜주어야 할 비밀보장의 의무가 있다. 단, 더 큰 윤리적 의무가 있을 때는 예외가 적용된다.

(8) 사회복지사는 자신의 서비스를 이용하는 사람들, 자신과 함께 일하는 사람들, 자신의 동료나 고용주, 그리고 전문가 조직이나 법조계에 자신이 책임 있는 사람이라는 것을 알릴 필요가 있다. 또한 그 책무성이 갈등을 일으킬 수 있다는 것도 알릴 필요가 있다.

(9) 사회복지사는 사회복지학과 학생들이 양질의 훈련을 받고 새로운 현장지식을 제대로 경험할 수 있도록 지원하기 위하여 사회복지학과와 기꺼이 협력하여야 한다.

(10) 사회복지사는 윤리적으로 조정된 결정을 내리기 위한 책임을 다하기 위해 동료나 고용주와 윤리적으로 토론하는 것을 적극적으로 끌어내고 참여해야 한다.

(11) 사회복지사는 자신의 결정이 윤리적 사고에 근거하였는지 그 이유를 설명할 수 있도록 준비해야 하며, 그 결정을 선택하고 실천하는 것에 책임질 수 있어야 한다.

(12) 사회복지사는 이 성명서에 담긴 윤리 원칙들이 자신이 소속된 국가와 기관에서 논의되고, 또한 자국의 윤리강령이 토론되고, 평가되고, 인정되는 환경을 창조하고 조성하기 위해 노력해야 한다.

5. 미국 사회복지사 윤리강령[7)]

1) 가치와 원칙

현재 미국에서 적용되고 있는 미국 사회복지사 윤리강령은 미국의 사회복지사협회인 NASW가 1996년 전면 개정한 것을 일부 개정한 2008년도 강령이다. 6개의 핵심 가치를 표방하고 있으며, 이 핵심 가치를 중심으로 윤리원칙을 정리해 놓고 있다.

핵심 가치 1은 서비스이다. 미국사회복지사협회는 사회복지사들이 욕구가 있는 사람을 원조하고 사회문제를 고민하고 다루는 것을 목표로 하고 있는데, 이를 윤리적인 방법으로 하도록 인식하는 것에 두었다. 이 가치는 사회복지가 실천중심의 전문직이라는 것을 강조한다.

핵심 가치 2는 사회정의이다. 사회복지의 근본 가치인 사회정의의 가치에 근거하여 사회복지사는 사회적 부정의에 도전해야 한다는 원칙을 강조한다.

핵심 가치 3은 인간존엄과 존중이다. 이는 사회복지실천에서 가장 중요한 실천 원칙이다. 클라이언트를 클라이언트가 아니라 사람으로 보고 존엄과 존

7) 미국 사회복지사윤리강령은 IFSW의 홈페이지(http://ifsw.org) 국가별 윤리강령을 참조하였음.

경으로 대해야 한다는 인권적 차원의 가치이다.

핵심 가치 4는 인간관계의 중요성이다. NASW는 이 중요한 가치를 실천의 현장에서 항상 가슴에 품고 늘 자신에게 경각심을 일으켜야 한다고 주장한다.

핵심 가치 5는 진실성이다. 사회복지사라면 항상 신뢰받을 수 있는 태도로 임해야 하며 진실된 마음으로 클라이언트를 대해야 한다.

핵심 가치 6은 능력이다. 사회복지사가 전문적 능력을 갖추는 것은 매우 중요한 핵심 가치가 되었다. 이 핵심 가치는 핵심 가치 5와 함께 클라이언트와 전문직의 관계 속에서 사회복지사가 자기 자신을 어떻게 계발하고 발전시킬 것인지에 관련되어 있다.

〈표 3-3〉 NASW 윤리강령 : 핵심 가치와 원칙

핵심 가치	원 칙
서비스 (Service)	사회복지사의 가장 중요한 목표는 욕구가 있는 사람을 원조하고 사회문제를 고민하고 다루는 것이다.
사회정의 (Social Justice)	사회복지사는 사회적 부정의에 도전한다.
인간존엄과 존중 (Dignity and Worth of the Person)	사회복지사는 인간의 존엄과 가치를 존중한다.
인간관계의 중요성 (Importance of Human Relationships)	사회복지사는 인간관계의 본질적 중요성을 인식한다.
진실성 (Integrity)	사회복지사는 신뢰받을 수 있는 태도로 행동한다.
능력 (Competence)	사회복지사는 자신의 능력의 범위 안에서 실천하며 자신의 전문성을 향상시킨다.

2) 윤리적 기준

윤리강령의 기준은 사회복지사의 6가지 의무로 구성되어 있다. 즉, 클라이언트에 대해, 동료에 대해, 실천현장에서, 전문가로서, 전문직에 대해, 그리고 사회 전반에 대해 갖는 의무를 중심으로 각 상황에 해당하는 기준들을 제시하고 있다. 이들 중 몇몇 기준은 조금 더 강압적으로 지켜내야 하는 것들이지만, 몇몇 조항들은 열망하는 바 또는 기대하는 바를 표방하는 것들도 있다 (Reamer, 2013 : 226). 지켜내야 하는 것들 중에는 윤리적 기준을 위반했다고 주장되는 상황을 검토해야 하는 의무를 포함하고 있다.

(1) 클라이언트에 대한 윤리적 책임

클라이언트에 대한 윤리적 책임은 16개 조항을 통해 설명하고 있다. 클라이언트에 대한 헌신commitment, 자기결정권, 고지된 동의, 능력, 문화적 능력과 사회적 다양성, 이해갈등, 사생활 보호와 비밀보장, 기록에의 접근 등에 관해 사회복지사는 윤리적으로 책임 있는 행동을 해야 한다. 사회복지사는 클라이언트와 어떤 경우라도 부적절하게 성적 관계를 맺거나, 신체적 접촉을 하거나, 성희롱을 하거나, 속어를 사용하는 등의 행위를 해서는 안 된다. 서비스 사용에 대한 비용은 적절하게 받아야 하며, 자기결정 능력이 부족한 클라이언트에 대해서는 최대한의 자기결정을 할 수 있도록 지원해야 한다. 서비스를 종결할 때는 적합한 절차를 밟아야 한다. 서비스를 방해하는 행위는 용납되지 않는다.

(2) 동료에 대한 윤리적 책임

동료에 대한 윤리적 책임은 11개 조항으로 설명하고 있다. 동료존중, 비밀보장, 다학제적 협력 등은 사회복지사가 지켜야 할 기본적인 윤리적 행동이다. 그 외에도 동료 간 분쟁이 있어서는 안 될 것이며, 자문을 받거나 서비스를 의뢰할 때에도 윤리적으로 적합한 행동을 취해야 한다. 동료와 부적절한 성적 관계를 가져서는 안 되며, 직장 내에서 성희롱은 금지해야 할 행위이다. 장애 및 손상으로 업무를 못하게 되었거나, 무능으로 인해 업무를 수행하지 못하는 동료에 대해서는 적합한 과정을 통해 정당한 행동을 취해야 한다. 뿐만 아니라 비윤리적 행동 등을 한 동료에 대해서 역시 적합한 방법으로 해당 행위를 저지하거나 수정해야 하며, 더 높은 책임감이 있는 사람에게 알릴 필요가 있다.

(3) 실천현장에 대한 윤리적 책임

실천현장에 대한 윤리적 책임은 10개 조항을 할애하여 설명하고 있다. 슈퍼비전과 자문, 교육과 훈련, 업무평가, 레코딩, 수가, 의뢰 및 이양, 행정, 보수교육, 고용주에의 헌신, 노동분쟁 등에서 윤리적 기준을 갖추고 있어야 한다고 명시하고 있다.

(4) 전문가로서 윤리적 책임

전문가로서의 윤리적 책임은 8개 조항으로 설명하고 있다. 전문가로서 사회복지사는 능력을 갖추고 클라이언트를 대해야 하며, 어떤 경우라도 차별을 해서는 안 되고, 사기나 속임 또는 부정직함 등은 용인되지 않는다. 사회복지사의 개인적 사생활로 인해 공적인 사회복지사로서의 업무에 방해를 받게 해서는 안 되며, 손상이나 장애 등으로 업무에 지장을 초래해서도 안 된다. 법정이나 외부에 나가서 허위진술을 해서는 안 되며, 부적절한 탄원에 연루되어서도 안 된다. 업무와 관련된 성과를 냈을 때는 그 성과에 관해 정당한 인정이 보장되어야 한다.

(5) 전문직에의 윤리적 책임

전문직에의 윤리적 책임은 단 2개 조항으로 설명하고 있으나, 이 조항들의 세부조항들이 상세하게 설명하고 있다. 사회복지사는 클라이언트와 일할 때 매 순간마다 윤리적으로 행동함으로써 전문직에 대한 충실성을 갖추어야 한다. 그리고 이는 실천현장에서, 연구를 할 때, 평가를 할 때 등 어떤 때이든지 상관없이 때를 막론하고 항상 지켜져야 함을 의미한다. 평가와 연구가 점점 활발해지는 현장의 상황을 고려하여 연구와 평가 등에 관한 지침이 자세하게 정리되어 있다.

(6) 사회 전반에 대한 윤리적 책임

사회 전반에 대한 윤리적 책임으로 4개 조항을 할애하여 설명하고 있다. 사회복지사는 지역사회, 사회환경 등 사회 전체의 일반적인 복지를 촉진할 것이 기대된다. 공적인 참여, 위기상황, 사회적이고 정치적인 행동 등에 관한 윤리적 책무 사항이 포함되어 있다.

6. 한국 사회복지사 윤리강령[8)]

한국 사회복지사 윤리강령은 전문과 윤리기준으로 구성되어 있다. 전문은 크게 세 부분으로 나누어져 있으며 윤리기준은 크게 5가지 윤리기준으로 나누어져 있다. 이에 덧붙여 윤리위원회에 관한 조문을 갖고 있다.

8) 한국 사회복지사 윤리강령에 관한 설명은 양옥경(2004 : 93-113)의 내용을 수정보완하였다.

1) 전 문

전문은 크게 세 부분으로 나누어져 있다. 사회복지사의 기본 행위와 사명, 최선의 노력, 그리고 다짐이다.

사회복지사의 기본 행위와 사명에서는 사회복지의 기본 이념이자 사상인 인본주의와 평등주의를 기초로 사회복지실천의 기본 가치인 인간존엄성 존중과 자유권 및 생존권을 강조하고 있다. 특히 사회의 약자를 위해 정의, 평등, 자유, 민주주의 실현을 강조하고 있으며, 사회복지사의 주도적 참여를 언급하면서 클라이언트와 함께 일하는 것을 강조하고 있다. 사회복지사의 최선의 노력 부분에서는 사회복지사의 기본 행위와 사명을 위해 클라이언트의 자기결정권을 보장해 주어야 한다는 것과 전문가로서 사회적 가치를 실현하기 위해 노력해야 할 것을 강조하고 있다. 사회복지사의 다짐에서는 이 모든 것을 위해 윤리기준이 존재해야 함을 강조하면서 이를 준수할 것을 다짐하는 것으로 되어 있다. 사회복지사의 내적 무장을 중요하게 생각한 결과의 반영이다.

전문

사회복지사는 인본주의·평등주의 사상에 기초하여, 모든 인간의 존엄성과 가치를 존중하고 천부의 자유권과 생존권의 부장활동에 헌신한다. 특히 사회적·경제적 약자들의 편에 서서 사회정의와 평등·자유와 민주주의 가치를 실현하는 데 앞장선다. 또한 도움을 필요로 하는 사람들의 사회적 지위와 기능을 향상시키기 위해 저들과 함께 일하며, 사회제도 개선과 관련된 제반 활동에 주도적으로 참여한다. 사회복지사는 개인의 주체성과 자기결정권을 보장하는 데 최선을 다하고, 어떠한 여건에서도 개인이 부당하게 희생되는 일이 없도록 한다. 이러한 사명을 실천하기 위하여 전문적 지식과 기술을 개발하고, 사회적 가치를 실현하는 전문가로서의 능력과 품위를 유지하기 위해 노력한다.

이에 우리는 클라이언트·동료·기관 그리고 지역사회 및 전체 사회와 관련된 사회복지사의 행위와 활동을 판단·평가하며 인도하는 윤리기준을 다음과 같이 선언하고 이를 준수할 것을 다짐한다.

전문에서 강조하고 있는 점은 두 가지이다. 하나는 클라이언트에 대한 시각의 변화이며 다른 하나는 사회복지사의 역할의 강조이다. 우선 클라이언트에 대한 시각의 변화는 '함께 일하며'와 '개인의 주체성과 자기결정권을 보장'한다는 점에 잘 반영되어 있다. 클라이언트를 자신에 대한 결정을 스스로 내릴 수 있는 주체를 가진 사람으로 보고 있다는 것이다. 그리고 이 개인을 사회복지서비스의 대상자가 되어 수동적으로 받는 자의 위치에 두는 것이 아니라, 함께 일하는 파트너의 위치로 옮겨놓은 것이다. 1992년 윤리강령에서 클라이언트를 복지대상자라고 지칭했던 것과 비교해 보면 상당히 발전한 것이라 할 수 있다.

또 다른 변화는 사회복지사가 '주도적으로 참여'하는 것이며 '지식과 기술을 개발'하고 '사회적 가치를 실현'하는 것이고, 전문가적 품위 유지를 위해 '노력'해야 한다는 점이다. 이는 그때까지 사회복지사의 주도적 활동이 미비했음을 지적하고 앞으로는 활동의 적극적 참여를 고양시키고자 함을 표현한 것이다.

2) 윤리기준

(1) 사회복지사의 기본적 윤리기준

① 전문가로서의 자세

사람을 대하는 전문직으로서 사회복지사가 갖추어야 할 기본적인 전문가 자세를 7개 조항으로 설명하고 있다. 헌신과 의무와 책임을 기본으로 하고 있으며, 성실함과 공정성이 강조되고 있고 적극적인 노력이 의무로 여겨지고 있다.

가장 두드러진 강조점은 차별대우 금지 조항인 2항이다. 종교, 인종, 성, 연령, 국적, 결혼상태, 성 취향, 경제적 지위, 정치적 신념, 정신/신체적 장애, 기타 개인적 선호, 특징, 조건, 지위를 이유로 차별대우하지 못하게 하고 있다. 북한이탈주민, 외국인 노동자, 국제결혼이주여성 등 새롭게 우리 사회의 일원이 된 인구집단에 대한 이해를 비롯해 성 취향, 개인적 선호, 특징, 조건, 지위까지도 포함한 매우 진보적인 조항이다. 이는 변화하는 사회현상을 반영한 것이다. 시대적 변화요구를 적극적으로 수용하고 다양한 사회가치를 적극적으로 받아들인다는 표현인 것이다.

그런가 하면 사회정의와 복지증진을 위한 환경 조성을 국가와 사회에 요구해야 한다는 의무도 4항에서 강조하고 있다. 이는 한편에서는 사회복지사가 의무로 해야 하는 부담감으로 보일 수도 있으나, 다른 한편에서 볼 때는 사회복지사가 당당하게 국가와 사회를 상대로 환경의 개혁을 요구하고 이끌어 낼 수 있는 권리가 되는 것이다. 또한 기관 내외로부터의 부당한 간섭이나 압력에도 타협하지 않고 자유롭게 활동할 수 있어야 한다는 권리와 의무를 동시에 제시하고 있다. 7항의 사회정의 실현과 사회복지사의 권익옹호 역시 마찬가지로 의무이자 동시에 권리인 것이다. 사회정의 실현을 통해 클라이언트의 권익옹호를 위해 앞장서면서도 동시에 사회복지사의 권익옹호 역시 스스로 지켜내야 할 의무로 제시하고 있다.

1) 전문가로서의 자세

① 사회복지사는 전문가로서의 품위와 자질을 유지하고, 자신이 맡고 있는 업무에 대해 책임을 진다.

② 사회복지사는 클라이언트의 종교 · 인종 · 성 · 연령 · 국적 · 결혼상태 · 성 취향 · 경제적 지위 · 정치적 신념 · 정신, 신체적 장애 · 기타 개인적 선호 · 특징 · 조건 · 지위를 이유로 차별대우를 하지 않는다.

③ 사회복지사는 전문가로서 성실하고 공정하게 업무를 수행하며, 이 과정에서 어떠한 부당한 압력에도 타협하지 않는다.

④ 사회복지사는 사회정의 실현과 클라이언트의 복지증진에 헌신하며, 이를 위한 환경 조성을 국가와 사회에 요구해야 한다.

⑤ 사회복지사는 전문적 가치와 판단에 따라 업무를 수행함에 있어, 기관 내외로부터 부당한 간섭이나 압력을 받지 않는다.

⑥ 사회복지사는 자신의 이익을 위해 사회복지전문직의 가치와 권위를 훼손해서는 안 된다.

⑦ 사회복지사는 한국사회복지사협회 등 전문가 단체 활동에 적극 참여하여, 사회정의 실현과 사회복지사의 권익옹호를 위해 노력해야 한다.

② 전문성 개발을 위한 노력

전문성 개발을 위해서는 열심히 연구해야 하는 것을 윤리적 의무로 삼았다. 클라이언트에게 제대로 된 서비스를 제공하기 위해 능력의 중요성을 강조한 것이다. 학습과 연구와 훈련을 통해 개발된 기술을 활용해서 클라이언트에게 서비스를 제공하는 것은 사회복지사의 당연한 책무이지만 이로 인해 클라이언트가 피해를 입는 일이 발생해서는 안 된다는 것을 동시에 강조하고 있다. 총 5개 조항을 할애하고 있는데, 2항에서는 연구할 때는 자발적이고 고지된 동의를 얻어야 함을 명시하고 있다. 그리고 연구과정에서 얻은 정보라 할지라도 실천과정에서 얻었을 때와 마찬가지로 비밀보장의 원칙이 지켜져야 함을 강조하고 있다.

2) 전문성 개발을 위한 노력

① 사회복지사는 클라이언트에게 최상의 서비스를 제공하기 위해, 지식과 기술을 개발하는 데 최선을 다하며 이를 활용하고 전파할 책임이 있다.
② 클라이언트를 대상으로 연구하는 사회복지사는 저들의 권리를 보장하기 위해, 자발적이고 고지된 동의를 얻어야 한다.
③ 연구과정에서 얻은 정보는 비밀보장의 원칙에서 다루어져야 하고, 이 과정에서 클라이언트는 신체적, 정신적 불편이나 위험, 위해 등으로부터 보호되어야 한다.
④ 사회복지사는 전문성을 개발하기 위해 노력하되, 이를 이유로 서비스의 제공을 소홀히 해서는 안 된다.
⑤ 사회복지사는 한국사회복지협회 등이 실시하는 제반 교육에 적극 참여해야 한다.

③ 경제적 이득에 대한 태도

경제적 이득에 관해 윤리강령에 3개 조항이나 되는 별도의 조문을 할애하는 것은 그만큼 비용부담을 전제로 하는 사회복지서비스가 점차 늘어나고 있다는 시대적 변화를 반영하고 있는 것이다. 의료수가의 범위도 넓어져 가고 있고 각종 사설 상담센터가 설립되면서 사회복지사도 이용료를 받고 서비스를 제공하는 경우가 많아졌다. 최저실비 기준의 이용료를 책정하는 경우가 많아짐에 따라 최저실비 기준, 이용료의 상하한선, 지불능력 기준 등에 관한 윤리기준이 마련될 필요가 있다. 공정하고 합리적으로 이용료를 책정해야 하는데, 소위 sliding fee system이라는 지불능력단계별 지불액이 정해지는 체계를 갖출 필요가 있다.

3) 경제적 이득에 대한 태도

① 사회복지사는 클라이언트의 지불능력에 상관없이 서비스를 제공해야 하며, 이를 이유로 차별대우를 해서는 안 된다.
② 사회복지사는 필요한 경우에 제공된 서비스에 대해, 공정하고 합리적으로 이용료를 책정해야 한다.
③ 사회복지사는 업무와 관련하여 정당하지 않은 방법으로 경제적 이득을 취하여서는 안 된다.

(2) 사회복지사의 클라이언트에 대한 윤리기준

① 클라이언트와의 관계

전체 9개 조항으로 이루어져 있어 윤리기준 중 가장 많은 조항을 가지고 있다. 그만큼 사회복지전문직에서는 클라이언트와의 관계가 가장 중요하다는 의미이다. 사회복지실천의 최대 핵심 사항인 인간존엄성, 자기결정권, 비밀보장에 관해 정리되어 있으며, 클라이언트의 알 권리의 인정과 존중 역시 중요하게 언급되고 있다. 클라이언트에게 제공되는 서비스의 범위와 내용에 관해 정확하고 충분한 정보를 제공해 주는 것이 의무라는 것이다.

가장 중요한 조항은 9항이다. 기본적이면서도 이제는 사회복지사에게는 가치라기보다 거의 진실과도 같이 되어버린 클라이언트와 "함께" 일한다는 내용이다. 1항에서 "클라이언트의 권익옹호를 최우선의 가치로 삼고 행동"하되 2, 3, 4, 5, 6항을 거치면서 9항에서는 "클라이언트를 동반자로 인정하고 함께 일해야" 한다는 것을 의무이자 권리로 하고 있다. 이는 클라이언트에 대한 권한부여empowerment 시각이 반영된 것이라 하겠다.

8항 역시 변화된 시대의 반영이라 할 수 있다. "어떤 상황"에서도 "성적 관계"를 가져서는 안 된다. 어떤 성적 관계라도 클라이언트와 가진 관계라면 모두 부적절하다. 그러나 이 내용을 윤리강령에 포함시키게 된 상황이 첫째,

그만큼 이런 문제가 사회복지현장에서 빈번히 발생하고 있다는 사실과, 둘째, 이런 내용을 명문화하여 부각시켜도 좋을 만큼 성에 관해 언급하는 것이 사회적으로 개방되었다는 사실이다. 2010년 4월 「성폭력범죄의 처벌 등에 관한 특례법」이 제정됨에 따라 이제는 사회 전체적으로 부적절한 성적 관계가 문제시되고 있으며 이에 대한 법적 대응이 가능해졌다. 이제는 윤리적 차원의 문제가 아니라 법적으로 처벌의 대상이 되는 법적 문제가 된 것이다.

1) 클라이언트와의 관계

① 사회복지사는 클라이언트의 권익옹호를 최우선의 가치로 삼고 행동한다.
② 사회복지사는 클라이언트에 대하여 인간으로서의 존엄성을 존중해야 하며, 전문적 기술과 능력을 최대한 발휘한다.
③ 사회복지사는 클라이언트가 자기결정권을 최대한 행사할 수 있도록 도와야 하며, 저들의 이익을 최대한 대변해야 한다.
④ 사회복지사는 클라이언트의 사생활을 존중하고 보호하며, 직무 수행과정에서 얻은 정보에 대해 철저하게 비밀을 유지해야 한다.
⑤ 사회복지사는 클라이언트가 받는 서비스의 범위와 내용에 대해 정확하고 충분한 정보를 제공함으로써 알 권리를 인정하고 존중해야 한다.
⑥ 사회복지사는 문서·사진·컴퓨터 파일 등의 형태로 된 클라이언트의 정보에 대해 비밀보장의 한계, 정보를 얻어야 하는 목적 및 활용에 대해 구체적으로 알려야 하며, 정보공개 시에는 동의를 얻어야 한다.
⑦ 사회복지사는 개인적 이익을 위해 클라이언트와의 전문적 관계를 이용하여서는 안 된다.
⑧ 사회복지사는 어떠한 상황에서도 클라이언트와 부적절한 성적 관계를 가져서는 안 된다.
⑨ 사회복지사는 사회복지 증진을 위한 환경 조성에 클라이언트를 동반자로 인정하고 함께 일해야 한다.

② 동료의 클라이언트와의 관계

사회복지사들은 다양한 이유로 자신의 클라이언트에게 제공하던 서비스를 종료하지 못하고 자신의 동료에게 클라이언트를 의뢰하게 된다. 이때에도 동료의 클라이언트를 의뢰받은 사회복지사는 동료의 클라이언트가 자신의 클라이언트인 것과 동일한 기준으로 서비스를 제공해야 한다. 단지 2개 조항에 불과하지만 바로 앞서 제시되었던 클라이언트와의 관계의 윤리적 기준 또한 모두 여기에도 적용된다고 보면 된다.

2) 동료의 클라이언트와의 관계

① 사회복지사는 적법하고도 적절한 논의 없이 동료 혹은 다른 기관의 클라이언트와 전문적 관계를 맺어서는 안 된다.

② 사회복지사는 긴급한 사정으로 인해 동료의 클라이언트를 맡게 된 경우 자신의 의뢰인처럼 관심을 갖고 서비스를 제공한다.

(3) 사회복지사의 동료에 대한 윤리기준

① 동료

동료와의 관계에서 지켜야 할 의무와 권리는 6개 조항으로 구성되어 있다. 1항은 동료에 대한 태도를 말하는 것으로, 존중과 신뢰가 바탕이 되어 전문가로서의 인격을 지켜주어야 한다는 것이다. 동료와의 협력이 강조되고 있으며, 상호관계와 민주적인 직무관계를 명확하게 규정하고 있다. 6항에서는 동일 전문직 내에서의 동료뿐 아니라 타 전문직의 동료에 대해서도 윤리적 행위를 지킬 것을 강조하고 있다. 타 전문직의 직무가치와 내용을 인정할 것이며, 상호 간 민주적인 직무관계를 이루도록 노력해야 하는 것이 사회복지사의 동료에 대한 윤리적 행위라고 하고 있다.

뿐만 아니라 동료가 윤리적인 행위를 할 수 있도록 촉진해야 한다고 하고 있으며, 그렇지 못하고 그에 반하는 행위를 했을 때는 윤리기준에 따라 적절하게 대응해야 하는 의무 또한 강조하고 있다. 4항은 전문적인 판단과 실천이 미흡하기 때문에 문제를 야기했을 때를, 5항은 비윤리적이라서 행위가 문제가 되었을 때를 구분하여 대처할 것을 지적하고 있다. 전문성의 문제가 발생했을 때는 클라이언트의 이익을 보호하기 위해 적절한 조치를 취해야 하는 것이고, 윤리적인 문제가 발생했을 때는 문제유발자에 대해 윤리적 조치를 취해야 하는 것이다.

1) 동료

① 사회복지사는 존중과 신뢰로서 동료를 대하며, 전문가로서의 지위와 인격을 훼손하는 언행을 하지 않는다.
② 사회복지사는 사회복지전문직의 이익과 권익을 증진시키기 위해 동료와 협력해야 한다.
③ 사회복지사는 동료의 윤리적이고 전문적인 행위를 촉진시켜야 하며, 이에 반하는 경우에는 제반 법률 규정이나 윤리기준에 따라 대처해야 한다.
④ 사회복지사가 전문적인 판단과 실천이 미흡하여 문제를 야기시켰을 때에는 적절한 조치를 취하여 클라이언트의 이익을 보호해야 한다.
⑤ 사회복지사는 전문직 내 다른 구성원이 행한 비윤리적 행위에 대해, 제반 법률규정이나 윤리기준에 따라 조치를 취해야 한다.
⑥ 사회복지사는 동료 및 전문직 동료의 직무가치와 내용을 인정, 이해하며, 상호 간에 민주적인 직무관계를 이루도록 노력해야 한다.

② 슈퍼바이저

슈퍼바이저와의 관계에 대한 윤리기준은 이번 2001년 강령에서 처음 등장하는 기준이다. 총 4개 항목으로 구성되어 있다. 사회복지실천 업무가 점점 정교해지고 특성화되면서 학생 실습뿐 아니라 수련교육제도를 비롯해 직원 사회복지사에 대한 슈퍼비전이 강화되고 있다. 그러나 슈퍼바이저와 슈퍼바이지의 관계를 기본적으로 어떻게 설정해야 하는지 정확하게 교육받은 바 없으므로 슈퍼바이지를 클라이언트와 동일하게 여긴다든가, 단순한 학생으로 또는 동료로 설정한다든가, 각자의 편의에 따라 관계를 정의해 왔던 것이 현실이다. 따라서 윤리기준을 마련하여 슈퍼바이저와 슈퍼바이지가 어떤 관계를 기본적으로 설정해야 하는지 밝히고 있다. 슈퍼바이지도 동등한 인격을 가진 인격체로서 대하여야 한다고 밝히고 있다.

3항에서는 사회복지사는 슈퍼바이저의 지도와 조언을 존중해야 한다는 슈퍼바이지의 의무도 밝히고 있다. 4항은 요사이 주변에서 흔히 관찰되고 있는 사안이라 경종을 울리는 차원에서 제시한 것인데, 특히 성적 수치심의 경우 이제는 2010년 제정된 「성폭력범죄의 처벌 등에 관한 특례법」에 의해 법적으로 처벌이 가능해졌다.

> **2) 슈퍼바이저**
>
> ① 슈퍼바이저는 개인적인 이익의 추구를 위해 자신의 지위를 이용해서는 안 된다.
>
> ② 슈퍼바이저는 전문적 기준에 의해 공정하게 책임을 수행하며, 사회복지사, 수련생 및 실습생에 대한 평가는 저들과 공유해야 한다.
>
> ③ 사회복지사는 슈퍼바이저의 전문적 지도와 조언을 존중해야 하며, 슈퍼바이저는 사회복지사의 전문적 업무수행을 도와야 한다.
>
> ④ 슈퍼바이저는 사회복지사, 수련생 및 실습생에 대해 인격적, 성적으로 수치심을 주는 행위를 해서는 안 된다.

(4) 사회복지사의 사회에 대한 윤리기준

전체 사회에 대한 윤리기준은 4개 항목으로 구성되어 있다. 대사회적으로 헌신, 옹호, 대변, 요구, 해결, 참여, 지원 등의 행위를 하도록 제시하고 있다. 그리고 그와 같은 행위를 소극적으로 주어지는 대로 하는 것이 아니라 적극적으로 "주도"하도록 하고 있다. 클라이언트를 대상으로 서비스전달 등의 실천 활동만이 아니라 정책을 수립하고 발전하고 입법하고 집행하는 데에도 적극적으로 참여하고 지원하도록 하고 있다.

1항에서는 인권존중과 인간평등을 위해 사회복지사는 헌신하여야 한다고 하고 있다. 윤리강령에서 인권존중을 중요한 윤리기준으로 삼고 있는 것이다. 한국의 사회복지사 윤리강령은 2001년부터 윤리와 인권을 하나로 묶인 동전의 양면처럼 생각하고 실행해 왔던 것이다.

4. 사회복지사의 사회에 대한 윤리기준

1) 사회복지사는 인권존중과 인간평등을 위해 헌신해야 하며, 사회적 약자를 옹호하고 대변하는 일을 주도해야 한다.
2) 사회복지사는 필요한 사회서비스를 개발하기 위한 사회정책의 수립·발전·입법·집행에 적극적으로 참여하고 지원해야 한다.
3) 사회복지사는 사회환경을 개선하고 사회정의를 증진시키기 위한 사회정책의 수립·발전·입법·집행을 요구하고 옹호해야 한다.
4) 사회복지사는 자신이 일하는 지역사회의 문제를 이해하고, 그것을 해결하는 일에 적극적으로 참여해야 한다.

(5) 사회복지사의 기관에 대한 윤리기준

한국의 사회복지사는 사회복지사업법에 의거 사회복지기관에 소속되어 일하도록 되어 있다. 따라서 사회복지사가 소속되어 있는 기관과의 관계에서 지켜야 할 윤리기준을 3개 항에 걸쳐 설명하고 있다. 사회복지사는 기관 내 활동에 적극 참여해야 하며 기관의 성장 발전을 위해 노력해야 하는데, 이를 통해 기관이 이익을 내는 것이 아니라 클라이언트에게 이익이 되도록 해야 한다. 따라서 기관이 부당한 정책을 운영하거나 부당한 행위를 요구할 때는 즉각 윤리적으로 대응하여야 한다. 이를 위해 윤리강령에서는 사회복지윤리위원회를 설치, 운영하도록 하고 있으며, 이 위원회에 즉시 보고하고 대처해야 함을 강조하고 있다.

5. 사회복지사의 기관에 대한 윤리기준

1) 사회복지사는 기관의 정책과 사업목표의 달성, 서비스의 효율성과 효과성의 증진을 위해 노력함으로써, 클라이언트에게 이익이 되도록 해야 한다.
2) 사회복지사는 기관의 부당한 정책이나 요구에 대하여, 전문직의 가치와 지식을 근거로 이에 대응하고 즉시 사회복지윤리위원회에 보고해야 한다.
3) 사회복지사는 소속기관 활동에 적극 참여함으로써, 기관의 성장 발전을 위해 노력해야 한다.

3) 사회복지윤리위원회

사회복지윤리위원회는 한국사회복지사협회에 설치하도록 되어 있다. 2001년 한국 사회복지사 윤리강령에는 제6조에서 최초로 사회복지윤리위원회를 협회에 설치하도록 의무화하고 있다. 3개 조항을 할애하여 사회복지윤리위원회의 구성과 운영에 관한 기준을 제시하고 있다. 사회복지의 윤리적 실천의 질적 향상을 도모하기 위해 설치 운영하게 되어 있는 이 사회복지윤리위원회는 윤리강령을 위배하거나 침해하는 행위 또는 부당한 행위 등을 보고받고 접수받아 공식절차를 통해 대처해야 한다고 명시하고 있다. 그리고 그 대상이 되는 사회복지사 또는 기관은 이 윤리위원회를 통해 한국사회복지사협회가 제시하는 윤리적 권고와 결정을 존중하고 따라야 함을 명확히 하고 있다.

6. 사회복지윤리위원회

1) 한국사회복지사협회는 사회복지윤리위원회를 구성하여, 사회복지윤리실천의 질적인 향상을 도모하여야 한다.
2) 사회복지윤리위원회는 윤리강령을 위배하거나 침해하는 행위를 접수받아, 공식적인 절차를 통해 대처하여야 한다.
3) 사회복지사는 한국사회복지사협회의 윤리적 권고와 결정을 존중하여야 한다.

7. 사회복지사 선서

선서는 정해진 업무에 임하게 될 때 성실히 최선을 다해 그 업무에 임하며 업무에 관해 규정된 원리원칙을 준수하고 윤리적으로 행동하겠다는 약속을 공식적으로 맹세하는 행위이다. 영어로는 oath 또는 pledge라고 한다.

전문가 선서로는 의사의 히포크라테스 선서와 간호사의 나이팅게일 선서가 있는데, 이 선서들은 세계 공통의 선서로서 한국의 의사 선서나 간호사 선서는 별도로 마련되어 있지 않다. 의사들의 히포크라테스 선서The Hippocratic Oath는 전 세계적으로 의사가 되는 모든 사람들이 공통적으로 하는 선서이다. 한국 의사들도 이 선서를 한다. 이 선서는 히포크라테스에 의해 쓰인 의학윤리를 담고 있는 가장 대표적인 문서로서 기원전 5~4세기에 기록된 것으로 알려져 있다.[9] 의료의 윤리적 지침이라고 할 수 있다. 그러나 실제 현대사회에서는 이 선서 대신 제네바선언의 히포크라테스 선서를 한다고 한다.[10] 간호사는 나이팅게일 선서Nightingale Pledge를 하는데 이 선서는 1893년에 만들어진 것으로 간호사로서의 윤리와 간호원칙을 담고 있다.[11]

한국의 사회복지사들은 사회복지사 선서를 가지고 있다. 그러나 미국 등 외국의 경우 별도의 선서는 없고 윤리강령의 전문 말미에 선언적 문구를 써 넣음으로써 선서를 대신하고 있다. 한국 사회복지사 선서가 세계적인 사회복지사 선서의 기초가 될 수도 있을 것이다.

한국사회복지사협회는 2001년 사회복지사 윤리강령을 개정하면서 사회복지사 선서를 함께 제정하고 공포하였다(부록 2). 이로 인해 사회복지사 자격증을 취득하고 사회복지사로서 일하게 되는 사람은 일을 시작하기 전 사회복지

9) http://terms.naver.com
10) [네이버 지식백과] 히포크라테스 선서(인물로 보는 해부학의 역사, 2015. 10. 15., 정석출판).
11) https://ko.wikipedia.org/wiki

사로서의 의무와 책임을 다하고 윤리강령을 준수할 것을 맹세하는 과정을 거치게 되었다. 이는 윤리강령을 집약한 내용이다. 자격의 취득과 함께 윤리강령의 내용을 선서라는 행위를 통해 마음에 각인시킴으로써 윤리에 입각한 사회복지실천을 실행하도록 한 것이다.

선서는 인간존엄과 사회정의를 기본 신념으로 한다고 명시하고 있다. 사회복지의 대상이 개인, 가족, 집단, 조직, 지역사회, 전체 사회 모두임을 천명하고 있다. 또한 윤리강령 준수와 함께 클라이언트의 인권을 지키는 것을 기본 사명으로 삼고 있으며 사회복지사로서의 헌신을 강조하고 있다. 그리고 이 선언은 사회복지사의 자유의지에 의해 이루어져야 함을 선언하고 있다.

모든 사회복지사들은 자격을 취득함과 동시에 이 선서를 하고 선서를 외워 마음에 담아둔 상태에서 사회복지실천을 시작해야 할 것이다.

〈사회복지사 선서〉

나는 모든 사람들이 인간다운 삶을 누릴 수 있도록,
인간존엄성과 사회정의의 신념을 바탕으로,
개인·가족·집단·조직·지역사회·전체 사회와 함께한다.
나는 언제나 소외되고 고통받는 사람들의 편에 서서,
저들의 인권과 권익을 지키며,
사회의 불의와 부정을 거부하고,
개인이익보다 공공이익을 앞세운다.
나는 사회복지사 윤리강령을 준수함으로써,
도덕성과 책임성을 갖춘 사회복지사로 헌신한다.
나는 나의 자유의지에 따라 명예를 걸고 이를 엄숙하게 선서합니다.

04

윤리적 결정의 준거 틀

1. 가치전제

사회복지에서 가치는 지식, 기술과 함께 중요한 3대 핵심 축을 이룬다. 사회복지사는 실천현장에서 가치적인 판단을 해야 하는 상황에 자주 노출된다. 그럴 때마다 사회복지사는 자신의 개인적인 가치나 전문직의 가치 또는 사회의 가치에 근거하여 결정을 내리게 된다. 따라서 사회복지사는 관련된 가치들에 관해 정확하고 명확한 지식을 가지고 있어야 한다(양옥경 외, 2010 : 151). 뿐만 아니라 사회복지사들은 자기 자신의 개인적 가치와 전문직 및 사회가 표방하는 가치 사이에 차이가 있거나 갈등이 발생할 때 자신의 자세와 입장이 어떤 것인지 명확히 해야 한다.

전문직 또는 전문가 가치는 사회적 가치에 근거하고 있다. 그러나 그렇다고 해서 이 두 가치가 항상 같은 방향으로 작용하는 것은 아니다. 사회복지사가 사회복지전문직을 선택했을 때는 자신의 개인적 가치가 전문직의 가치에 동의되기 때문에 선택했을 가능성이 높다. 그러나 그럼에도 불구하고 상황에 따라 사회복지사의 개인적 가치가 전문가 가치와 달리 작용할 때가 있을 수 있다. 따라서 사회복지사는 자신이 표방하는 관점을 명확히 하고 자신의 개인적 가치와의 차이를 인정하면서 자신의 입장을 확인하는 것이 중요하다. 그래야 자신이 선택한 윤리적 결정이 클라이언트와의 관계에서 갈등을 최소화하고 클라이언트의 안녕과 복지를 극대화할 수 있다.

자신의 가치관 및 관점을 명료화하는 것은 그래서 중요하다. 여기서는 개인, 집단, 사회, 전문직의 가치관을 중심으로 하는 가치전제(양옥경, 2004 : 151-154)를 어떻게 다루어야 하는지 살펴보겠다.

1) 개인 가치관

사회복지사는 자기 자신의 가치를 세밀히 살펴보고 정의해야 한다(Loewenberg & Dolgoff, 1988 : 114-115). 사회복지사가 자기 자신이 가지고 있는 가치의 입장에 대해 명확하게 하지 않는 한, 윤리적 결정은 그때의 유행을 반영하는 형태로 정리될 가능성이 높다. 따라서 사회복지사는 공식적으로 자신의 개인적 가치를 클라이언트와의 공적인 위치로 옮겨놓을 필요가 있다. 그만큼 사회복지사의 개인 가치를 분명히 하는 것은 중요한 일이다. 이렇게 사회복지사는 자신의 가치를 투영시켜야 하며 자신을 윤리에 대해 민감성을 고양시키는 데 전력을 다해야 한다.

사회복지사는 자신이 신봉하고 있는 믿음, 철학, 가치관 등에 관해 정확히 이해해야 한다. 자신이 가지고 있는 가치관의 방향과 관점에 따라 사회복지 실천의 과정에 영향을 주기 때문이다. 따라서 자기 자신에 대한 이해는 매우 중요한데, 자기 자신을 용기를 가지고 진실하게 이해하는 것이 우선되어야 한다. 자신의 가치관에 대해 정확히 인지하면서 그 영향력을 최소화해야 하는 것이다.

그러나 아무리 정확하게 인지하고 있다고 하더라도 그 가치관을 왜 가지고 있는지, 왜 그 가치관을 고수하는지, 왜 그 가치관에 입각해서 실천하는지 등에 관해 객관적으로 규명할 수 없다면 그 인식은 인식을 벗어나 고집이 되면서 사회복지사에게 위험하게 작용할 수 있다. 그럼에도 불구하고 개인의 가치관을 객관적으로 규명하는 것은 쉽지 않다. 경력이 쌓이면서 조금씩 명확해지기는 하지만 무엇보다도 자기성찰 등을 통해 의식적으로 규명하려는 노력을 지속해야 자신을 정확히 볼 수 있는 식견이 생긴다. 자신의 개인 가치관을 최소화하고, 클라이언트의 가치관 및 자기결정권을 인정하면서, 편견이나 정형화 및 낙인에서 자유롭고, 비심판적 태도를 유지하는 등, 클라이언트에게 권한부여적 사회복지를 실천하는 것을 기본으로 배워온 사회복지사는 이미 윤리적 실천의 기본을 갖추고 있다고 할 수 있다. 따라서 사회복지사 윤리강령을 숙지하면서 윤리적 민감성을 키우는 것은 매우 중요하다.

2) 집단 가치관

사회복지사는 사회복지사이기 이전에 일반인이며 자연인이다. 따라서 가족을 포함한 다양한 자연적 사회집단에 속하게 된다. 가족뿐 아니라 종교집단이나 사상집단, 동호회 등 다양한 집단에서 하나의 일원으로 활동하게 되는데, 이는 자신이 속한 집단의 집단 가치관에 영향을 받을 수 있음을 의미한다. 그리고 이 집단 가치관이 사회복지사 개인의 가치관에 영향을 줄 수 있음을 의미한다. 따라서 사회복지사는 자신이 속한 집단의 가치관을 명료하게 인식해야 한다.

이 집단 가치관은 앞서 설명한 개인 가치관과 구별된다. 예를 들어, 자신은 매우 진보적인 가족관을 가지고 있다 하더라도 보수적인 전통 가족구조에서 성장하면서 쌓인 가족 가치관은 자신의 개인 가치관과 다를 수 있다. 종교의 경우도 마찬가지이다. 진보적인 여성주의에 입각해 실천에 임하는 경우, 강간을 당해 임신한 클라이언트에 대해 낙태할 권한은 임신한 여성 본인에게 있다고 생각하면서도 천주교인으로서 자신의 종교관 때문에 낙태 자체에 대한 갈등을 경험할 수 있다.

3) 사회 가치관

사회적 가치는 항상 그런 것은 아니지만 종종 전문직 윤리행동의 지침을 제공한다. 그러므로 사회복지사는 거의 항상 사회적 규범을 따르게 된다. 그러나 또 다른 상황에서 많은 사회복지사들은 그들이 사회적 규범에 반대하는 방식의 행동을 해야 하는 상황에 직면하게 된다(Loewenberg & Dolgoff, 1988 : 113). 그리고 그런 행동은 사회로부터 정당화되는 경우가 많다. 따라서 사회복지사는 현재 사회적 가치의 입장이 무엇인지를 정확하게 알고 있을 필요가 있다. 특히 현대사회처럼 사회가 급격하게 변화되는 시대에서는 더욱 그렇다. 물론 정확히 알고 있다는 것이 사회복지사로 하여금 정확한 방식으로 행동하도록 하는 것은 아니다. 그리고 알고 있기 때문에 그 가치관을 따라야 한다는 뜻도 아니다. 그리나 현재 시회가 표방하고 있는 기본 가치관이 무엇인지에 대해 정확하게 숙고해야 한다는 뜻이다. 현재의 가치기준이 어디에 위치하고 있는지에 대한 정확한 인지는 사회복지사로 하여금 윤리적 쟁점들을 사정할 때 생각할 수 있는 바탕이 된다는 점에서 중요하다.

4) 전문직 가치관

앞서 1장에서 설명했듯이 사회복지실천 전문직 가치는 인간존엄, 자원접근의 평등성, 진실성, 인간관계의 중요성, 그리고 능력 등에 바탕을 두고 있다. 클라이언트의 삶의 질을 향상시킬 사회복지사의 능력은 단순히 실력을 갖춘다는 것을 넘어서서 이제 윤리에 바탕을 두고 있다. 능력을 갖는다는 것은 윤리적인 것이다.

클라이언트의 삶의 질을 향상시키기 위해 사회복지사의 능력에 기초를 두는 것은 이제 윤리 도덕적으로 기본적인 것이 되었다. 사회복지실천에서 가치는 모든 단계에 다 산적해 있다. 이론, 정책, 방법론, 실천과정 모두에 사회복지 가치가 내재되어 있다. 그러므로 어떤 경우라도 윤리적 갈등이 없다거나 윤리적 결정의 과정이 필요없는 실천이라는 것은 있을 수 없다. 이러한 갈등과 갈등의 과정을 경험하면서 진정한 전문가로서 참된 윤리적 실천을 실현하게 되기 때문이다. 이러하다 보니 윤리적 갈등은 사회복지에서는 차라리 자연스러운 것이라 하겠다.

2. 윤리적 원리

1) 인간존엄의 원리

인간존엄의 원리는 모든 사람의 생명은 귀중할 뿐 아니라 인간으로서 가치, 품위, 그리고 존엄함이 있음을 의미한다. 이 원리는 인간의 생명은 보호되어야 함과 동시에 삶의 질 또한 보장되어야 함을 의미한다. 이와 같은 전제에서 인간존엄성은 개인의 자기결정권, 사생활 보장, 비밀보장 등과 직결된다. 이처럼 한 개인의 존엄성이 존중될 때 비로소 가족, 집단, 지역사회, 전체 사회의 복지가 실현된다.

인간존엄의 원리는 자율성 존중, 자기결정 등을 포함한다. 모든 사람은 하나의 독립된 개체로 자유를 가지며 자신의 욕구가 무엇이고 그것을 어떻게 충족시킬 것인지에 관해 자유로운 분위기에서 스스로 결정할 권리가 있음을 의미한다. 이 역시 인간존엄에서 비롯된 것이다. 이 같은 자유결정권은 아무리 사회복지사가 전문가로서 더 잘 안다고 해도 클라이언트를 강제로 위협하여 의지와 상반되는 결정을 내리게 할 수 없음을 의미한다. 클라이언트가 내린 결정을 사회복지사가 마음대로 바꿀 수 없음을 의미한다. 그러나 자기결정권이 얼마나 절대적인가에 관해서는 사회복지사는 윤리적 딜레마에 빠지게 된다. 예를 들어, 스스로 결정을 내릴 수 없는 영아나 지적장애인이 클라이언트일 때 혹은 클라이언트가 스스로 내린 결정이 사회에 해가 되는 내용일 때 클라이언트의 대변인으로서 그리고 클라이언트와 사회의 중간자로서 사회복지사는 현명한 결정을 내려야 윤리원칙에 위배되지 않는 실천을 할 수 있다. 인간자율성 존중 원리에는 비밀보장, 사생활 보장, 진실과 사실을 알 권리 등이 포함된다.

2) 균등한 기회보장의 원리

성별, 계급, 인종의 차이뿐 아니라 장애나 개인적 선호 등을 이유로 차별받지 않아야 하며 누구에게나 평등하고 균등한 기회를 보장해 주어야 함을 의미한다. 어떤 기준에 따른 차별도 허용해서는 안 된다는 것이다. 그러나 개인의 능력에 따라서는 어느 정도 제한할 수 있음도 명시하고 있다.

사회책임 원리는 인간이라면 누구나 자신과 타인과 사회 전반에 책임이 있음을 명시한 것이다. 한 개인의 권리 때문에 사회가 피해를 입거나 타인이 불행해져서는 안 되기 때문에 개인은 타인을 포함하여 사회 전체에 해를 주지 않도록 규칙을 준수해야 함을 주장하는 것이다.

3. 윤리적 결정 원칙

사회복지사는 항상 결정을 해야 하는 상황에 놓이게 된다. 그리고 그 결정의 과정에는 항상 자신의 가치체계가 영향을 미치게 된다. 그 영향 안에서 사회복지사는 윤리적으로 옳은 결정을 내려야 한다.

대부분의 상황에서 2개 혹은 그 이상의 대안들이 결정과정에 관여된다. 그리고 구체적인 기준이 사회복지사가 자신의 윤리결정 과정 공식을 만들 때 고려된다. 그러므로 대부분의 윤리학자들은 이 구체적인 기준에 윤리결정의 우선순위를 포함하고 있다(Dolgoff et al., 2012 : 78-82; 김상균 외, 2002 : 163-166; 양옥경, 2004 : 153-157). 돌고프 등은 이를 윤리원칙 스크린ethical principles screen이라고 부르면서 윤리원칙의 순서대로 점검해 나갈 필요성이 있음을 피력하였다. 가장 우선적으로 점검해야 하는 것은 생명보호protection of life이며, 그 다음으로 사회정의(평등과 불평등)social justice(equality and inequality), 자율성과 자유(자기결정권)autonomy and freedom(self-determination), 최소손실least harm, 삶의 질quality of life, 사생활 보장과 비밀보장privacy and confidentiality, 진실성과 최대한의 정보개방truthfulness and full disclosure, 객관성objectivity, 그리고 효율성과 효과성efficiency and effectiveness 등 9개의 스크리닝 원칙을 제시하고 있다. 양옥경(2004 : 153-157)도 이미 9개의 윤리결정 우선순위를 제시한 바 있다. 생명보호, 자기결정, 비밀보장, 진실성, 균등, 객관성, 최소손실, 효율성, 규칙준수이다. 김상균 등(2002 : 163-166)도 가장 우선적으로 생명보호를 제시하고 있으며, 그 뒤를 이어 평등과 불평등의 원칙, 자율성과 자유의 원칙, 최소손실의 원칙, 삶의 질 원칙, 사생활 보장과 비밀보장의 원칙, 그리고 진실성과 정보개방의 원칙 등 7가지 원칙을 제시하고 있다. 생명보호가 우선순위 1번으로 점검되어야 하는 것은 어떤 경우라도 다르지 않다. 그럼에도 불구하고 이 우선순위가 절대적인 것은 아니다.

현장에서 윤리적 결정을 내릴 때 사회복지사는 모든 가능한 기준들을 고려해서 우선순위를 매겨야 한다. 이 윤리결정 원칙들의 우선순위 정리는 2개나 그 이상의 기준들이 하나의 사례에서 갈등을 일으킬 경우, 윤리적 공식을 만들 때 특히 유용하다(Dolgoff et al., 2012 : 78).

본 절에서는 9개의 윤리결정 원칙을 우선순위의 순서대로 제시하고 있다. 완성된 절대적인 순서는 아니지만 비교적 중요도가 높은 것부터 낮은 것까지 순서대로 정리하였다. 이를 ROEP(Rank Order of Ethical Principles)라고 부르고자 한다. 이는 이미 양옥경(2004 : 153-157)이 제시했던 9개의 윤리결정 원칙을 재정리한 것이다. 생명보호가 우선순위 1위인 것과 규칙준수가 맨 마지막인 9위인 것에는 변함이 없으나 다른 원칙들은 그 순위가 바뀌었는데, 이는 시대적 상황에 따라 그 우선순위가 달리 적용될 수 있음을 말해주는 것이다. 균등이 5번째 순위였다면 이번에는 3순위로 그 중요도가 강화되었으며, 사생활 보호나 비밀보장 또는 진실성에 우선하는 원칙이 되었다. 개인보호보다는 사회정의가 더 먼저 고려해야 할 윤리적 기준이 된 것이다.

윤리결정 원칙 1. 생명보호 원칙

ROEP 1은 생명보호 원칙life protection principle이다. 생명보호란 우선적으로 사람의 생명을 보호하는 것을 말한다. 그리고 이것은 모든 사람에게 적용된다. 우선은 클라이언트에게, 그리고 그 외 다른 사람들에게 모두 적용되는 원칙이다. 9개 윤리결정 원칙 가운데 가장 중요한 원칙이고 우선순위 1을 부여하는 데 별다른 이견이 없는 원칙이다. 따라서 사회복지사는 자신의 실천의 첫 번째 의무로서 클라이언트 및 다른 사람들의 생명을 지키기 위해 노력해야 한다.

다만, 또한 두 사람 이상의 생명보호가 이슈가 될 때 이 원칙을 누구에게 우선순위를 두고 지킬 것인가는 논란이 될 수 있다. 또한 이 생명보호 원칙을 사람에게만 적용할 것인가 동물이나 식물 등 다른 생명체의 생명보호에도 동일하게 적용해야 하는가가 종종 논란이 되기도 한다. 그러나 기본적으로는 동물이나 식물의 생명보호가 사람의 생명보호를 우선하지는 않는다.

윤리결정 원칙 2. 자유결정 원칙 - 자율과 자유

ROEP 2는 자유결정 원칙free choice principle이며, 개인의 자유freedom와 자율autonomy을 표방하고 있는 자기결정권의 핵심이다. 자유결정 원칙을 생명보호 다음으로 중요한 것으로 하여 자율과 자유를 강조하였다. 그러나 학자에 따라서는 사회정의를 강조하여 자유보다 평등을 우선 고려해야 하는 원칙으로 주장하기도 한다(김상균 외, 2002 : 164; Dolgoff et al., 2012 : 80-81).

각 개인은 자기 자신의 결정을 내릴 수 있는 고유 권한을 가지고 있다. 그리고 이것은 그렇게 할 수 있는 적절한 능력을 모든 사람이 보유하고 있다고 추정한다. 따라서 사회복지사는 클라이언트가 외부로부터의 어떤 불필요한 압력도 받지 않고 자신의 권한과 능력을 행사하여 결정을 내릴 수 있도록 북돋워 주고 권한을 부여해 주어야 한다.

그러나 이것은 클라이언트가 자신 또는 타인에게 해가 되는 결정을 내린 것이 아닐 경우에만 적용된다. 만약 클라이언트가 자신 또는 타인에게 해로운 결정을 하려 한다면 사회복지사는 그 행동을 멈추게 할 의무가 있다. 사회복지사의 그와 같은 행위는 ROEP 1 때문인데, 생명보호 원칙인 ROEP 1은 이 ROEP 2보다 우선순위가 상위에 있기 때문이다.

윤리결정 원칙 3. 사회정의 원칙 - 평등과 불평등

ROEP 3은 사회정의 원칙social justice principle이며, 균등equity의 원칙이다. 모든 인간은 평등equality하다. 동등한 권리를 가졌으며 동등하게 대해질 권리를 가지고 있다. 따라서 모든 사람들은 동등하며 동일한 방식으로 동등하게 취급되어야 함을 의미한다. 그리고 그것이 사회정의이다.

그러나 만약 사람들이 서로 다른 상황에 놓였다면 이 동등함은 아마 달리 적용될 것이다. 예를 들어, 가해자와 피해자가 동일한 상황에 놓여 있다면 이들은 차별적으로 취급되어 가해자가 피해자와 동등한 권리를 가지고 있다고 여겨지지 않을 것이다.

윤리결정 원칙 4. 최소손실 원칙

ROEP 4는 최소손실 원칙least harm principle으로, 아무리 좋은 결정을 내린다 해도 대부분의 결정은 어느 정도의 부정적인 결과를 내포하고 있기 때문에 그 부정적 결과를 최소화하는 선에서 결정이 내려져야 함을 의미한다. 그 부정적 결과는 가장 낮은 영향을 미치는 선에 머물러야 할 것이며, 쉽게 되돌릴 수 있어 불가역적이지 않아야 하며, 영구히 머물지 않아야 한다.

예를 들어, 가정폭력 가족이 있다고 했을 때, 만약 가해자인 아버지로 하여금 아동에 대한 친권을 포기하게 하고, 아동은 아동보육시설로 보내고, 다른 가족들도 흩어져서 살게 하는 결정을 내리게 된다면, 이와 같은 결정은 최소손실이 아니라 최대한의 손실과 최대한의 영구성, 그리고 친권포기라고 하는 불가역적인 결과를 낸 결정이 될 것이다.

윤리결정 원칙 5. 사생활 보장과 비밀보장 원칙

ROEP 5는 사생활 보장과 비밀보장 원칙privacy and confidentiality principle으로 사회복지사의 윤리적 의무행동에 해당되는 것이다. 사회복지사는 모든 사람들의 사생활을 누릴 권리와 사생활이 노출되는 것을 보호할 권리를 지켜야 할 의무가 있다. 이는 전문가로서 꼭 지켜야 하는 의무사항인 것이다. 이는 물론 클라이언트가 잘못된 행동을 했을 때의 비밀조차 지켜주어야 한다는 것을 의미하지는 않는다. 법과 전문직 윤리의 한도 내에서 최대한도로 지켜주어야 함을 의미하는 것이다.

예를 들어, 만약 클라이언트가 자신 또는 다른 사람을 해치거나 법을 위반하려는 비밀스러운 결정을 하고 있을 때 사회복지사는 비밀보장을 지켜줄 수 없다. 이런 상황에서는 생명보호 원칙인 ROEP 1과 사회정의 원칙인 ROEP 3이 비밀보장 원칙인 ROEP 6에 우선한다.

윤리결정 원칙 6. 진실성 고수와 최대공개 원칙

ROEP 6은 진실성 고수와 최대공개 원칙truthfulness and full disclosure principle이며, 진실을 지키는 것은 사회복지사가 클라이언트와 라포를 형성하는 데 기본적인 자질이기도 하다(양옥경 외, 2010 : 167). 사회복지사는 진실만을 말할 것과 클라이언트 및 클라이언트와 관련된 사람들에 관한 모든 정보를 정확하게 밝힐 것이 기대된다. 그러나 이 같은 일은 실제 세상에서는 그렇게 쉬운 일이 아니다.

예를 들면, 병원 고위관계자가 환자에게 치료비용과 유발 가능한 부작용 등에 관해 너무 사실대로 정확하게 알리지 말라는 주문을 내려 보냈을 때, 그 사실을 지키기도 어렵고 그 사실을 클라이언트에게 밝히기도 어려운 그런 상황에 놓이게 된다.

윤리결정 원칙 7. 객관성과 공정성 원칙

ROEP 7은 객관성과 공정성 원칙objectivity and fairness principle이며, 이를 지키기 위해 사회복지사는 매우 객관적이고 공정해야 한다. 사회복지사는 다양한 가치체계를 가진 다양한 사람들에게 둘러싸여 있다. 자기 자신의 개인적 가치체계는 차치하고라도, 사회적 가치, 전문적 가치, 그리고 자신이 속해 있는 기관의 가치가 사회복지사가 결정 내리는 과정에 들어와 각각 작동하게 된다. 하나의 가치를 다른 하나의 가치를 넘어서는 가치로 정리하고 선택한다고 해도, 서로 다른 가치들 사이의 갈등은 쉽게 해결되지 않는다. 따라서 사회복지사는 어느 쪽을 편들지 말고 공정하게 균형을 잡기 위해 노력해야 한다.

윤리결정 원칙 8. 효율성과 효과성 원칙

ROEP 8은 효율성과 효과성 원칙efficiency and effectiveness principle이며, 이 둘은 비슷한 것 같으면서도 윤리를 논할 때는 서로 매우 다르게 작용한다(Dolgoff et al., 2012 : 77). 효율성의 기준은 목표를 달성하기 위해 소요되는 비용과 관계가 있다. 관련되는 비용은 예산, 직원들의 시간, 기관의 자원들, 지역사회 자원들 등을 포함한다. 2개 이상의 대안들이 동일한 결과를 도출한다고 했을 때 하나의 대안이 다른 대안들보다 더 큰 결과를 내면서도 더 적은 자원을 사용한다고 하면, 그것이 효율적인 대안이 되는 것이다.

반면 효과성 기준은 원하는 결과를 잘 성취해 냈는가에만 관심의 초점을 맞춘다. 만약 하나의 대안이 다른 대안보다 더 좋은 결과를 도출해 내기만 한다면 비용이 얼마가 드는가와 상관없이 그것이 효과적인 대안으로 선택되는 것이다.

만약 효율적인 것이 효과적이기도 하면 선택은 매우 쉬울 것이다. 그러나 대부분의 사례에서 가장 효과적인 대안은 거의 늘 더 높은 비용이 요구되며 더 많은 자원이 요구된다. 그렇다면 이런 대안은 효율적이지 못한 대안이라고 평가된다. 뿐만 아니라 효과적인 대안이나 효율적인 대안이 윤리적인 기준에 맞지 못하게 되는 경우가 종종 있다. 이런 경우 각각의 대안들은 모두 채택할 수 없게 된다. 효과성과 효율성의 기준 사이에서 사회복지사는 각 사례의 모든 가능성들을 고려해야 한다.

윤리결정 원칙 9. 규칙준수 원칙

ROEP 9는 규칙준수 원칙policy observance principle이며, 사회복지사들은 사회복지 관련 법, 규칙, 규정 등을 따라야 한다. 이것은 규칙과 규정 및 정책이 정해져 있다면 어떤 일도 할 수 없다는 결론에 도달하게 하는데, 이 같은 원칙은 그래서 가장 최후에 고려해도 좋은 것이다. 물론 규정을 위반하면서 사회복지사 마음대로 결정해도 좋다는 것을 의미하는 것은 아니지만 규정에 매어 어떤 다른 대안도 고민해 보지 못하는 상황에 순응해서는 안 된다는 것을 강조하는 것이다.

〈표 4-1〉 윤리적 결정 원칙의 우선순위 – 9 ROEPs

- ROEP 1. 생명보호 원칙
- ROEP 2. 자유결정 원칙
- ROEP 3. 사회정의 원칙
- ROEP 4. 최소손실 원칙
- ROEP 5. 사생활 보장과 비밀보장 원칙
- ROEP 6. 진실성 고수와 최대공개 원칙
- ROEP 7. 객관성과 공정성 원칙
- ROEP 8. 효율성과 효과성 원칙
- ROEP 9. 규칙준수 원칙

4. 윤리결정모델 – 5단계 모델

윤리결정 과정이 정해진 하나의 모델만 따라야 하는 것은 아니다. 윤리적 결정 과정을 모델로 정리한 대표적인 학자들로는 리머(Reamer, 2013)와 돌고프와 로웬버그(Dolgoff et al., 2012) 등이 있으며, 콩그레스의 윤리 앞 글자를 따서 만든 ETHIC 의사결정모델이 있다(Congress, 2004 : 2005 : 51-54). 국내에서는 양옥경(2000 : 74; 2004 : 162), 김상균(2002 : 167-190), 이효선(2003 : 189-193), 고수현(2011 : 84-86) 등이 있다. 본 절에서는 양옥경의 9단계 모델(양옥경, 2004 : 162)을 보완하고, 리머의 7단계 모델(Reamer, 2013 : 78)을 참고하여 새로이 5단계 모델을 제시하고 있다.

5단계 모델은 결정과정 전체적으로 또한 5개의 각 단계마다 별도의 언급이 없더라도 9가지 윤리결정 원칙을 고려해야 한다. 이 일련의 단계들은 사회복지사가 클라이언트와 조금 더 윤리적으로 무장된 상태에서 일할 수 있도록 도와줄 것이다. 이 단계들을 밟아가면서 사회복지사는 자신이 윤리적 결정 과정을 따라가고 있다는 것을 인지할 수 있기 때문에 조금 더 편안하게 결정을 내릴 수 있을 것이다.

1) 1단계 : 윤리적 쟁점 확인하기

1단계에서 사회복지사는 클라이언트가 경험하고 있는 윤리적 이슈와 쟁점이 무엇인지 확인해야 한다. 윤리적 이슈들을 확인함에 있어서는 이 윤리적 이슈들이 사회복지사 개인의 가치 또는 사회복지전문직의 가치와 갈등을 일으키는지 확인해야 한다. 사회복지사는 사회복지사로서의 의무와 사회복지실천의 핵심 가치 등의 사이에서 갈등을 경험하게 될 것이다. 이때 사회복지사는 자신의 이익과 클라이언트의 이익 사이에서 갈등하게 된다.

2) 2단계 : 관련되어 있는 개인, 집단, 기관 등 확인하기

2단계에서 사회복지사는 제기된 윤리적 이슈들과 윤리적 결정 과정에 누가 관여되어 있는가를 밝혀야 한다. 여기에는 한 명이 관여되어 있을 수도 있지만, 여러 명 각각이 관련되어 있을 수도 있다. 또는 여러 명을 포함하고 있는 하나의 집단이나 조직이 관여되어 있을 수도 있다. 그리고 이때 클라이언트는 포함될 수도 있고 아닐 수도 있다. 이렇게 관여되어 있는 사람들은 어떤 형태로든 긍정적 또는 그 반대로 부정적으로 영향을 받을 위치에 있게 된다. 윤리적 결정으로 인해 득을 볼 수도 있지만 그로 인해 손해가 되는 상황에 놓이게 될 수도 있다.

3) 3단계 : 다양한 대안 마련하여 각 대안별 행동 점검하고 비교하기

3단계에서 사회복지사는 잠정적으로 윤리적 결정을 내려 다양한 대안을 마련한다. 이때 내리는 잠정적 결정은 하나일 수도 있고 두 개 또는 그 이상의 여러 개일 수도 있다. 잠정적 대안들이 결정되면 각 대안에서 취할 행동에 대해 비교해 가면서 점검한다. 이 잠정적 결정 또는 결정들에 대해 어떤 잠재적 위험요소가 있는지 어떤 사람이 이 결정의 수혜자인지 등을 확인해야 한다. 결정을 내릴 때 사회복지사는 모든 가능한 관련 사항들을 검토해야 한다. 검토를 하면서 사회복지사는 우선순위를 정해야 하며, 9개의 윤리기준, 즉 9 ROEPs를 염두에 두어야 한다. ROEP를 하나씩 순서대로 점검하면서 문제가 없음을 확인하고 검토해야 하는 단계이다. 또한 윤리강령이나 법과 규정, 그리고 윤리이론 및 개인적 가치의 측면에서 보았을 때 문제가 없는지, 유리한 점은 무엇이며 불리한 점은 무엇인지 등(Reamer, 2013 : 78)을 꼼꼼하게 점검해야 한다.

(1) 수혜자 점검

각각의 잠재적 결정 대안을 실제로 실시한다고 했을 때 잠재적 수혜자는 누구이며 반대로 해를 입을 수 있는 사람은 누구인지 점검할 필요가 있다.

(2) 우선순위 검토

각각의 잠재적 결정 대안을 실제로 실시한다고 했을 때 생명보호 원칙부터 규칙준수 원칙까지 9개의 결정원칙 ROEPs를 우선순위대로 검토하면서 각 원칙을 준수하는지 혹시 어느 원칙에 위배되지는 않는지 검토해야 한다.

(3) 윤리강령 적용 및 검토

윤리강령이 검토되어야 한다. 사회복지사는 윤리강령의 기준과 원칙들이 현재의 대안에 제시된 윤리적 쟁점들과 어떻게 연관되어 있는지 점검하여야 한다. 윤리기준에 의거하여 보았을 때 각 대안들이 옳은 결정인 것인지, 윤리강령을 위배하지는 않는지 등을 점검하여야 한다.

(4) 법과 규정 검토

법과 규정들이 점검되어야 한다. 윤리강령과 연관하여 점검하는 동시에 윤리적으로 옳은 결정을 하였더라도 법에 저촉되는 것은 없는지 법규를 위반하게 되는 상황이 발생하지는 않는지 꼼꼼하게 점검하여야 한다. 사회복지사는 법규와 윤리원칙 사이에서 발생할 수 있는 갈등을 경험할 수도 있는데, 이는 사회복지사에게 큰 도전이 될 수도 있다. 대부분의 경우 윤리지침이나 원칙이나 기준이나 기대 등은 현재 지배적인 법적 기준이나 기대나 조건들과 일치하지만(Reamer, 2013 : 84), 그렇지 않을 경우도 많거니와, 그렇지 않은 경우를 대변해야 하는 위치에 놓이게 될 때가 많기 때문에 사회복지사는 윤리강령과 법규를 동시에 잘 검토해야 한다.

(5) 윤리이론, 윤리원칙, 윤리지침 검토

윤리이론들, 윤리원칙들, 그리고 윤리지침들을 검토해야 한다. 윤리이론으로는 의무론과 목적론, 공리주의가 사회복지 실천의 윤리적 결정에서 가장 보편적으로 자주 활용되는 이론들이다. 이 이론들 중 사회복지사가 선택하여 취하는 이론에 근거하여 그와 일치하는 각종 기준과 원칙과 지침들을 함께 검토할 필요가 있다.

(6) 사회복지실천이론과 원칙 검토

사회복지실천이론과 원칙들도 검토해야 한다. 사회복지실천은 기본적으로 5단계의 문제해결 과정을 거치게 된다(양옥경 외, 2010 : 182). 각 단계별로 각 단계에 특정한 윤리적 쟁점이 있을 수 있으므로(양옥경, 2004 : 159) 각 단계에 관해 정확하게 이해하는 것이 중요하다.

(7) 사회복지사 자신의 개인적 가치 점검

사회복지사는 자기 자신의 개인적 가치를 점검해야 한다. 사회복지사도 전문가이기 이전에 사람이므로 전문가로서의 가치만이 아니라 개인으로서 자기 자신의 개인적 가치를 가지고 있다. 종교와 관련된 가치가 있을 수도 있고 성장과정을 통해 형성된 가치도 있을 수 있으며, 문화적으로 영향을 받은 가치도 있을 수 있고, 정치적 신념에 따른 가치도 있을 수 있다. 이러한 가치는 성장하면서 오랫동안 만들어진 가치이다. 쉽게 버리거나 바꿀 수 있는 가치가 아니라는 것이다. 따라서 사회복지사가 가지고 있는 개인적 가치는 절대 간과되거나 무시되어서는 안 된다. 사회복지사는 이런 가치들이 자신이 결정한 윤리적 결정과 어떤 갈등을 일으키는지 상황을 면밀하게 점검해야 한다.

4) 4단계 : 전문가 자문 구하기

4단계에서 사회복지사는 주변 전문가들에게 자문을 구해야 한다. 실천현장에서 사회복지사는 동료들과 함께 일하게 되는데, 이는 사회복지사에게 자문을 구할 수 있는 사람들이 주변에 많이 있다는 뜻이기도 하다. 가장 의미있는 자문은 아마도 슈퍼바이저일 것이다. 슈퍼바이저는 관계의 특성상 사회복지사의 업무와 사례에 관해 내용뿐 아니라 고민되는 상황과 쟁점까지지도 정확하게 알고 있다. 따라서 슈퍼바이저는 사회복지사가 내린 결정에 대해 적합 여부에 관한 바람직한 조언을 줄 수 있는 좋은 위치에 있는 사람이다.

대부분의 기관들은 윤리 관련 위원회를 가지고 있을 가능성이 높다. 윤리위원회, 윤리경영위원회, 윤리인권위원회, 인권위원회 등 비슷한 기능을 하는 위원회들을 기관 내부에 가지고 있을 수 있다. 이런 윤리 관련 위원회들은 윤리학자들을 비롯하여, 동일 전문직 또는 유사 전문직을 대표하는 사람들 중 윤리의식이 투철한 사람들로 구성되는데, 이 위원들은 사회복지사에게 다양한 시각과 관점에서 동일한 문제와 쟁점을 바라보고 해석할 수 있도록 좋은 자문을 줄 수 있다(Reamer, 2013 : 89-90). 물론 자문은 자문일 뿐이다. 따라서 이 위원회 위원들이 제공하는 윤리적 결정을 위한 자문 역시 굳이 꼭 따라야 하는 구속력을 가지고 있지는 않다. 다만, 비슷한 상황을 거쳐 왔던 이들의 경험과 이들이 가지고 있는 지식을 활용하여 자기 스스로 결정을 내리는 데 도움을 받을 수 있을 뿐이다.

5) 5단계 : 결정하고 실행하며 모니터링하고 평가하기

5단계는 마지막 단계로 실행하고 평가하는 단계이다. 과거에는 실행단계와 평가단계와 정리단계 등을 별도의 단계로 구분하였으나 이번에는 하나의 단계로 합해놓았다. 결정하는 순간 실행에 옮기는 것이며, 실행하면서 즉시 모니터링하고 평가하는 것이기 때문이다. 이 모든 것이 거의 동시적으로 진행되는 것이지 순차적으로 실시되는 것이 아니므로 하나의 단계에 정리해 놓았다.

자문까지 받으면서 고려해야 할 사항들을 다 고려했으면 3단계에서 내렸던 잠정적 결정에 대해 확정을 해야 한다. 잠정적 결정이 2개 이상이었으면 그중 하나를 최종 선택해야 하는 단계가 5단계이다. 이제는 확정하고 실행에 옮겨야 한다. 그러나 만약 5단계까지의 과정에서 3단계에서 내렸던 잠정적 결정 또는 결정들이 모두 마땅하지 않다면, 사회복지사는 다시 1단계로 돌아가서 처음부터 다시 단계를 밟아야 한다. 잠정적으로 내렸던 결정이 옳은 결정이 아니었다는 것을 인정하는 것은 쉬운 일이 아니다. 그러나 그것을 인정하고 다시 시작하는 용기가 진정한 윤리적 결정을 내릴 수 있는 좋은 잣대가 될 수 있다.

결정을 내리고 대안 중 하나를 선택해서 실행에 옮겼으면 동시에 모니터링을 실시해야 한다. 윤리적 결정을 내렸다고 해서 윤리적 결정 과정이 끝난 것이 아니다. 사회복지사가 최종 선택해서 실행하고 있는 윤리적 결정이 잘 진행되고 있는지, 원래의 의도대로 맞는 방향으로 진행되고 있는지, 생각했던 대로 윤리적인 것이 맞는지 등을 모니터링하고 평가해야 한다.

마지막으로 지금까지 각 단계마다 문서화해 온 내용을 최종 정리해야 한다. 사회복지사는 윤리결정 과정 1단계부터 5단계까지 전 과정을 각 단계 때마다 문서화하는 과정을 진행해야 한다. 클라이언트에게, 동료에게, 고용주에게, 그리고 지원금을 제공해 주는 정부나 기업체 사회공헌조직에게 책임감 있는 모습을 보이기 위한 수단으로도 문서는 중요한 기능을 가진다. 이 문서화 과정은 1단계가 시작했을 때부터 시작되어야 하는 단계로서 별도의 최종 단계가 필요한 것은 아니다. 다만, 마무리하는 과정에서 일련의 과정을 정리하는 것을 강조하기 위해 별도로 언급하는 것이다.

〈표 4-2〉 **5단계 윤리결정모델**

5단계 윤리결정모델
1. 윤리적 쟁점 확인하기
2. 관련되어 있는 개인, 집단, 기관 등 확인하기
3. 다양한 대안 마련하여 각 대안별 행동 점검하고 비교하기
4. 전문가 자문 구하기
5. 결정하고 실행하며 모니터링하고 평가하기, 그리고 문서화한 것 최종 정리하기

05

사회복지실천의 윤리적 이슈들

1. 존엄성 측면에서의 윤리적 이슈들

1) 자기결정권

사회복지사가 클라이언트와 일하는 데 있어 가장 중요한 것은 클라이언트의 자기결정권을 존중해 주는 것이다. 이것이 사회복지실천의 기본 원리인 인간존엄을 지키는 가장 근본적인 방법이다. 클라이언트가 다른 권력의 힘에 의해 아무리 비자발적으로 의뢰되어 왔다고 하더라도 사회복지사는 클라이언트를 자기존엄을 가진 한 명의 인간으로 대우해야 한다. 그리고 자기 자신에 관한 결정에 대해 그가 스스로 결정의 권한을 가질 수 있도록 해야 한다. 물론 클라이언트가 이 권리를 실천한다는 것이 얼마나 비현실적인 것일 수 있는 환상인가에 대해서는 이미 제1장에서 논의한 바 있다. 그러나 그럼에도 불구하고 혹은 그렇기 때문에 자기결정의 권리는 최대한 지켜질 수 있도록 사회복지사는 노력해야 한다.

클라이언트의 자기결정권은 사회복지사 윤리강령의 윤리기준 제2장 제1절 사회복지사의 클라이언트에 대한 윤리기준에 명백하게 쓰여 있다. 클라이언트가 자기결정권을 제대로 행사할 수 있도록 도와주어야 할 의무가 사회복지사에게 있다는 것이다.

사회복지실천을 함에 있어 자기결정권을 존중하기 위해 사회복지사는 다음의 두 가지를 염두에 두어야 한다. 하나는 누가 클라이언트인가이며, 다른 하나는 전문가적 견해를 어떻게 처리할 것인가이다(Dolgoff, 2012 : 91-96). 이 둘 다 간단하게 해결될 수 있는 이슈들이 아니다. 예를 들어, 전 애인을 살해하겠다는 클라이언트, 6개월이 지난 배 속의 아기를 낙태하겠다는 12세 초등학생, 아노렉시아로 보일 정도로 마른 체형이지만 더 말라야 한다면서 식사를 거의 하지 않는 치어리더, 임신을 했는데도 소량의 술은 정서안정상 좋다면서 계속 술을 마시는 임산부, 아동의 정서학대가 의심되지만 말을 안들어 때려줄 수는 없고 벌을 세운 것에 불과하며 벌을 주고 아동을 양육하는 것이 부모의 의무라는 젊은 어머니. 이런 사례들은 사람의 생명이 달려 있어 쉬울 것 같지만 사실 이럴 때에도 다양한 유형의 경우의 수를 생각하지 않을 수 없다. 너무 화나게 하는 애인의 태도에 속상한 클라이언트의 마음, 성폭행을 당했는데 임신한 줄도 모르고 있었던 어린 소녀의 속상함, 치어리더 세계의 생존경쟁에서 힘겹게 살고 있는 여성, 부모됨과 중독 사이에서 방황하는 여성, 훈육과 학대 사이에서 고민하는 부모. 모두 클라이언트의 상대방의 생명의 존엄을 지키는 것과 클라이언트의 존엄을 지키는 것 모두가 중요하다.

다음의 사례를 통해 자기결정의 이슈를 고려해 보도록 하겠다.

사례

고 선생은 정신장애인 사회복귀시설인 주거시설에서 정신장애인들과 함께 거주하고 있는 정신보건사회복지사이다. 어느 날 병원 사회복지사로부터 32세 남성 클라이언트 한○○를 의뢰받았다. 퇴원을 앞두고 있는데 부모가 함께 생활하기를 원하지 않고 주거시설에서 살게 하기 원한다며 의뢰한 것이다. 고 선생은 퇴원한 한○○를 면담하였는데 자신은 주거시설에서 살고 싶지 않고 부모님과 함께 집에서 살고 싶다고 하였으며 퇴원할 때는 주거시설로 가겠다고 해야 퇴원시켜 주는 것인 줄 알고 동의했다는 것이었다. 고 선생의 판단으로 한○○는 부모의 집에서 거주하지 못하고 사회복귀시설에서 거주해야 할 정도로 정신장애의 증상이 심하지는 않았다.

첫째, 누가 클라이언트인가의 문제는 특히 자기결정권이 얽혀 있을 때 더욱 복잡하게 다가온다. 사회복지실천의 과정에서 클라이언트는 사회복지사에게 와서 도움을 요청하고 서비스를 받기로 동의한 후 계약을 맺은 사람이라고 정의하고 있다(양옥경 외, 2010 : 131). 그러나 직접 찾아온 클라이언트는 하나를 원하는데, 사실상 계약을 맺은 클라이언트는 다른 것을 원할 때 자기결정의 주체를 누구로 하는가는 매우 어렵고 복잡한 문제이다. 어떤 경우에는 법적인 문제까지 연루될 수 있다.

이 사례에서 한○○는 자기결정의 권리를 정확하게 표현하였다. 주거시설의 고 선생은 자신의 클라이언트인 한○○의 자기결정권을 존중해 주어야 한다. 그러나 고 선생에게는 병원사회복지사도 있고 병원사회복지사의 클라이언트인 한○○의 부모도 있다. 한○○의 부모는 사실 고 선생의 클라이언트인 한○○의 부모이므로 결국 클라이언트이기도 하다.

둘째, 사회복지사의 전문성을 적용할 것인가 윤리를 따를 것인가 역시 논란이 될 수 있다. 특히 사회복지사의 전문적 판단이 클라이언트의 자기결정의 내용과 다른 내용을 표방할 때는 더욱 그렇다.

이 사례에서 한○○는 자기결정의 권리를 정확하게 표현하였다. 주거시설에서 살기 싫고 부모와 함께 살고 싶다고 한 것이 그것이다. 그러나 32세 남성인 클라이언트의 경우 부모의 집에서 살면서 부모에게 의존하는 삶을 이어가기보다는 주거시설에서 살면서 자기 자신의 독자적인 삶을 살 수 있도록 준비하는 과정이 필요하다는 게 고 선생의 전문가적 견해이자 사정의 결과이다.

이때 클라이언트의 자기결정권은 어떻게 지켜져야 하는가. 사회복지사인 고선생은 윤리강령의 자기결정권 조문을 어떻게 적용해야 하는가.

2. 공정성 측면에서의 윤리적 이슈들

1) 제한된 자원의 공정한 분배

모든 사람들에게 모든 자원들이 항상 공정하게 분배된다는 것은 거의 불가능하다. 따라서 제한된 자원을 공정하게 분배하는 것이 윤리적인 실천이라는 것 자체가 이미 실현 불가능한 것이라는 주장도 많다. 따라서 여기서 강조하는 것은 자원은 어차피 제한되어 있으므로 그 제한된 자원들을 어떤 사유로라도 불공정하게 분배되는 일은 없게 하자는 것이라 하겠다.

이는 사회복지사 윤리강령의 윤리기준 제1장 제1절 사회복지사의 기본적인 윤리기준에 명백하게 쓰여 있다. 어떤 경우에도 클라이언트를 차별대우해서는 안 되는 것이 전문가로서의 자세라는 것이다.

이때 중요한 것은 공정성에 대한 기준이다. 어떤 기준으로 자원사용 또는 분배가 공정하게 이루어졌다고 말할 수 있느냐는 것이다. 아동을 우선할 것인가 노인을 우선할 것인가의 경우 매우 첨예하게 대립되는 기준이다. 여성에게 우선권을 줄 것인가, 소외계층에게 기회를 줄 것인가, 취약계층에게 기회를 줄 것인가, 세금을 성실히 납부한 일반 시민에게 기회가 돌아가게 하는 게 맞는 것인가. 여러 차원에서 많은 이슈들이 제기될 수 있다.

다음의 사례를 통해 공정한 자원분배 이슈를 살펴보도록 하겠다.

{ 사례 }

김 선생은 아동병원에서 20년째 근무하고 있는 사회복지사이다. 주로 희귀병 환아들의 치료비 지원과 치료적응 및 사회복귀를 돕고 있다. 새로 입원한 근육 관련 희귀병을 앓고 있는 성○○ 군에게 치료비 지원이 필요하여 여러 경로를 통해 치료비를 지원하는 한 단체를 찾아서 지원을 받기로 하였고 기쁜 마음으로 부모에게 알렸다. 그런데 며칠 후 이 환아의 희귀병은 너무 희귀하여 치료예후도 좋지 않고 치료 후에도 사회복귀가 정상적으로 되기 어렵다는 이유로 다른 환아를 지원하기로 결정을 바꾸었다는 연락을 받았다. 김 선생은 예후와 사회복귀 후 환아의 사회생활 가능성에 대해 열심히 설명하였지만, 이미 의사로부터 상당한 정보를 입수한 지원단체는 김 선생의 말을 너무 핑크빛 예후라고 단정하고 지원철회에 대한 결정을 되돌리지 않겠다고 재차 확인해 주었다.

이 사례는 성○○이 앓고 있는 질병과 치료 후 사회에서의 기능이 자원분배의 기준으로 작용한 사례이다. 희귀병일수록 치료와 사회복귀를 위한 비용이 많이 들어 클라이언트와 그 가족 이외의 도움이 절실함에도 불구하고 자원분배의 기준을 사회기능의 측면에 둔 채, 공정한 자원분배의 공정성을 기능적으로 재단한 것이다. 계속해서 이렇게 사회기능 수준 및 효과성이 자원분배의 기준으로 적용된다면, 희귀병을 비롯한 사회기능상의 문제를 가진 사람들은 어떤 경우에도 자원에 대한 접근권을 확보하기 어려울 것이다.

이때 사회복지사인 김 선생은 윤리강령의 비차별 조문을 어떻게 적용해야 하는가.

2) 상충되는 의무와 기대

사회복지가 체계이론에 입각하여 실천하는 전문직이라고 특별히 주장하지 않더라도 사회복지사들은 한 명의 클라이언트와 일할 때에도 항상 체계 내의 다양한 사람들과 함께 일하게 된다. 그러다 보니 체계 내에서의 접근을 생각하게 되고 상황을 보고 상황에 입각한 분석을 하기 때문에 늘 체계 내의 많은 사람들과 연루되어 있다. 뿐만 아니라 대부분의 경우 사회복지사들이 만나는 클라이언트들은 본인이 직접 찾아오기보다는 가족이나 친지에 의해 의뢰되어 오거나 다른 공식 기관을 통해 의뢰되어 오는 경우가 많다. 따라서 복수의 클라이언트가 발생할 가능성이 매우 높다. 앞의 고 선생의 사례에서 보면 다양한 사람들이 관여되어 있음을 알 수 있다.

이는 사회복지사 윤리강령의 윤리기준 제1장 제1절 사회복지사의 기본적인 윤리기준에 명백하게 쓰여 있다. 어떤 경우에도 공정하게 업무를 수행하도록 하고 있는 것이다.

사례

병원사회복지사로부터 클라이언트 한○○를 의뢰받고 면담한 결과를 놓고 고 선생은 병원사회복지사도 만나고 한○○의 부모도 만났다. 부모님과 부모님 집에서 살고 싶다는 한○○의 말에 대해 부모들은 아들의 독립적인 생활을 위해 주거시설생활이 필요하다면서 집에서의 생활을 완강히 거부하였다. 병원사회복지사도 전문가적 판단에 따르자면 주거시설생활이 맞다고 자신의 의뢰사유를 바꾸지 않았다.

한○ ○은 고 선생의 직접 클라이언트이다. 따라서 이 한○ ○와 직접 일해야 하는 것이 맞다. 그러나 한○ ○를 의뢰한 병원사회복지사와 한○ ○가 주거시설에 살 것이라고 믿고 있는 한○ ○의 부모의 기대는 어떻게 할 것인가. 클라이언트의 욕구와 상충되는 또 다른 클라이언트의 기대는 어떻게 해야 하는가. 복수의 클라이언트와 일할 때 경험할 수 있는 갈등상황이다. 병원사회복지사는 고 선생의 클라이언트는 아니지만 전문가적 판단에 따라 한○ ○를 의뢰하였고 고 선생은 이 판단을 존중해야 할 의무가 있다. 한○ ○의 부모는 현재의 한○ ○의 보호자로 되어 있어 고 선생의 클라이언트에 해당된다. 한○ ○의 부모는 32세 남성이라면 독립해서 생활할 수 있어야 하기 때문에 그것을 가르쳐 준다는 주거시설에 입소하여 독립생활을 배우고 독립하게 하겠다는 의지를 가지고 주거시설입소를 동의하였다고 하였다. 그러면서 자신들은 이와 같은 기대로 아들의 주거시설 입소가 빨리 이루어지기를 바란다고 하였다. 이 기대 역시 고 선생은 무시할 수 없는 것이다.

이때 사회복지사인 고 선생은 윤리강령의 공정한 업무수행 조문을 어떻게 적용해야 하는가. 또한 자기결정권의 최대 행사를 도와야 하는데 공평함과 갈등적이지 않은가를 고려해 보아야 할 것이다.

3) 클라이언트의 이익 vs. 사회복지사의 이익

사회복지사들은 클라이언트에게 최고의 서비스를 제공하기 위해 자신의 상황이 위험해지는 경우를 경험하게 되기도 한다. 특히 자신의 이익에 반하는 행동을 해야 하는 경우가 클라이언트의 권리를 옹호하여야 하는 상황에서는 더욱 빈번히 발생할 수 있다. 그럴 때에도 항상 클라이언트의 이익을 옹호하는 것은 사회복지사에게 위험할 수 있다. 뿐만 아니라 위험을 무릅쓰고라도 그처럼 항상 클라이언트를 옹호할 수 있는지 또는 옹호해야 하는지 역시 의문시되고 있다.

이는 사회복지사 윤리강령의 윤리기준 제1장 제1절 사회복지사의 기본적인 윤리기준과 제2장 제1절 클라이언트와의 관계, 그리고 제4장 사회복지사의 사회에 대한 윤리기준에 명백하게 쓰여 있다. 어떤 경우에도 클라이언트의 이익을 대변하고 옹호해야 한다는 것이다.

다음의 사례를 통해 클라이언트의 이익옹호에서의 갈등요소를 살펴보도록 하겠다.

{ 사례 }

강 선생은 지역사회복지관에서 5년째 근무하고 있는 사회복지사이다. 지역이 매우 낙후하고 열악하여 재개발이 자주 일어나고 있는 동네이다. 따라서 복지관 차원에서도 재개발이 활발히 이루어지면 높은 아파트와 대형마트 등이 들어오면서 지역이 활기를 띠고 좋은 동네가 될 것이라는 기대를 많이 하고 있다. 그러면 조금 더 멋있는 프로그램들을 많이 할 수 있지 않을까 기대를 잔뜩 하고 있다. 그런데 언제부터인가 재개발을 반대하는 소상인집단이 계속 농성을 풀지 않고 있어 농성을 풀게 하기 위해 대화에 나섰다. 그런데 기대와 달리 이들은 강 선생에게 재개발로 인한 어려움을 호소하며 자신들을 도와줄 것을 요청하였다. 그 상인들은 복지관에 와서 다양한 복지관 프로그램에도 참여하였을 뿐 아니라 무엇보다도 그들의 자녀들을 강 선생이 운영하고 있는 방과 후 프로그램에 보내고 있는 부모들로서 자신들의 처지를 잘 알고 있으면서 왜 편을 들어주지 않느냐는 것이었다. 그러나 복지관은 이들을 설득하라는 지시를 구청으로부터 받았다며 차라리 이들을 설득하라고 계속해서 지시하고 있다.

이 사례는 사회복지사가 자신의 주어진 역할에 충실하자니 클라이언트의 이익을 대변하지 못할 것 같고 클라이언트의 이익을 대변하자니 자신의 승진을 비롯한 자신의 위치에 문제가 생길 것 같은 난감한 상황이다.

이때 사회복지사인 강 선생은 윤리강령의 클라이언트의 권익옹호, 복지증진이나 사회적 약자를 옹호하고 대변하는 일과 지역사회 문제를 이해하고 적극 참여한다는 조항들을 어떻게 적용해야 하는가.

3. 진실성 측면에서의 윤리적 이슈들

1) 진실성 고수와 알 권리

사회복지실천의 현장에서 언제나 진실만을 말하는 것이 쉬운 일은 아니다. 클라이언트에게는 진실만을 알 권리가 당연하게 있지만, 때에 따라서는 진실을 알지 못한 채 문제에 당면하는 것이 더 도움이 된다는 전문가적 판단이 앞서기 때문이다. 사회복지사는 어떤 경우라도 거짓을 말해서는 안 되지만 사실을 잠시 유보하는 것에 대해서는 어느 정도 관대한 것도 사실이다. 뿐만 아니라 진실이라고 생각하고 말하였을 때 그것이 진정한 진실이라는 보장이 있는가라는 질문에 봉착하게 되면 그래서 혹시 그릇된 설명을 한다든가 오류를 전하게 된다든가 하는 문제를 발생시킬 수도 있다(Dolgoff, 2012 : 91-134). 그리고 그와 같은 행위는 클라이언트를 위해 행해진다는 당위성을 제기하기도 한다.

이는 사회복지사 윤리강령의 윤리기준 제2장 제1절 사회복지사의 클라이언트에 대한 윤리기준에 명백하게 쓰여 있다. 정확하고 충분한 정보제공을 통해 알 권리를 존중해 주어야 한다는 것이다.

다음의 사례를 통해 알 권리 이슈를 살펴보도록 하겠다.

사례

서 선생은 병원에서 20년째 근무하고 있는 사회복지사이다. 주로 정형외과 환자들의 수술 전후를 상담하고 수술 후 지역사회에서의 재활과정을 돕고 있다. 며칠 전 엄지발가락이 뒤틀린 환자 송○○가 찾아와서는 의사선생님이 수술밖에 답이 없다고 하셔서 수술을 받기로 하긴 했는데 수술받기가 겁이 난다면서 수술을 하긴 하겠지만 정말 수술만이 정답이냐, 이런 환자들이 많으냐, 이런 환자들이 다 수술을 정말 하느냐, 수술하면 정말 낫기는 하는 거냐, 돈도 많이 드는 게 아니냐 등을 물어왔다. 서 선생은 그 이전에도 이런 환자들을 많이 보았지만 수술하지 않고도 견뎌내는 환자들도 많았고 동일한 담당 의사선생님도 꼭 수술만을 강권하지 않았었는데 이상하다고 생각하고 알아보았다. 확인 결과 그 의사는 자신이 새로 개발한 수술방법을 환자에게 적용하려 했던 것임을 알게 되었다.

이 사례에서 송○○는 자신이 받게 될 수술에 대해 전혀 알지 못하고 있었다. 자신이 어떤 다른 대안들을 가지고 있는지조차 안내받지 못하였다. 물론 새로 개발된 수술방법이 환자의 병을 완쾌시킬 수도 있다. 의료지식이 부족한 사회복지사 서 선생이 나서서 다른 설명을 해줄 것을 의사에게 강권함으로써 클라이언트가 받을 수 있는 최상의 서비스를 받지 못하게 될 수도 있다. 클라이언트의 진실을 알 권리는 어떻게 지켜져야 하는가.

이때 사회복지사인 서 선생은 윤리강령의 충분한 정보제공과 알 권리 존중 조문들을 어떻게 적용해야 하는가.

2) 고지된 동의

고지된 동의의 중요성은 아무리 강조해도 지나치지 않다. 일반적으로 병원에서 치료나 수술에 동의할 때 긴 설명서를 읽고 동의서에 날인하게 된다. 그런데 많은 경우 너무 정확한 내용을 너무 자세히 알고 싶어 하지 않는다는 게 정설인 것처럼 되어 있다. 생각해 보면 수술의 방법, 성공과 실패의 확률, 특히 사망 가능성의 확률을 정확하게 듣고 나면 수술실에 들어가고 싶지 않을 것 같아 차라리 모르는게 낫겠다는 마음이 들기도 할 것이다.

그러나 사회복지사는 사회복지실천을 함에 있어 진행되는 프로그램이나 서비스의 내용과 방법과 이득과 가능한 해로움 등에 대해 클라이언트들이 정확하게 인지하고 동의한 다음 서류에 사인하게 하는 것이 필요하다. 그렇게 하기 위해서 미국 사회복지사 윤리강령에서는 클라이언트가 질문할 수 있도록 기회를 제공해야 한다고 강조하고 있다. 내용에 대한 정확한 이해를 바탕으로 자발적인 동의를 해야 하는 것이다.

한국의 경우 사회복지사 윤리강령의 윤리기준 제2장 제1절 사회복지사의 클라이언트에 대한 윤리기준에 명확하게 쓰여 있다. 비밀보장, 알 권리, 그리고 클라이언트의 정보에 대한 고지된 동의에 관해 강조하고 있다. 정보를 얻어야 하는 이유, 비밀보장의 한계를 설명하고 정보공개의 동의를 얻어야 함을 강조하고 있다.

다음 사례를 통해 고지된 동의 이슈를 고려해 보도록 하겠다.

사례

송○○의 쏟아지는 질문을 받은 서 선생은 송○○가 수술을 받기로 동의를 한 것은 맞지만 수술과 수술 이외의 다른 대안들에 대해 정확하게 인지하고 있는 상태에서 자발적으로 동의한 것이 맞는지에 대해 의문을 제기하게 되었다. 수술 이외의 다른 방법은 없는지, 수술이 정말 효과가 있는지 등 송○○의 질문의 내용이나 질문하는 태도로 보아서는 송○○의 담당의사가 수술의 효과와 가능한 부작용 등에 관하여 정확하게 고지하지 않은 것으로 사료되었다. 자신이 개발한 새로운 수술방법이기 때문에 실험해 볼 클라이언트가 필요했던 것이 아닌지 서 선생은 담당의사의 결정에 의문을 갖게 되었다.

이 사례에서 송○○는 충분히 고지된 상태에서 동의한 것으로 보기 어렵다. 수술에 대해 충분히 알려졌다면 수술의 효과와 수술 이외의 대안에 대해 사회복지사에게 질문하지는 않을 것이기 때문이다. 의사가 수술을 설명하고 결정을 할 때 그때 의사에게 직접 질문하지 않고 동의해 놓고 이제 와서 의문을 제기하는 송○○의 잘못도 있을 수 있다. 그러나 질병의 치료를 논의하는 과정에서 환자는 자신이 의사에게 세세하게 정확한 정보를 물어볼 수 있는 권위도 지식도 없다고 생각하는 것이 일반적인 생각이다. 그렇기 때문에 더욱 사회복지사는 클라이언트의 고지된 동의에 대한 경각심을 가져야 한다.

이런 상황에서 클라이언트의 고지된 동의를 할 권리는 어떻게 지켜져야 하는가. 충분한 정보를 가진 상태에서 동의하고 참여할 수 있게 해야 한다는 윤리강령의 조문들을 서 선생은 어떻게 적용해야 하는가.

3) 비밀보장

비밀보장은 클라이언트의 사생활 보장을 위한 중요한 행위이다. 그래서 사회복지실천에서 비밀보장을 해주는 것은 사회복지사들이 실천의 과정에서 절대적으로 지켜야 할 기본 원칙으로 정해져 있다.

이는 사회복지사 윤리강령의 윤리기준 제2장 제1절 사회복지사의 클라이언트에 대한 윤리기준에 명백하게 쓰여 있다. 사생활 존중과 철저한 비밀유지를 강조하고 있는 것이다.

그러나 이 기본적인 비밀보장을 지킨다는 것 역시 쉬운 일이 아니다. 많은 경우 이 비밀보장은 지켜지지 못하게 된다. 우선, 기관 내에서 슈퍼바이저나 동료 사회복지사들에게 자신의 클라이언트에 관해 절대비밀을 지키는 것은 거의 불가능하다. 기록으로도 남겨야 하고 상부에 보고도 해야 하며 케이스 컨퍼런스를 통해 사례를 논의해야 하기 때문이다. 또한 인터넷의 발달로 인한 인터넷 상담(Dolgoff, 2012 : 151)이 점점 증가하고 있는데, 인터넷의 고유한 성격상 여러 사람에게 노출되어 있거나 인터넷 해킹으로 인해 비밀보장을 보호받지 못하게 될 수 있다.

뿐만 아니라 사회복지실천의 과정에서 관여되는 사람들과의 면담을 통해 그 이전에는 전혀 모르고 있었던 내용에 대해 질문을 받으면서 새로운 사실에 대해 알게 되는 경우도 있다(Dolgoff, 2012 : 146). 예를 들어, 아동학대가 의심되어 옆집, 윗집, 아랫집 등에 아이를 때리는 소리, 아기가 우는 소리 등을 들었는지에 관해 물어볼 수 있는데, 이 과정에서 그 집을 아동학대로 의심하게 하는 빌미를 제공하게 된다. 또한 자신들의 이웃이 아동학대를 했다는 사실을 알게 됨으로써 그 이웃에 대한 사생활이 침해되게 된다. 다른 형제자매들에게도 사실이 알려지면 모르고 있어도 되는 사실을 접하게 되면서 클라이언트의 사생활의 침해가 일어날 수 있는 것이다.

그런가 하면 지방의 작은 마을에서 일하는 사회복지사들에게 비밀보장은 더욱 어렵다. 지역사회가 작기 때문에 어떤 집에서 어떤 일이 일어나고 있는

지 자고 일어나면 다 알게 되는 상황에서 비밀보장은 어려울 수밖에 없다. 사회복지사와 클라이언트가 전문적 관계인 사회복지사-클라이언트의 일차적 단순관계만이 아니라 다른 이중, 삼중의 관계를 맺게 되는 경우가 흔하게 발생하게 되기 때문이다.

뿐만 아니라 사회복지사에게는 비밀보장을 지켜낼 수 있는 법적 권한이 없다. 법정에 섰을 때 면책특권privileged communication이 없다는 것이다.

다음의 사례를 통해 비밀보장 이슈를 고려해 보도록 하겠다.

{ 사례 }

장 선생은 중학교에서 근무하고 있는 학교사회복지사이다. 수업시간에 집중하지 못하고 멍하게 있는 14살 송○○ 클라이언트를 담임선생님으로부터 의뢰받았다. 상담을 과격하게 거부하던 송○○은 결국 입을 열었는데, 자신이 임신을 하였다고 말하였다. 그래도 공부는 계속 해야 할 것 같고 아기도 낳아서 길러야 할 것 같아서 고민이라고 하였다. 기왕 말을 했으니, 이제 선생님이 이 사실을 담임이나 부모에게는 절대 알리지 말고 조용히 아기를 잘 낳아서 기를 수 있게 도와달라고 하였다. 송○○는 아기의 아빠는 누구인지 말할 수 없다고 했으며 아빠가 임신 사실을 아는지 모르는지 조차 알려줄 수 없다고 하였다. 혹시 성폭행을 당한 것이냐는 질문에도 답하지 않겠다고 입을 다물었다.

이 사례에서 송○ ○는 자신의 사생활을 지키고 싶다는 의지를 강력히 표현하였다. 물론 이 사실이 알려지게 되면 송○ ○는 힘든 시간을 겪어야 할지도 모른다. 그러나 사회복지사 장 선생은 송○ ○가 14세로 아직도 아동 또는 청소년에 해당되는 연령대에 있어서 신체건강과 정신건강의 보호를 받아야 한다는 점과 아직도 부모의 보호하에 있는 미성년이라는 점에서 고민을 하게 될 것이다. 전문가로서의 아동 및 청소년보호의 책임과 클라이언트의 사생활을 보호해 주고 비밀을 지켜주어야 하는 책임 사이에서 갈등이 생기는 것이다. 이때 클라이언트의 비밀보장의 권리는 어떻게 지켜져야 하는가.

이때 사회복지사인 장 선생은 윤리강령의 비밀보장 원칙의 조문들을 어떻게 적용해야 하는가.

4. 관계성 측면에서의 윤리적 이슈들

1) 전문적 관계

사회복지실천의 과정에서 사회복지사들은 클라이언트의 말에 귀 기울여 들어주고 공감하며 들어주고 라포를 형성하게 된다. 이 과정에서 클라이언트들은 종종 사회복지사의 태도를 오해하게 되는데, 이 같은 친밀한 전문적 관계를 종종 개인적인 친밀한 관계로 오해하게 된다. 또는 그 반대의 경우로, 이렇게 친밀한 전문적 관계를 이어가는 과정에서 클라이언트에게 개인적인 친밀한 관계를 발전시키는 사회복지사들도 있을 수 있다. 이는 매우 위험한 관계로 모든 사회복지사들이 조심하여 이 같은 관계로 이어지지 않도록 해야 한다.

이는 사회복지사 윤리강령의 윤리기준 제2장 제1절 사회복지사의 클라이언트에 대한 윤리기준에서 사회복지사의 클라이언트에 대한 윤리기준에 명확하게 쓰여 있다. 개인적 이득을 취하지 못하게 함과 동시에 성적 관계까지도 금지하고 있다.

다음의 사례를 통해 전문적 관계에 있어서의 윤리적 이슈를 고려해 보도록 하겠다.

{ 사례 }

진 선생은 지역사회복지관에서 근무하기 시작한 지 2년차에 접어든 신입 사회복지사이다. 북한이탈주민 지역사회적응 프로그램에 참석하고 있는 클라이언트 차○○가 매우 성실하고 착하게 프로그램에 참석한다는 보고를 회의시간에 듣고 좋은 인상을 갖고 있었다. 담당 선생님 부재 시 이것저것 묻기에 개별상담을 해주었으며 탈북민에 대한 편견도 사라지는 등 점점 호감을 갖고 대하게 되었다. 여러 차례 이런 일이 반복되었고 진 선생은 복지관에서 제공할 수 있는 것은 무엇이든 찾아서 제공하기 시작하였다. 한두 차례 복지관 밖에서 만남을 갖기도 하였다. 이렇게 하는 것이 프로그램 담당 선생에게 알려졌고 다른 사회복지사의 클라이언트를 가로채서 서비스를 제공하는 차원으로 인지되기 시작하였다. 진 선생은 그런 차원이 아니라 차○○가 마음에 들어서 계속 관계를 유지하는 차원에서 서비스를 제공한 것이었는데, 그렇게 말해도 문제고 이렇게 말해도 문제가 되는 상황이 되어버렸다.

이 사례에서 차○○는 자신에게 잘해주는 진 선생의 호의를 받은 것으로 보이지만 진 선생은 자신에게 의존적일 수밖에 없는 차○○의 상황을 이용하여 자신의 사적 만남의 욕구를 채운 것으로도 이해될 수 있다. 또는 담당 사회복지사에게 상황을 설명하고 담당 사회복지사가 처리하게 했어야 했는데, 그렇게 하지 않고 자기가 직접 서비스를 제공함으로써 그 클라이언트와의 관계를 사적으로 이용하기까지 한 것으로도 이해될 수 있다.

이때 클라이언트와 사회복지사의 전문적 관계는 어떻게 지켜져야 하는가. 진 선생은 클라이언트와의 전문적 관계를 사적인 호기심이나 이익을 위해 절대 이용해서는 안 된다는 윤리강령의 조문을 어떻게 적용해야 하는가.

2) 이중관계

사회복지사는 클라이언트와 전문적인 관계만 맺는 것이 아니라 그 이전의 관계에 얽혀 있거나 그 이후 새로운 관계를 맺게 되기도 한다. 그리고 그것은 의

도하지 않은 관계일 경우가 많다. 그렇지만 의도하지 않았다고 하여 그 관계가 아무 영향도 미치지 않는 관계라고 보기에는 영향력이 그렇게 미약하지 않다.

클라이언트로 알게 되었는데, 알고 보니 같은 아파트 옆 동에 산다든가, 아파트 단지 내 편의점에 갔더니 자신의 클라이언트가 그 편의점에서 일하고 있어서 알아보게 되었다든가, 클라이언트에게 말하지는 않았지만 접수하는 과정에서 자신의 딸의 학교에 재직하고 있다는 것을 알게 되었다든가, 자신의 어머니가 노인정에서 만난 한 할머니와 친하게 지낸다면서 말하는데 듣고 보니 자신의 클라이언트라든가, 거의 기억나지 않지만 같은 초등학교를 나왔다는 클라이언트를 마주하고 있다든가 등 클라이언트와 얽힐 수 있는 이중, 삼중의 관계는 꽤 자주 발생한다. 특히 작은 도시에서는 더욱 빈번하게 발생할 수 있다.

사회복지사 윤리강령에는 이중관계에 관해 구체적인 조항을 할애하여 설명하고 있지는 않다. 다만, 제2장 사회복지사의 클라이언트에 대한 윤리기준 전체가 이에 해당된다 하겠다.

다음의 사례를 통해 이중관계 이슈를 살펴보도록 하겠다.

{ 사례 }

최 선생은 대학교 상담센터에서 근무하는 정신보건사회복지사이다. 모교가 아니라서 아는 사람이 없을 것 같아 좋겠다고 생각하고 2년 계약직으로 이제 막 일을 시작하였다. 많은 학생들이 찾아왔고 열심히 상담을 해주면서 의미 있는 시간을 보내고 있었다. 그러던 어느날 대학원생으로 구성된 집단상담을 시작하였는데, 그 구성원 중에 고등학교 때 친구가 있는 것을 발견하였다. 친구도 알아보았고 서로 인사도 하였다. 친구가 클라이언트가 되었으니 어떻게 해야 할까 고민하던 중 한 대학생의 가족문제를 상담하면서 그 학생이 자신의 대학동창의 동생인 것을 알게 되었다.

이 사례에서 최 선생은 이중관계로 인해 어려운 상황에 놓이게 되었다. 친구를 상담해야 하는 것과 친구의 동생을 상담하게 되는 것인데, 친구이기 때문에 다른 클라이언트와 달리 대하게 될 것이 염려된다. 더 잘해줄 수도 있지만 친구라서 제대로 접근하지 못할 수도 있다. 친구의 동생의 경우도 마찬가지이다. 더 잘해주는 문제도 있을 수 있고 너무 가깝게 느낀 나머지 객관적으로 볼 수 없게 될 수도 있다. 그러나 더욱 심각한 것은 이 클라이언트를 통해 절대 알 필요가 없는 친구의 가족의 문제를 알게 되는 문제를 갖게 된다.

이때 최 선생은 이 이중관계를 어떻게 처리해야 할 것이며, 윤리강령은 어떻게 적용해야 하는가.

3) 동료관계

사회복지사들은 조직 속에서 일함으로 인해 항상 동료와 함께 일하게 된다. 동료는 서로 믿음의 관계로 이루어져야 건강한 관계로 거듭날 수 있다. 서로를 격려해 주고 지지해 주고 보호해 주고 지원해 주는 역할도 하지만 경쟁의 관계일 때도 많고 동료의 잘못을 지적해야 하는 관계일 때도 있다.

이렇게 동료관계는 다차원적인데, 이 모든 관계가 다 서로 신뢰하는 사이에서 이루어져야 건강한 동료관계가 되는 것이다. 이런 관계에서 서로 지지와 격려를 제공할 때는 큰 이슈가 없겠지만, 경쟁의 관계나 잘못을 지적하는 과정에서는 서로의 신뢰에 문제가 발생하기 쉽다. 이때의 동료란 입사동기로서의 동료만이 아니라 선임과 후임 모두를 포함하는 동료를 지칭한다. 굳이 같은 조직 내에서의 동료만이 아닌 같은 전문직 내의 동료를 포함하기도 하며 직역을 떠나 함께 일하게 되는 동료를 포함하기도 한다.

이는 사회복지사 윤리강령의 윤리기준 제3장 사회복지사의 동료에 대한 윤리기준에 명백하게 쓰여 있다. 어떤 경우에도 동료를 신뢰로써 대하고 동료의 비윤리적 행위를 무마하지 않아야 한다는 것이며 슈퍼바이저일 때는 더욱 그렇다고 명시하고 있다.

다음의 사례를 통해 동료관계에서 보여지는 윤리적 이슈를 고려해 보도록 하겠다.

{ 사례 }

오 선생은 정신보건사회복지사 2급 수련을 마치고 자격증을 따자마자 같은 계열 병원이지만 소속은 다른 정신과에서 근무하기 시작하였고 이제 1년차이다. 같은 계열 병원이라 전체적인 체계에도 익숙하고 함께 근무하는 선임 마 선생님도 좋은 분이고 해서 매우 열정적으로 일을 시작하였다. 그러나 정신보건사회복지사 2급 수련생을 받은 올해부터 문제가 시작되었다. 수련생의 수련은 정신보건사회복지사 1급이자 선임인 마 선생이 담당해야 하는 것이고 자신은 2급이라 수련생을 수련시킬 권한이 없는데도 수련생의 과제를 자꾸만 자신에게 시키는 것이었다. 마 선생이 바빠 보일 때는 도와드려야겠다는 생각으로 한두 번 과제를 봐주었으나, 계속되기 시작하자 자신의 업무와 수련생의 과제가 뒤섞여서 자신의 일이 뒷전이 되기 일쑤였다. 그러나 마 선생은 이것도 좋은 연습이라면서 나중에 수련시키기 위해 미리 연습해 두는 것이라 생각하고 열심히 하라는 말만 반복하였다. 그러나 마지막 사인은 항상 자신의 이름으로 함으로써 수련생의 수련과제에 공식적인 문제가 발생하지는 않게 하였다. 오 선생은 이것이 잘못된 것임을 마 선생에게 지적하였지만, 원래 다 그러는 거라면서 이 병원 좋지 않나, 오래 다니고 싶지 않나, 그러고 싶으면 그냥 남들 하는 대로 하라면서 자신의 문제를 전혀 문제시하지 않는 태도로 일관하였다.

이 사례에서 오 선생은 마 선생과의 동료관계를 어떻게 설정해야 할지 난감하다. 동료이기는 하지만 선임이므로 인사고과에서 자신을 평가하는 위치에 놓여 있는 동료이다. 말을 잘 들어야 하는 관계인 것이다. 반면 수련생도 동료이기는 마찬가지이다. 수련을 받으러 왔다고 해서 낮은 지위에 있는 사람으로 치부해서는 안 된다. 수련생에게는 수련을 제대로 받을 권리가 있고 이 병원 정신보건사회복지사들은 수련과정이 원칙대로 잘 이루어지게 할 의무가 있다. 따라서 그 의무를 성실하게 하지 않는 마 선생에 대해 같은 위치에 있는 오 선생은 어떻게 해야 하는가. 건강한 동료관계는 어떻게 지켜져야 하는가.

이때 오 선생은 상호 간 민주적인 직무관계를 이루어야 한다는 윤리강령의 조문을 어떻게 적용해야 하는가.

5. 전문성 측면에서의 윤리적 이슈들

1) 조사와 평가

미국의 거주정착운동settlement house movement 때 조사research가 주요 활동이었던 것에 기원을 두고 있는 사회복지에서의 조사와 평가는 현대사회에서 사회복지 분야에 없어서는 안 될 업무가 되었다. 우선 가장 많이 진행하는 것이 클라이언트의 욕구조사needs assessment일 것이다. 새로운 클라이언트 집단을 만났을 때나 새로운 이슈가 발견되었을 때 등 클라이언트가 말해주는 클라이언트의 욕구에 관한 조사는 언제나 있어왔다. 또한 조사와 통계 기법이 발달하면서 클라이언트에 대한 서비스와 프로그램의 효과를 평가하는 것에서부터 사회복지사의 서비스제공 과정에 대한 평가, 그리고 클라이언트가 생각하는 전반적인 서비스에 대한 만족 정도 등 다양한 차원에서 평가가 진행된다.

이는 사회복지사 윤리강령의 윤리기준 제1장 제2절에 명확하게 쓰여 있다. 사회복지사들은 전문성 개발을 위해 노력해야 한다고 하고 있다. 그러나 동시에 이를 위해 클라이언트의 서비스를 소홀히 해서는 안 된다고 강조하고 있다. 요즈음에는 연구윤리 또한 강조되고 있다. 연구기관뿐 아니라 대학을 비롯하여 병원 및 사회복지기관들도 기관연구윤리심의기구(Institutional Review Board)를 설치하고 환자 및 클라이언트를 대상으로 조사 및 평가 등을 실시하고자 할 때는 IRB 심의를 거치게 하고 있다.

다음의 사례를 통해 조사와 평가 과정에서 발생할 수 있는 윤리적 이슈를 고려해 보도록 하겠다.

사례

현 선생은 박사학위를 소지하고 있는 20년차 의료사회복지사이다. 병원에서도 능력을 인정해 주어 사회사업실 실장으로 일을 잘하고 있다는 평을 받고 있다. 그런데 지역에 북한이탈주민들이 이주해 오기 시작하면서 이들이 병원을 찾는 일이 점점 많아졌고 이들에 대해 궁금해졌다. 그래서 병원 전체회의 때 제안하였는데, 제대로 조사하여 북한이탈주민에 대한 논문을 쓰면 좋겠다고까지 말하는 등 적극적인 반응을 보였다. 결국 병원 차원에서 대대적으로 의료욕구조사를 하기로 하였다. 그러나 욕구조사지에 있는 의료서비스는 사실상 이 병원에서는 전혀 해줄 수 없는 서비스로 욕구조사가 자칫 북한이탈주민들의 서비스혜택으로 오인할 수 있는 소지가 충분히 있었다. 뿐만 아니라 욕구조사에 많은 북한이탈주민이 참여하게 하기 위하여 본보기 서비스를 제공하겠다고까지 계획하였다. 현 선생은 지속적인 정책이 따라주지 않는다면 이 같은 준비가 북한이탈주민에게는 사실상 현실적인 도움이 되지 않는다고 생각하여 이런 조사를 하는 게 맞는 것인지 의문이 생겼다.

이 사례에서 현 선생은 연구가 어떻게 진행될지에 대한 확신이 없다. 연구결과가 논문작성으로 그치고 연구의 결과에 근거한 서비스나 프로그램이 개발될 예산 등이 확보되지 않은 차원에서는 조사대상자들이 조사의 대상자들로만 활용되고 정작 욕구 자체가 해결되지 않는다면 문제가 될 것이라고 생각하고 있다. 연구를 위한 조사를 한 것에 그칠 뿐 정작 클라이언트는 자신들이 제시한 욕구에 근거한 서비스를 받게 되는 것이 아니기 때문이다.

이때 현 선생은 어떻게 할 수 있는가. 현 선생은 클라이언트 대상의 연구를 하게 되면 이들의 권리를 보장해야 하며 고지된 동의도 얻어야 한다고 하고 있는 윤리강령의 조문을 어떻게 적용해야 하는가.

2) 법과 규칙의 준수

윤리적 이슈에서 항상 가장 마지막에 놓이게 되는 법과 규칙 및 정책의 준수는 사실상 어떤 측면에서는 가장 중요한 결정요인이기도 하다. 한 사회가 갖고 있는 법의 테두리에서 벗어나서, 그 사회가 정해놓은 제도나 정책의 범위를 벗어나서, 그리고 조직을 통해 서비스가 제공되는 데 조직의 규칙이나 규정을 벗어나서 클라이언트만을 위해 서비스가 만들어지고 제공될 수는 없기 때문이다.

이는 사회복지사 윤리강령의 윤리기준 제4장과 제5장 사회복지사의 사회와 기관에 대한 윤리기준에 명백하게 쓰여 있다. 어떤 경우에도 클라이언트의 인권을 존중하고 사회적 약자를 옹호하는 일에 헌신해야 하며 사회정책의 수립과 발전과 입법과 집행을 요구하고 옹호해야 한다고 하고 있다. 그리고 그것은 기관의 정책일 경우에도 동일하게 적용되는 윤리기준이다.

다음의 사례를 통해 법과 규칙을 준수하는 과정에서 발생되는 윤리적 이슈를 살펴보도록 하겠다.

사례

신 선생은 건실한 중견기업 사회공헌팀 사회복지사이다. 올해 팀장으로 승진하였다. 팀 내 유일한 사회복지사이다. 이 사회공헌팀은 장애인재활 및 자립을 위해 다양한 지원사업을 펼쳐오고 있다. 신 선생은 대학에서 장애인복지를 전공한 전문가로서 일을 잘한다는 좋은 평을 받아오고 있다. 그래서 승진도 빠른 편이다. 얼마 전 정신장애인재활협회로부터 정신장애인 자립을 위한 바리스타교육지원에 대해 제안을 받았고 제안서 내용이 좋아서 지원을 하고자 하였다. 그런데 장애인복지법에는 정신장애인도 포함되어 있음에도 불구하고 기업 CEO는 정신장애인에 대해서는 장애인으로 고려하지 않고 있어 정신장애인은 지원하지 말라는 지시를 내렸다. 그것이 이 기업의 정책이라는 것이었다.

이 사례에서 신 선생은 소속 조직의 정책과 사회의 법과 전문가로서의 자신의 믿음이 맞지 않음을 경험하고 있다. 사회복지사인 신 선생은 기관의 정책이 클라이언트에게 이익이 되도록 해야 한다는 윤리강령의 조문을 어떻게 적용해야 하는가.

2부

사회복지 인권

06

사회복지에서의 인권

1. 사회복지와 인권

사회복지에서 인권은 매우 중요하고 가치 있는 개념으로 자리하고 있었다. 그러나 그럼에도 불구하고 꽤 오랫동안 별로 주목을 받지 못해온 것도 사실이다. 대신 그 자리를 윤리가 차지하고 있었다. 그리고 윤리를 인권과 서로 호환하면서 혼용하고 있었다. 뿐만 아니라 인권을 윤리 안에 포함되는 개념으로 인지하기도 하였다. 한국 사회복지사 윤리강령에는 인권이 윤리적 지침에 포함되어 등장한다. 차별 없이 모든 사람에게 인간존엄의 가치를 보편적으로 적용하여 존중하는 측면에서 윤리와 인권을 구분 없이 이해하고자 했던 것이다. 사실 인권은 윤리와 동전의 양면과 같아서 동일한 일을 다른 방식으로 하는 것이라는 주장도 있다(Ife, 2012 : 104).

인권은 일반적으로 '우리 안에 천부적으로 존재하며 인권 없이는 인간으로서의 삶을 살 수 없는 그런 권리'로 설명된다. 인권과 근본적인 자유는 우리의 인지와 재능과 양심을 활용하고 완전히 성장시키며, 영적 욕구를 포함한 우리의 욕구를 만족시키는 것으로도 설명된다(UN, 1987 : 4; Reichert, 2011 : 2). 인권의 원칙은 현존하는 자원에 대해 문화적으로 이해하고 주의를 집중하여 관심을 가질 것을 요구한다. 그러나 인권에 기반한 사회복지실천을 한다고 해서 차별, 불평등, 빈곤, 그리고 기타 모든 사회문제에 대해 치유가 가능한 만병통치약은 아니다. 물론 인권에 대한 지식이 원조전문직으로서의 사회복지사의 역할을 더 잘 이해하는 데 도움이 되긴 하지만 절대적인 것은 아니다.

인권을 사회복지전문직에 통합하는 과정에서 사회복지사는 사회복지전문직 만의 독특한 통찰력과 이해력(Reichert, 2011 : 4)을 가질 필요가 있다. 사회복지실천은 "사회 구성원들의 존엄성을 유지하면서 그들에게 생활보장과 발전을 제공하는 사회구조를 만드는 것"이라는 측면에서 "사회복지는 인권전문직"이라고 유엔인권센터는 IFSW(1988)를 인용하면서 정의하고 있다(UN Center for Human Rights, 2005 : 20). 미시(개인, 가족), 중도(지역사회), 거시(국가, 국제사회)의 각 수준에 있는 클라이언트와 일하면서 항상 인권에 관한 관심을 가져야 한다고 강조하고 있다. 인권으로서의 사회복지에 대해 체계적인 연구가 필요함을 김만두(1988)가 처음 역설한 지 30년이 되었지만 아직까지 겨우 기초단계에 머물러 있다.

2. 인권의 특성

UN은 1987년 발간한 인권 질의응답서Human Rights : Questions and Answers에서 인권에 관해 다음과 같이 정의를 내리고 있다. "인권은 일반적으로 우리의 타고난 천성에 내재되어 있는 것으로, 이것 없이는 인간으로 살 수 없는 권리라 정의한다"(UN Center for Human Rights, 2005 : 25)라고 정의를 내리고 있다. 인권의 천부성이 강조된 것이다. 그 외에도 UN은 인권의 개념과 특성에 관해 보편성, 불가분성, 불가양성 등을 들고 있다.

1) 천부성

천부성inherency은 인간이 인간으로서 태어날 때부터 타고나는 성질을 의미한다. 인간은 인간이어야 하는 권리를 가지고 태어났다. 인간은 오로지 인간이기 때문에 인간으로서의 존엄의 가치를 가지고 태어났다는 것이다. 이것이 천부성이다. 타고난 천성에 내재되어 있는 것으로 이것 없이는 인간으로 살 수 없는 것이라고 이미 유엔이 정의한 바 있는 개념이다. 그리고 이 인간과 인간존엄에 대한 존중은 세계의 자유와 정의와 평화의 기초가 된다(UN Center for Human Rights, 2005 : 25).

천부성이란 인간에게 하늘로부터 주어진 존엄함이며 따라서 인간은 어떤 사람이라도 존엄함으로 대해져야 한다. 그리고 이것은 절대 진리이다. 인간 존엄성은 인간사회에서 가장 높은 가치를 지닌 개념으로 꼭 지켜져야 하는 개념이다.

2) 보편성

보편성universality은 인권은 누구에게나 동일한 잣대로 적용된다는 것을 의미한다. "인권은 보편적인 것으로 차별 없이 모든 사람들에게 적용된다"(UN Center for Human Rights, 2005 : 25-26)는 '차별 없는 만인공유의 인권향유'인 것이다. 사람이라면 누구나 개인이 처해 있는 신분이나 상황, 정치적 성향이나 개인적 취향, 또는 거주 지역 및 상태 등과 관계없이 동일한 권리를 가져야 하며 동일하게 대해져야 한다.

이 보편성의 개념이 인권을 든든하게 받쳐주고 있다. 모든 사람이 인권을 가지고 있다고 주장할 수 있게 하는 개념인 것이다. 보편성은 일반성 또는 공통성과도 같이 설명되는데, 보편성이 있다는 것은 공통적으로 공유하고 있는 일반적인 것이 있다는 뜻이다. 예를 들어, 인권은 누구에게나 동일하게 적절한 영양, 편히 쉴 주거, 신체를 보호할 의복 등 의, 식, 주의 기본을 포함한다. 그러나 아마도 어떤 국가는 이렇게 가장 기본적인 인권조차도 만족시킬 수 있는 자원이 충분하지 못할 수도 있다. 그럼에도 불구하고 균형 잡힌 영양을 포함하는 의, 식, 주는 전 세계적으로 모두에게 공통되는 기본 인권의 필수불가결한 요소이므로 정부는 이와 같은 권리를 충족시킬 수 있는 체계를 갖추어야 한다(Reichert, 2011 : 5). 그것이 인권을 지키는 일이다.

그렇다고 해서 보편성이 모든 사람들이 다 똑같음을 의미하는 것은 아니다. 또한 인권이 동일한 방식으로 적용되어야 한다는 것을 의미하는 것도 아니다. 각 개인과 개별 집단 간의 다양성과 차이를 인정하며 적용되는 것을 허용한다. 즉, 보편성을 이해하고 인정한다는 것은 서로 다른 문화에서 그 서로 다름을 인정함에 있으며, 그 서로 다른 문화에서 동일함을 적용하는 것이 아니라는 것을 수용하는 것을 의미한다. 보편성의 목적은 세상에 있는 개인들이 그들의 존재 안에서 기본 권리를 갖되, 동일한 방식으로 존재하게 하는 게 아니라는 것을 확신하는 것이다(Reichert, 2011 : 7).

이 같은 보편성의 개념은 어떤 한 국가가 인권의 한 부분을 다른 국가가 이해하는 것과 다른 형태로 이해할 때 어려움에 봉착하게 된다. 이럴 때 보편성은 해당 국가의 문화, 법률, 정책, 도덕, 그리고 신념과 충돌하게 된다. 이럴 때 해당 국가는 자신들의 전통과 충돌하여 갈등을 일으키게 되는 것을 인식하지 못하거나 인식하기를 거부한다. 그리고 결국 외부집단으로부터 문제제기를 당하게 되는데, 이 또한 거부하게 된다.

따라서 다음과 같은 질문을 하는 것은 해당 국가의 관련자들에게 문제를 정확히 인식하게 하는 데 도움이 될 것이다(Reichert, 2011 : 6).

- 누가 문화, 종교, 그리고 법적 규범을 정의하였는가?
- 누가 지역사회의 전통이나 법률을 정의하였는가?
- 누가 이 정의로부터 혜택을 보는가?
- 누가 이 정의로부터 손해를 보는가?
- 인권에 대한 해석에 있어 서로 다른 의견이 있을 때, 누가 결정권을 갖는가?
- 그 결정된 상황에서, 처음 인권문제를 제기한 사람 외에 또 문제제기를 하는 사람은 누구인가?
- 어떤 한 정부나 집단이 다른 정부나 집단에게 그들의 믿음이나 정책이 인권을 침해하고 있다고 말할 권리가 있는가?

3) 불가분성

불가분성indivisibility은 인권이란 그 어떤 사람에 의해서도 절대 나뉠 수 없다는 것을 의미한다. 인권은 오로지 자기 자신에게만 속해 있는 것이다. 불가분성은 보편성과 함께 인권을 설명하는 중요한 핵심 단어이다. 불가분성은 정부와 개인이 각각의 인권을 인식하되 어떤 사람의 인권은 함양하고 어떤 사람의 인권은 무시하는 형태로 선택적으로 행동해서는 안 된다는 개념이다(Reichert, 2011 : 7).

불가분성은 인권은 그 자체로서 하나임을 또한 의미한다. 예를 들어, 영양을 취할 인권은 중요하지만 일할 인권은 중요하지 않다는 등 인권을 여러 갈래로 나누어 생각할 수 없다는 것이다. 이는 세계인권선언문 초안을 작성한 카생의 주장(이샤이, 2008 : 372; Glendon, 2001 : 172)과도 맥이 통한다.

4) 불가양성

불가양성inalienability은 인권은 개인 각자에게만 소유될 수 있으며 어느 누구에게 양보할 수도 없고 양도할 수도 없으며, 또한 어느 누구도 다른 사람의 인권을 탈취할 수 없다는 것을 의미한다. 유엔은 특정 개인이나 집단이 "다른 사람들의 유사하거나 대등한 권리를 빼앗으려고 위협할 때는 그 권리를 제한할 수 있다"(UN Center for Human Rights, 2005 : 26)고 하고 있다.

사회복지사들은 힘든 상황에 놓일 때 사회복지사의 인권은 어디에 있는가라는 자조 섞인 질문을 많이 한다. 불가양성은 클라이언트의 인권을 위해 사회복지사의 인권이 무시되는 상황이 만들어져서는 안 된다는 것을 의미한다.

3. 인권의 발전단계

인권을 이해하기 위해 UN은 인권의 발전단계를 3단계로 나누고 각 단계별 보편적 개념을 이해하기를 권고하고 있다(UN Center for Human Rights, 2005 : 26). 이에 기초하여 대부분의 문서들은 인권을 세대generation라는 단어를 사용하여 설명하고 있으며 간혹 물결wave이나 분야area 또는 범주set 등으로 설명하기도 한다(조효제, 2007 : 116; Wronka, 1992; Reichert, 2011 : 20; Ife, 2012 : 43).

인권의 발전은 억압에의 저항이라는 소극적이고 다소 부정적인 접근 단계에서 시작하여 욕구충족의 권리와 생산 및 분배에의 평등한 참여라는 적극적이고 긍정적인 접근 단계로 인권의 개념이 발전되어 나간 것을 의미한다. 이 같은 발전단계는 이제 21세기에 들어오면서 개발과 평화를 위한 국제사회의 연대의식으로 발전하게 된다. 즉, 1단계는 1세대로서, 시민적 · 정치적 권리이며 자유권이다. 2단계는 2세대로서 경제적 · 사회적 · 문화적 권리이며 평등권이다. 3단계는 3세대로서 발전적 · 환경적 권리이며 평화권이다. 1단계와 2단계는 개인에 초점을 둔 인권이라면 3단계는 집단적 차원의 지역사회를 포함하는 인권 개념을 함양한다.

1) 1단계 : 자유권

1단계 인권은 자유권이다. 시민적 · 정치적 권리로서 개인을 중심으로 하고 있으며, 시민권이라 불리기도 한다. 근본적인 개인의 자유를 민주시민사회를 효과적이고 공정하게 조직하는 데 있어 절대적으로 중요한 요소(Ife, 2012 : 43; Reichert, 2011 : 21)로 본 인권의 근본적이고 기초적인 단계이다. 한 개인의 가치에 대해 진보적으로 생각하는 것으로 반드시 보호되어야 하는 권리로 이해된다. 선거권, 참정권, 언론의 자유, 결사의 자유, 공정한 재판의 권리, 법 앞에의 평등권, 시민권, 사생활 보호권, 자기표현의 권리, 종교의 자유 등을 포함하고 있다. 구속 및 인신매매로부터의 보호, 구금 및 고문에서의 보호 등도 포함되어 있다. 안전할 권리, 차별로부터 자유로울 권리, 협박이나 괴롭힘, 고문, 압력으로부터 자유로울 권리 등도 포함하고 있다.

이 1단계 인권은 소극적 권리로 이해된다. 적극적인 활동을 통해 실현되어야 하는 권리라기보다 빼앗기지 않도록 보호되어야 하는 권리이기 때문에 붙여진 개념이다. 이 권리는 사람이라면 당연히 소유하고 있는 것으로서 이 권리들이 위협받거나 침해당하지 않도록 국가가 반드시 지켜주어야 하는 권리이다. 그래서 종종 자연권이라고 불리기도 하는데, 인간존엄으로 지켜지는 인간의 자유는 어떤 면에서는 너무나 자연스러운 자연의 법칙 같은 것이기 때문이다. 따라서 이 1단계 인권은 허락되거나, 쟁취되거나, 실현되거나 하는 것이 아니라, 보호되고 보장되어야 하는 인권으로 이해되고 있다.

세계인권선언 제3조부터 제21조가 자유권의 내용을 포괄하고 있다. 세계인권선언문에 근거하여 이 시민권과 자유권을 보호하기 위해 유엔은 1966년 시민적·정치적 권리에 관한 국제규약을 채택하였다. 그러나 채택만 되고 발효되지 못하고 있다가 1976년이 되어서야 효력을 발생하는 규약으로 선포되었다. 종종 B규약이라고 불린다. 이 규약에 비준한 당사국들은 법적으로 책임 있게 사법제도를 정립하고 국민의 자유권을 보장해야 한다.

2) 2단계 : 평등권

2단계 인권은 평등권이다. 경제적·사회적·문화적 권리로서 사회권이라고 불리기도 한다. 개인이 인간으로서 잠재력을 최대한 실현하기 위해 사회로부터 제공되는 각종 서비스의 다양한 형태를 받기 때문이다. 이 2단계 인권은 취업할 권리, 적정한 임금을 받을 권리, 주거권, 적절한 음식과 의복을 가질 권리, 교육받을 권리, 적합한 의료보호를 받을 권리, 사회보장권, 여가를 즐길 권리 등이 포함된다. 그러나 인권보호를 위해 비차별적인 사회보장 및 정책을 모든 사람에게 동일하게 이루어 내기는 쉽지 않아 이 2단계 인권은 보장하기 어려운 분야이다.

이 2단계 인권은 적극적 권리로 여겨진다. 이것은 국가로 하여금 긍정적이고 적극적인 역할을 취할 것을 시사한다. 단순히 권리를 보호하는 것보다 국가는 다양한 형태의 사회보장제도를 통해 이 같은 권리가 달성될 수 있도록 실질적인 역할을 강력히 추진하도록 요구받고 있는 것이다(Ife, 2012 : 43; Reichert, 2011 : 21). 그러나 그런 이유 때문에 이 2단계 인권은 법적으로나 합법적인 기제로나 쉽게 보장되지 못하고 있다. 이 인권을 보장하도록 다양한 규정들과 수단들이 발효되고 있지만 동의를 구하기 어렵다. 그러다 보니 이

2단계 인권을 실현하기 위해 법을 만든다든가 하는 등 법조계에서 활동할 수 있는 범위는 제한적이 될 수밖에 없다. 2단계 인권 실현을 위해서 국가와 정부는 자국의 국민을 위한 사회보장제도를 정립해야 하는데, 이는 사회복지가 인권적 접근의 가장 중요하고도 직접적인 전문직이라는 것에 단초를 제공한다.

세계인권선언 제22조부터 제27조가 평등권의 내용을 포괄하고 있다. 세계인권선언문에 근거하여 이 사회권과 평등권을 보호하기 위해 유엔은 1966년 경제적 · 사회적 · 문화적 권리에 관한 국제규약을 채택하였다. 그러나 채택만 되고 발효되지 못하고 있다 1976년이 되어서야 효력을 발생하는 규약으로 선포되었다. 종종 A규약이라고 불린다. 이 규약에 비준한 당사국들은 법적으로 책임 있게 사회보장제도를 정립하고 국민의 평등권을 보호해야 한다.

3) 3단계 : 평화권

3단계 인권은 평화권이다. 평화는 최고의 가치supreme value이며 어느 누구도 부정하지 못하는 인간 최고의 권리이다(Park, 2007 : 14). 그리고 모든 인간은 평화를 누릴 자격이 있다. "인권 없는 평화, 평화 없는 인권은 모두 환상illusion에 지나지 않는다"는 2004년 대한민국 국가인권위원회의 주장처럼 인권에 있어 평화는, 전쟁 없는 평화는 필수불가결한 것이다.

3단계 인권은 발전적 · 환경적 권리로서, 환경권이라고 불리기도 한다. 앞서 설명한 자유권이나 평등권이 개인 대상의 인권이라면 평화권은 한 개인에게도 적용되겠지만 그보다 더 큰 단위의 집단이나 단체를 포함하는 공동의 권리이다. 지역사회, 인구집단, 사회, 국가 등이 일차적인 대상이 되는 것이다. 물론 종국의 혜택을 보는 대상이 개인인 것에는 변함이 없다. 그러나 인권 수호의 과정에서 직접 대상이 대집단이라는 것이다. 경제발전, 경제성장 및 국제무역으로부터의 이익보장, 조화롭고 화합하는 사회에서 살 권리, 공해 없는 깨끗한 공기를 마실 권리, 깨끗한 물을 마실 권리, 자연을 즐길 권리, 전쟁 없는 국가에서 살 권리 등을 포함한다.

이 3단계 인권은 집합적 권리이다. 또한 국가들 간의 연대권(Reichert, 2011 : 21)으로도 이해된다. 세계인권선언 제28조에 있듯이, "모든 사람은 이 선언에 제시된 권리와 자유가 완전히 실현될 수 있는 사회적이고 국제적인 질서에 대한 권리를 갖는다". 이것은 전 세계가 이 이슈를 각자의 공통으로 풀어가야 할 이슈로 삼을 때 실현 가능해진다. 이를 위해서는 국가들 간의 연대와 결속이 중요하며 이를 공동의 권리라고 인정하고 풀어가는 것이 중요하다. 그리고 이 공동의 연대적 권리는 곧 "인간의 의무"이기도 한 것이다(UN Center for Human Rights, 2005 : 28).

세계인권선언 제28조가 평화권의 내용을 포괄하고 있지만 아직까지 이 권리를 위한 국제규약은 채택되지 못하고 있다. 이는 국제사회가 아직까지 전쟁 없는 지구상의 완전한 평화와 저성장 발전을 통한 환경보호에 합의하지 못하고 있음을 보여주는 것이라 할 수 있다.

〈표 6-1〉 인권의 발전의 3단계

단 계	1단계/세대	2단계/세대	3단계/세대*
수 준	소극적 권리	적극적 권리	집합적 권리
약 칭	자유권/시민권	평등권/사회권	평화권/환경권
이 념	자유	평등	평화
내 용	억압으로부터의 저항/ 시민적 · 정치적 권리	자원의 생성과 분배에의 참여 /경제적 · 사회적 · 문화적 권리	경제적 발전의 공유 /발전적 · 환경적 권리
단 위	개인 및 집단	개인 및 집단	지역사회, 공동, 연대
조문번호	제3조~제21조	제22조~제27조	(제28조)

국제규약	시민적·정치적 권리에 관한 국제규약	경제적·사회적·문화적 권리에 관한 국제규약	국제규약 없음
채택연도	1966년 B규약으로 채택	1966년 A규약으로 채택	-
발효연도	1976년 3월 23일	1976년 1월 3일	-

* 3단계는 아직 확정적인 것이 아니라 학자들끼리의 주장임. 따라서 조문번호 제28조도 그 차원에서 이해되어야 함.

4. 인권 이론

1) 인권 접근 개념들

역사적으로 인권을 설명하는 접근법 또는 시각이라 할 수 있는 것으로 다음의 세 가지를 들 수 있다. 인권은 하늘로부터 당연하게 주어진 자연적인 권리라는 천부인권설인 자연권Natural rights tradition, 국가를 이루고 살고 있기 때문에 인권은 국가가 법적 테두리 안에서 책임져야 한다는 법적 의무설Legal or state obligations tradition, 그리고 인권은 만들어 가는 것이라는 구성권적 시각Constructed rights tradition이 있다(Ife, 2012 : 14-15).

(1) 자연권 시각

천부인권설이다. 인권이란 타고난 인간성humanity의 한 부분이라는 가설이다. 이는 사람이라면 누구나 신으로부터 주어진, 그래서 너무나도 자연스럽게 우리 안에 내장되어 있을 수밖에 없는 권리를 가지고 태어났다는 것을 의미한다. 이런 전통적인 시각은 존 로크John Locke의 미국독립선언문US Declaration of Independence에 잘 반영되어 있다. 모든 인류는 평등하게 창조되었으며, 신으로부터 부여된, 그래서 양도 불가한 권리를 가지고 있다는 것이다.

(2) 법 또는 국가의무 시각

우리의 권리는 오로지 국가가 행동을 취함으로써 얻어지는 결과라는 주장이다. 따라서 국가의 보호하에 인간으로서의 권리가 보호되고 보장되며 실현된다는 범위 안에서 인권은 존재하고 해석된다. 우리의 권리는 법률에 의거하여 그리고 법적 체계의 실무 작업을 통해 정의된다. 이러한 시각 때문에 인권이 법적 테두리 안에서 법에 근거하여 해석되는 담론으로 이해되기 시작하였다. 이는 인권을 분명하고 논리정연하게 정리할 수 있는 법률가들이 그 역할을 담당할 수 있는 적임자라고 생각하게 하였다. 인권의 담론을 구성하던 당시에는 이 법적 시각이 가장 우세한 주류 시각이었다.

그런 의미에서 사회복지사들의 역할은 찾기 어려웠다. 법과 규율로 명쾌하게 선을 그을 수 있고 판결을 내릴 수 있기 때문에 사회복지사들의 개입이 필요해 보이지 않았던 것이다. 갈등의 상황에서도 법에 명시되어 있는 대로 법적 해석에 따라 해결했기 때문이다.

(3) 구성권 시각

구성주의 시각으로부터 형성되는 인권은 기존의 인권개념을 부정한다. 대신, 인권이란 사람들이 자신들의 권리와 타인의 권리를 정의해 나가는 것이라고 본다. 그리고 새로 구성된 권리에 따라 의무도 새로이 정의해 나가는 것이라고 보고 있다. 이 시각은 우리로 하여금 우리의 일상생활에서 그리고 우리가 맺는 타인과의 관계에서 항상 끊임없이 권리를 협상하고 또 재협상하는 것이라고 주장한다. 그것은 또한 권리를 법률가나 이론가 등 전문가들이 정의해 놓은 것이 아니라 그래서 그들의 해석을 따라가야 하는 것이 아니라, 보통의 일반 사람들이 만들어 가는 것이라는 점에 강조점을 두고 있다.

이 시각에 근거할 때 사회복지사들의 역할이 매우 중요하게 부각될 수 있다. 사람들이 만들어 가는 과정에서 어떤 누구의 인권도 어떤 다른 사람의 인권의 우위에 있지 않도록 정리하는 것이 사회복지사들이 담당해야 할 역할일 수 있다는 것이다.

2) 인권 기초 이론

인권은 사회정의의 기초 위에 그 개념을 발달시켰다. 자유주의 이론Libertarian theory, 실용주의/공리주의 이론Utilitarian theory, 그리고 평등주의 이론Egalitarian theory 등 3개의 주요 이론들이 있다(Reichert, 2011 : 11-13).

(1) 자유주의 이론

사회정의에서의 자유주의 이론은 각 개인은 각자가 합법적으로 취득한 소유물에 대해서는 합법적인 권리가 있다는 주의이다. 이 이론에 의하면 개인은 자율성을 가지고 있으며 다른 사람과 자신의 자원을 공유할 어떤 의무도 가지고 있지 않다. 따라서 자선이나 다른 사람에 대한 서비스 같은 것은 후원자들의 후한 마음 때문이지 후원자들이 가지고 있는 재산을 취할 수 있는 수혜자의 권리 때문이 절대 아니라는 것이다. 사회정의의 계몽주의 기초로 인해 자유주의 이론은 분배의 공정성을 거부한다. 그리고 그 이유로 인해 사회복지사들은 이 이론을 취하지 않는 경향이 있다. 그러나 현실세계에서는 자원의 재분배 상황에 오직 작은 관심만을 보이면서 조직이나 감정의 기본 원칙들이 자유주의 이론을 따르고 있다고 볼 수 있다.

(2) 공리주의 이론

공리주의 이론은 비록 한 개인이 억압으로부터 자유로울 권리를 가졌다고 해도 희소한 자원의 재분배는 때때로 공익을 우선해야 한다는 원칙을 고수한다. 이 이론에 의하면 한 개인의 상태는 차치하고라도 모든 사람을 위한 최대한의 산출을 장려하는 상태를 증진시킨다. 본질적으로 최대를 위한 최선을 제공하는 것이 공리주의 이론의 주된 원칙이다. 이 이론은 만약 어떤 특정 조건 안에서 특정 자원의 공유나 재분배가 특정 지역의 최대 인구에게 이득을 초래한다면 그 특정 자원에 대한 한 개인의 권리는 제한하거나 침해할 수도 있다는 것에 주저하지 않는다. 이 이론이 가지고 있는 이 같은 내재된 갈등적 요소가 무엇이 최대의 인구에게 이익이 되는가를 결정하는 주요 요소이다.

(3) 평등주의 이론

평등주의 이론이 사회복지전문직이 사회정의라는 이름으로 행동하는 것에 가장 가깝게 부합한다. 이 이론에 의하면 모든 사람들의 욕구는 당연히 배려되어야 한다. 부족한 제한된 자원의 재분배는 도덕적으로 당연히 이루어져야 하는 것이며, 어떤 재분배도 사회에서 가장 취약한 계층에게 도움이 되어야 하는 형태여야 한다. 혹은 최소한 이들에게 해가 되어서는 안 된다는 것이다. 본질적으로 취약계층도 자신의 삶에 대한 기본적인 자원에 대한 권리를 가지고 있기 때문이다.

이 이론은 자유주의와 공리주의 인권은 평등을 담보하는 정의로운 인권이 아니라고 주장한다. 평등주의적 사회에서 시민은 동등한 권리를 가져야 하며, 동등한 기회를 가져야 하고, 사회자원에 대한 동등한 접근권을 가져야 한다는 것이 평등주의 이론의 핵심이다.

07

인권의 역사

1. 인권의 토대

인권은 넓고 긴 역사를 가지고 있다. 시기로는 고대부터 지역으로는 동서양을 막론하고 인권은 존재하여 왔다. 하늘의 점지를 받고 이 땅에 태어난 인간은 인간이라는 단순한 이유 하나만으로 존엄함을 존중받아야 할 존재이다. 그리고 이것은 불변의 진리이다. 다만, 시기적·지역적 특성에 따른 정치적 지배구조에서 그 존엄함이 존중되지 못했기에 인권이 이슈가 되었던 것이다.

1) 고대 서양

지금부터 약 2,000년도 더 된 고대시대부터 인권은 어떤 형태로든 언급되어 왔다(이샤이, 2008; Reichert, 2011 : 22). 플라톤Plato이나 소크라테스Socrates와 같은 위대한 철학자들은 그 당시에도 사람(물론 그때 당시의 언어로는 남성man)이라면, 사람이기에 가지고 있는 기본적이고 천부적이어서 양도가 불가능한 권리의 영역이 있을 것이라고 전제하고 그 영역을 탐색하고 있었다.

소크라테스는 인간은 일반적으로 선함을 이해하며 그 이해를 통해 내·외적 조화를 찾고자 하는데, 이때 이타적 길을 선택한다고 주장하였다(이샤이, 2008 : 65). 그리고 이런 선함은 보편적이라고 결론지었다. 또한 군주의 힘이 언제나 옳은 것은 아니라고 주장하며 강자의 이익을 대변하는 권리에 대한 도전이 밑바탕을 이루고 있었다고 하였다(이샤이, 2008 : 79). 소크라테스와 플라톤은 지성, 감각, 욕구를 영혼의 3요소라 칭하면서 이 세 요소가 서로 조화롭게 균형을 이루어야 옳은 행동이 나온다고 하였다. 아리스토텔레스Aristoteles는 다른 사람들과 동등하게 몫을 나누지 않는 사람은 공정한 사람, 정의로운 사람이 못 된다고 하였다. 불평등하다는 것은, 즉 정의롭지 못한 것이었다. 평등(또는 공평)이 정의이자, 정의가 평등이라는 공식이 성립한다.

서양에서의 인권의 토대로서는 가장 오래된 성문율인 바빌로니아의 함무라비법전의 내용이 제시되고 있다(이샤이, 2008 : 58-59). 고대 바빌로니아의 동해복수법인 탈리오원칙을 보편적인 평등원칙에 입각한 것으로 해석할 수 있다는 것이다. 이는 유대의 계명에도 나타나고 있다고 설명하고 있다(이샤이, 2008 : 72-73). 유대계명 중 살인하지 말라는 계명은 생명권으로, 남의 재산을 훔치지 말라는 재산권으로, 동족과 이방인을 가리지 않고 동일한 규정을 적용하라는 가르침은 평등권으로 진화하였다는 것이다. 생명을 살해하지 말라 등의 코란의 문구의 가르침을 가지고 있는 이슬람교 역시 가난한 사람의 권리를 인정하지 않고 부를 축적하는 행위를 사회타락의 주 원인으로 보면서 정의로써 행동하라는 인권의 기본을 가지고 있다고 설명하고 있다(Donnelly, 2013 : 79).

2) 고대 동양

고대 동양에서의 인권 역시 2,000년도 훨씬 더 이전인 공자로부터 찾아볼 수 있다(Donnelly, 2013 : 76). 모든 인간, 심지어 평민이라도 교육을 통해 계발할 수 있는 이성적 품성을 소유하고 있다는 공자의 유교의 윤리적 입장이 인권과 일맥상통한다는 주장이다(이샤이, 2008 : 62-64). 따라서 정부가 경제적·도덕적 복리에 관심을 기울이면 현대 인권의 선결조건인 평화, 안정, 안보가 보장될 것이라는 것이다.

중국에는 '하늘은 백성이 보는 것으로 보며, 하늘은 백성이 듣는 것으로 듣는다'라는 말이 있는데, 이는 인간과 하늘을 동일시하는 의미로 인권의 천부권과 일맥상통하는 말이라 하겠다. 한국의 단군신화에 나오는 홍익인간弘益人間도 널리 인간세계를 이롭게 한다는 뜻으로 인간의 존엄을 나타내는 사상이라 하겠다. 한국의 인간의 탄생 신화인데, 하늘의 신 환웅도 하늘에서 내려와 함께 살기로 하면서 하늘이 인간의 존귀함을 인정하는 것으로 천부권과 맥이 통하는 정신이라 하겠다.

인류를 위한 중요한 정신적 목표와 가치를 제공할 수 있는 종교라고 평가받고 있는 힌두교는 보편적 공동선에 영향을 주는 우주론적 균형사상을 가지고 있는데 여기서 강조하는 모든 동물과 환경을 존중하라는 가르침이 현대사회의 환경권에 영향을 주었다고 지적하고 있다(이샤이, 2008 : 87). 자기부정의 과정에서 다른 중생의 고통을 뚜렷이 알고 자비심을 마음속에 내재하는 자비와 대중의 구원이 우선인 불교는 부자의 부를 줄이고 재산을 제한하여 아이들과 노인과 병자를 위한 복지를 시행해야 하며, 이 같은 자비의 헌신이 중요하다고 강조한다. 살생, 도둑질, 색욕, 거짓말, 음주를 금하라는 도덕률은 생명권, 자유권, 인신 보장권으로 거듭나게 되었다고 주장한다(이샤이, 2008 : 75-76).

2. 인권의 초석

1) 1215년과 『마그나 카르타』

근대 인권의 토대라고 평가되고 있는 영국의 대헌장 『마그나 카르타the Magna Carta』가 만들어진 1215년은 인권의 역사에서 매우 중요하게 여기는 해이다(Glendon, 2001 : 173). 마그나 카르타는 존 왕King John이 귀족들에게 발포한 칙허로서 불법구금, 학대 등 백성을 혹사하는 행동을 금하는 내용을 담고 있다. 이는 국민들에 의해 만들어진 것을 존 왕이 승인한 것으로 시민공동체인 의회를 절대왕권이 인정한 것이다. 자유권의 강조였다.

1215년은 인권의 초석이라고 할 수 있는 해이다. 이때는 유럽의 봉건주의Feudalism 시대로 왕 – 귀족(영주) – 농노(백성)의 봉건제 위계를 가진 시대였다. 영국에서는 백성들을 학대하는 왕의 군림을 종결시키기 위해 귀족들과 주교들과 대주교들이 분연히 들고 일어섰다. 마그타 카르타Magna Carta로 알려져 있는 문서를 초안하였고, 존 왕이 여기에 사인하도록 강요되면서 백성들을 잔혹하게 학대하던 일을 법적으로 금지하는 역사적인 일을 이루어 냈다.

물론 마그나 카르타는 근대적 개념의 인권과는 그 적용범위에 있어 차이가 있는 것이 사실이다. 일부에게는 적용되지 않는 한계를 가지고 있어 근대적 의미의 보편적 인권보장을 포괄하고 있다고 보기는 어렵다(임재홍, 2006 : 17). 그러나 군주라 하더라도 정당한 절차 없이 백성의 소유를 빼앗을 수 없게 하였으며, 자신들의 동료에 의한 법적 과정에서의 법적 판단 없이 백성을 체포, 구금할 수 없게 한 것은 봉건제 영주가 가지고 있던 심판의 권한이 백성에게 넘어간 것으로, 영주 중심의 봉건제의 몰락이며 백성을 중심으로 하는 시민의 등장이자 시민의 권리의 등장이라 할 수 있다. 민주주의와 시민의 권리가 보장된 것이다. 이 동료에 의한 법적 판단은 이후 근대 법정에서의 배심원심판제도로 이어졌다.

2) 17~18세기 계몽주의

영국에서는 청교도혁명 때(1642~1648) 찰스 1세Charles I가 의회를 누르고 다시 왕권을 강화하려 하자 이에 맞서 보편적 권리를 주장하였다(이샤이, 2008 : 140). 결국 크롬웰Oliver Cromwell 등 의회 의원들은 왕실권위에 도전하여 왕을 처형하고 공화국을 설립하였다. 의회는 주권을 획득하였고 이렇게 청교도혁명으로 고양되었던 인권에의 염원과 혁명정신은 이후 1689년 반포되는 영국 권리장전English Bill of Rights으로 성문화되었다(이샤이, 2008 : 141). 백성의 권리와 자유를 강조하는 권리장전이다.

인권의 가장 본질적인 개념은 자연법natural law이다(조효제, 2007 : 50-52; 임재홍, 2006 : 19-20; Reichert, 2011 : 23). 이는 자연의 어떤 질서가 인간행동의 규범을 제공한다는 가설을 유지한다. 토마스 아퀴나스St. Thomas Aquinas는 자연법이 포괄적인 만고불변의 진리eternal law 체계에의 인류의 참여라고 하였다. 그리고 자연법은 인간법의 기준이 되었다고 하였다. 17세기 동안 유럽의 철학자들은 시민의 자연적 권리에 주목하였다. 그리고 그 자체의 특성에 따라 사람은 정부를 설립할 수 있는 권리를 가진다고 생각하였다.

홉스Thomas Hobbes와 로크John Locke는 인간을 본성적으로 이기적인 존재로 보았으므로 자연법이 자연스럽게 인간의 복지와 성취에 대한 질서 있는 목적을 초래하지는 않는다고 보았다. 종교의 선택권을 국가가 아니라 개인에게 있음을 주장한 로크는 종교의 자유와 의사표현의 자유를 위한 투쟁의 장을 열게 된다(이샤이, 2008 : 149). 대신 자기보호에 대한 타고난 열망이 자신의 복지와 성취를 초래한다고 생각하였다. 인권의 주체인 인간을 무엇보다 자연상태에서 자연법하에서 생존하는 이성적 · 자립적 존재로 파악했던 것이다(임재홍, 2006 : 21). 이런 아이디어로부터 홉스와 로크는 자연권natural rights이라는 새로운 신조doctrine를 만들어 냈다. 자연 상태에서의 자기보호 열망은 시민사회의 토대이자 기반이 되는 사회적 계약의 수립을 이끌어 냈다. 정부의 근본적인 의무는 생명, 자유, 그리고 재산에 대한 권리의 보호이다. 중세까지 모든 인식과 지식은 신에게 있었지만 로크는 이성을 가진 인간에게 그 인식과 지식의 근원을 인정해 주었다. 인간의 경험 속에서 인식과 지식이 인정된 것이다. 이를 통해 로크는 사유재산을 인정하였고 계몽주의 철학의 시발점이 되었다. 영국 철학자 홉스는 자연권의 필요성을 역설하면서 인간을 신에 의한 피조물이 아닌 인간으로서의 가치를 지닌, 본성을 지닌 존재로 보았다(이효선, 2002 : 51). "모든 사람은 자신의 생명을 보존하기 위해 노력해야 한다"고 주장하였다(이샤이, 2008 : 158).

몽테스키외, 루소, 볼테르, 디드로 등은 미국 혁명 이전부터 시민적 권리의 중요함을 강조하였다. 루소는 이상적인 존재로서 자연법적인 행복추구의 권리를 가지고 있는 동시에 타인의 행복추구와 현명하게 조화를 이룰 수 있는 지혜를 가지고 있다고 보았다(이효선, 2002 : 52). 즉, 인간은 이성을 가지고 도덕을 행할 수 있다고 보았다. 볼테르는 인간을 나약하고 오류에 가득 찬 존재라고 말하며, "서로의 잘못을 용서"해 주는 "자연의 제1법칙" 톨레랑스(관용)를 주장하였다(이샤이, 2008 : 153-156). 이 자연의 법칙은 "사상과 의견의 자유로운 소통"을 말하는데, 1789년 프랑스의 인간과 시민의 권리선언Declaration of the Rights of Man and Citizen에서 "인간의 고귀한 권리"(제1조)로 나타났다.

18세기 후반 프랑스와 미국 식민지시대에 일어난 정부와 왕권에 대한 봉기는 국가가 시민을 어떻게 처우해야 하는지에 관한 심도 있는 토론을 유발했다. 1789년 프랑스 철학자 콩도르세Marquis de Condorcet는 남성처럼 여성도 똑같은 자연권을 가지고 있다는 여성의 권리를 위한 조약을 발표하였다

(Reichert, 2011 : 23-24). 프랑스혁명 때 여성은 봉건체제에 강력히 반발하며 매우 적극적으로 대항하였다. 결국 왕을 베르사이유궁전으로부터 축출하는 것을 이끌어 내는 데 큰 기여를 한 시위를 주도하였다. 나쁜 왕을 끌어내리고 그 자리에 좋은 의회를 올려놓았다(Donnelly, 2013 : 89). "제1조. 인간은 권리에 있어 자유롭고 평등하게 태어나 생존한다. 사회적 차별은 공동이익을 근거로 해서만 있을 수 있다"로 시작하는 프랑스 인권선언은 18세기 내내 지속되어 온 계몽주의의 결실이었다.

3) 1789년과 프랑스혁명

프랑스혁명의 결과로 프랑스 인권선언문이 1789년 프랑스정부에 의해 채택되었다. 18세기 가장 중요한 인권문서로 여겨지는 『인간과 시민의 권리선언Declaration of the Rights of Man and Citizen』은 제목에서부터 나타나듯이 오로지 남성만을 대상으로 하고 있고 과다한 처벌로부터의 자유, 사상과 종교로부터의 자유, 그리고 말하고 쓰고 인쇄하는 자유 등 소극적 권리를 중심으로 담고 있다.

프랑스혁명은 인권혁명이었다(조효제, 2007 : 73). 노예제를 폐지하고 동성애 행위를 범죄에서 제외하였으며 유대인을 해방시킨, 그래서 유대인에게도 시민권을 부여한, 자유가 중심인(Donnelly, 2013 : 89; 이샤이, 2008 : 206) 근대 인권의 틀을 갖춘 근대 인권의 효시인 것이다. 매우 혁신적인 내용을 담고 있어 열광하며 좋아하고 환호를 한 사람들도 있었지만 부정적인 비판도 많았다. 재산을 하나의 권리로 본 부르주아적인 성격을 띠고 있다(이샤이, 2008 : 181)는 점도 부정적 비판을 받는 대목이다. 한참 후에야 여성도 대상이 되었으며 기본적인 인간의 권리와 기본적인 자유에 대해서도 권리를 인정하게 되었다.

프랑스혁명 기간 중 미국 식민지는 영국을 대상으로 그들 나름의 혁명을 일으킬 것을 착수하고 있었다. 1776년 독립선언문Declaration of Independence이 만들어지고 이 선언문은 결국 미국헌법US Constitution의 기초가 되었다. 독립선언문은 특정 권리들을 내포하고 있었는데, 생명, 자유, 그리고 행복추구에 관한 자명한 권리들이었다. 그러나 이 모든 권리는 여성을 배제한 남성만을 위한 것이었다. 미국헌법의 가장 중요한 파트로 알려진 권리장전the Bill of Rights이 있다. 권리장전은 정치적 · 시민적 사안에서 정부의 간섭을 정의하고 제한하는 가장 중요한 조치를 취하는 내용을 담고 있다. 특히 정치와 종교를 분리하는 개념이 제1조에 담겨 있는데, 1791년 비준될 때도 완전분리는 계속 문제시되었으며 지금까지도 그렇다(이샤이, 2008 : 152). 미국에서 종교로부터, 신으로부터 떨어져 나와 자유를 갖는다는 것은 쉽게 허용되는 게 아니었다. 신은 물론 아직도 존재하고 있다. 다만, 지금까지와는 다른 형태로 존재의 의미를 갖게 되었을 뿐이다(Donnelly, 2013 : 89).

4) 19세기

산업화의 발달로 인해 유럽과 미국 전역에서 사람들이 농사짓던 터를 떠나 도시의 공장지대로 몰려갔다. 몰려오는 사람들을 수용할 수 없는 도시로서는 비위생적인 도시상태를 그대로 놔둘 수밖에 없는 상황을 만들어 냈다. 공장 역시 비위생적이고 불건강한 상태에 노동자들이 장시간 노출되는 상황이 빚어졌다. 시골에서 올라와 공장에서 일하고 싶은 사람이 많았기 때문에 공장주는 고노동 저임금의 형태로 노동자들을 종종 착취하였고 이는 큰 문제가 되지 않았다.

그러다 19세기 중반에 이르러 노동자계층의 노동력 착취를 반대하는 세력들이 나타나기 시작하였다(Reichert, 2011 : 25-26). 1848년 마르크스Karl Marx와 엥겔스Fredrich Engels가 공산당선언Communist Manifesto을 하면서 고용주에 의한 노동자들의 착취가 기본적인 인간의 권리를 보장해 주지 못하는 것으로 인식되기 시작하였다. 자유주의자들이 '자유'에만 몰두하고 있을 때 사회주의자들은 경제적 불평등이 지배하는 한 자유는 제 빛을 발휘하지 못함을 알고 있었다(이샤이, 2008 : 214). 이들은 자유, 평등, 박애의 보편적 약속을 현실에 적용하려는 노력을 하였다.

1848년 자발적이고 대중적인 혁명은 실패를 하였지만 왕권과 종교를 통한 신권에 대응하는 인권담론을 생성하였고 혁명은 계속되었다(이샤이, 2008 : 221). 1848년은 혁명의 시대로 프랑스, 영국, 이탈리아, 독일 등에서도 혁명이 계속되었으며 프랑스의 2월혁명은 그 도화선을 당긴 사건이었다. 1789년 프랑스 대혁명의 영향으로 이후 1848년까지 그 여파가 계속되어 온 것이다. 정치, 사회적 평등이념이 경제로까지 발전된 혁명이었다. 1848년 영국에서는 10년간 진행되던 차티스트운동이 막을 내렸는데, 이를 통해 사회주의자들은 복지개혁과 인권투쟁의 주도적 위치를 점하게 되었다(이샤이, 2008 : 219). 이런 과정을 통해 19세기에는 인권이 조금씩 진보하기 시작하였다(이샤이, 2008 : 267). 거의 모든 지역에서 노예제가 폐지되었고, 어린이와 청소년의 노동이 제한되었으며, 참정권을 채택하였다. 물론 아직까지는 남성에게만 주어졌고 여성의 인권은 논외였지만 이것은 가장 중요한 인권의 발전이었다. 이렇게 1848년은 프랑스 2월혁명을 통해 자유와 평등이라는 근대시민의 사상을 정착시킨 중요한 해이다.

19세기 후반은 이렇게 다량 빈곤층의 양산으로 나타나는 산업화의 폐해에 대응하는 차원으로 사회복지가 사회운동의 차원으로 발달하게 되었다. 사회복지현장에서는 자선조직협회Charity Organization Society(COS)의 출현 및 발전과 거주정착운동[1]Settlement House Movement(SHM)으로 나타났다. 이때부터도 빈곤층에게 신으로부터 주어진god given 불가양적인inalienable 권리rights, 즉 인권이 있음을 인정하였다(Biestek, 1975 : 23).

3. 세계인권선언의 탄생

제1차 세계대전과 제2차 세계대전을 치르면서 전 지구적 차원에서 새로운 세계질서를 구축하고자 하였다. 국제연맹League of Nations으로 활동하던 것에서 1945년 10월 24일 유엔헌장에 날인하면서 51개국으로 구성된 유엔, 즉 국제연합United Nations이 출범하였다. 1946년 미국, 중국, 영국, 소련은 국제연맹을 계승할 세계기구를 구상하기 시작하였고 적극적으로 유엔을 창설하는 과정을 시작하였다. 이렇게 유엔은 창설되었으나 유엔의 창설제안은 인권을 경시하고 있다고 비난을 받았다. 특히 소수민족과 식민지 원주민의 권리를 간과하고 있다고 비난받았다(이샤이, 2008 : 360).

이 비난은 영향력이 컸던 것으로 보이는데, 1945년 창설 당시 선포한 유엔헌장을 수정하면서 유엔이 인권보호를 핵심 활동으로 하겠다고 천명한 것에서 알 수 있다. 이는 선언뿐 아니라 실질적인 행동으로 이어졌다. 유엔의 모든 회원국이 인권을 보장할 의무를 지킬 것을 강제할 것이며, 유엔에 인권위원회Commission on Human Rights를 설치할 것과 미국이 이를 주도할 것을 촉구

1) SHM의 한국어 명칭에 관한 설명은 1장 각주 1 참조.

하였다(이샤이, 2008 : 360). 유엔 인권위원회가 1947년 첫 미팅을 가졌다. 위원 국가는 27개국이었으며, 미국의 엘리노어 루즈벨트Eleanor Roosevelt를 위원장으로, 프랑스의 르네 카생René Cassin을 부위원장으로 선출하였다. 유엔 인권위원회는 유네스코에게 조사를 의뢰하였다. 인류 모두가 공유할 수 있는 인권의 표현을 찾기 위해 인권에 관해 전 세계에 존재하는 다양한 견해를 조사하게 하였던 것이다. 이는 "인권이 18세기 유럽 계몽주의에서 기원한 서구 발명품이라는 가정을 거부"하겠다는 의지의 표현이었다(이샤이, 2008 : 56).

유엔 인권위원회는 공동선에 대한 보편적 관념을 확인하기 위해 전 세계의 위대한 종교, 문화, 전통 등을 찾아 나섰다. 조사를 담당한 유네스코위원회는 가맹국의 사상가와 문필가에게 설문을 하고 답변을 받았는데, 그중에는 인도의 간디로부터 온 답변도 있었다. 약 70여 통의 답변이 들어왔는데, 이들의 답신을 통해 유네스코위원회는 유엔의 회원국들이 인권이라는 인류 공통의 신념을 함께 공유하고 있음을 확신하게 되었고 각 회원국마다 서로 다른 문화와 상이한 제도와 정치경제체제를 가지고 있지만 동일한 원칙을 신봉하고 있다고 믿게 되었다(이샤이, 2008 : 368-369).

1948년 유엔 인권위원회는 선언문 초안을 완성하였다. 전체 유엔총회General Assembly of the United Nations에 초안을 올려서 토론을 한 결과, 1948년 12월 10일 총회는 『세계인권선언the Universal Declaration of Human Rights』을 채택하였다. 이때 회원국은 58개국이었고 채택에 손을 든 국가들은 48개국이었다(유네스코한국위원회, 1995 : 45). 8개국은 기권을 하였는데, 소비에트유니언Soviet Union, 우크라이나공화국Ukrainian SSR, 벨로루시공화국Byelorussian SSR, 유고슬라비아공화국People's Federal Republic of Yugoslavia, 폴란드People's Republic of Poland, 남아프리카공화국Union of South Africa, 체코슬로바키아Czechoslovakia, 그리고 사우디아라비아the Kingdom of Saudi Arabia였다. 기권한 국가들은 세계

인권선언문이 주로 개인주의적인 권리들을 담고 있으며 선언문이 법적으로 구속력 있는 유엔헌장이 보장한 신성불가침한 국내 관할권에 도전할지도 모른다는 우려 때문이었다(이샤이, 2008 : 371). 온두라스Honduras와 예멘Yemen은 찬성도 기권도 하지 않았다.

엘리노어 루스벨트 위원장은 유엔총회 연설에서 '이 선언은 『마그나 카르타the Magna Carta』, 『인간과 시민의 권리선언』, 『미국권리장전』 등으로 채워졌던 신전에 새롭게 자리함으로써 그 선언과 장전들이 지금까지 해왔던 것과 같은 역할을 할 것을 희망한다고 하였다(Glendon, 2001 : 173). 그만큼 다른 나라, 다른 시대에 나왔던 여러 인권선언들과 비견할 만한 사건이 되기를 희망한다는 뜻이었다(이샤이, 2008 : 366-368).

『세계인권선언the Universal Declaration of Human Rights』의 공표는 제1차 인권혁명인 『인간과 시민의 권리선언Declaration of the Rights of Man and Citizen』의 공표에 이어 2차 인권혁명이라 여겨진다(조효제, 2007 : 90-91). 이 두 인권혁명에는 160년의 시간 차이가 있으며, 내용에 있어서도 차이가 존재한다. 첫째, 인권의 토대가 자연권에서 인권으로 진화한 것이고, 둘째, 인권 개념이 자유에서 평등으로 확대된 것이며, 셋째, 인권의 패러다임이 '탄압 패러다임'에서 '웰빙 패러다임'으로 전환한 것이고, 넷째, 인권 이념이 자유주의에서 사회주의까지 포괄하게 된 것이며, 다섯째, 인권보장의 의무주체가 국가에서 기업 및 개인에게까지 확대적용된 것이고, 여섯째, 인권의 단위를 개인에게 두던 것에서 지역사회와 국제사회 등 집합적 단위로 확장시킨 것이며, 일곱째, 인권의 국제화를 표방한 것이고, 여덟째, 보편적 권리의 강조와 함께 젠더 관점을 채택한 것이다.

08

세계인권선언

1. 탄생배경

인권. 오랜 역사를 가지고 있지만 1948년 유엔에서 세계인권선언문을 채택할 때까지 전 세계적으로 인권은 활발히 다루어지는 주제는 아니었다. 국가적 차원에서 인권은 광범위하게 인정하기 불편한 주제였기 때문일 것이다. 그런 인권을 유엔이 세계인권선언이라는 모습으로 인정하였다는 것은 매우 역사적인 사건이다.

세계인권선언문은 살아 있는 문서이다. 시간과 장소에 상관없는 근본적인 자유와 권리를 내포하고 있다. 선언이라는 이론적 특성에 따라 공식적이지만 구속력은 없는 일반적인 원칙과 포괄적인 의무를 내포하고 있다. 그래서 시간이 지나도 굳이 개정을 할 필요가 없다. 따라서 세계인권선언이 70여 년 전에 제정되었음에도 불구하고 지금까지 개정은 이루어지지 않고 있다. 다만, 시대적 흐름에 따라 해석에 있어 그 변화를 반영하고 있을 뿐이다.

세계인권선언은 제2차 세계대전의 영향을 받아 탄생하였다. 전쟁 당시 일어난 믿을 수 없는 광범위한 인권침해에 대해 범지구적으로 대응하자는 차원에서 탄생한 것이다. 모든 사람들이 태어나면서부터 가지고 있는 천부적인 권리에 대해 최초로 국제적 표현을 한 공식 문서인 것이다. 인간의 존엄성과 가치를 보호하기 위한 노력의 결실이다.

제2차 세계대전 중 연합국은 '4개의 자유'를 채택하였다(유네스코한국위원회, 1995 : 32-37). 1941년 1월 미국의회에서 미국 대통령 프랭클린 루스벨트Franklin D. Roosevelt가 밝힌 "네 가지 자유the Four Freedoms"를 그대로 취한 것이다. 이 "네 가지 자유"는 언론의 자유freedom of speech and expression, 신앙의 자유freedom of worship, 공포로부터의 자유freedom from fear, 그리고 욕구로부터의 자유freedom from want였다. 주요 연합국은 전쟁 종료 후 세계 평화를 지켜주고 기본적인 인권을 보호해 줄 기본적인 장치인 국제기구의 필요성을 절감하고 논의하기 시작하였다. 그래서 탄생한 것이 국제연합, 유엔United Nations이다. 유엔은 "근본적인 인간의 권리와 인간의 존엄성과 가치에 대한 신념을 다시 한 번 확인"하고자 하는 결의를 명백히 하였다. 그리고 "인종, 성별, 언어, 또는 종교에 따른 차별 없이 모든 사람의 인권 및 기본적 자유에 대한 존중을 촉진하고 장려"하여야 한다고 하였다(유엔헌장 제1장 제1조).

미국 샌프란시스코에 모인 창립회원국들은 1945년 6월 26일 하나의 문서에 서명하면서 유엔헌장Charter of the United Nations을 탄생시켰다(유네스코한국위원회, 1995 : 34-37). 미국, 영국, 소련, 프랑스, 중국 등 상임이사국과 대부분의 회원국들이 비준하여 동년 10월 24일 창립일에 유엔헌장은 반포되었고, 반포 동시 즉시 발효되었다. 이 유엔헌장은 법적 효력을 갖는 규약이다.

이 유엔헌장을 제정하기 전 또는 동시에 유엔권리장전을 제정하고자 하였으나 반대의견에 부딪혀 성사되지 못하였다. 대신, 일부 국가들의 강력한 제안으로 유엔헌장에 인권조항들을 반영시키는 것은 성공하였다. 여러 국가들의 다각적인 노력으로 인권에 관한 내용이 일곱 차례나 유엔헌장에 언급되고 있다. 전문, 제1조, 제13조, 제55조, 제56조, 제62조, 제76조에서 언급된 것을 말한다. 유엔헌장의 전문preamble에서는 "기본적 인권fundamental human rights, 인간의 존엄 및 가치, 남녀 및 대소 각국의 평등권에 대한 신념을 재확인"하고 있다. 제1조에서는 유엔의 목적을 밝히고 있는데, 여기에서 유엔의 의무사항으로 인권을 지킬 것을 언급하고 있다. "인종·성별·언어 또는 종교에 따른 차별 없이 모든 사람의 인권human rights 및 기본적 자유fundamental freedom에 대한 존중을 촉진하고 장려함에 있어 국제적 협력을 달성"하는 것을 목적으로 하고 있다. 제55조에서는 평등권과 자결원칙의 존중을 위해 "인종, 성별, 언어 또는 종교에 관한 차별이 없는 모든 사람을 위한 인권human rights 및 기본적 자유의 보편적 존중과 준수"를 강조하고 있다. 그리고 이 내용들은 이후 세계인권선언에 직접 반영되었다.

2. 탄생과정[2)]

1946년 6월 유엔 경제사회이사회the UN Economic and Social Council는 유엔 내부에 인권위원회the Commission on Human Rights를 창설하였으며, 유엔으로부터 위임받은 인권 관련 권한을 수행할 수 있는 권한을 부여하였다(유네스코한국위원회, 1995 : 38; Glendon, 2001 : 32).

1946년 4월 유엔 경제사회이사회는 인권에 관한 전문가라고 알려진 9명을 선출하여 엘리노어 루즈벨트Eleanor Roosevelt[3)]를 위원장으로, 창P. C. Chang[4)]

2) 탄생과정은 유네스코한국위원회(1995 : 38-46)의 내용을 바탕으로 정리하였음.

3) 엘리노어 루스벨트는 미국 프랭클린 루스벨트 대통령의 영부인이다. 루스벨트의 서거 후 미국 대통령이 된 해리 트루먼은 엘리노어 루스벨트 여사에게 새로 탄생한 유엔의 주유엔 미국대표부에 참여해 줄 것을 요청하였으며, 제3위원회(사회, 인도주의, 문화위원회)에서 활동하도록 하였는데(유네스코한국위원회, 1995 : 25), 이 위원회가 경제사회이사회의 인권위원회와 연관을 맺고 인원업무를 수행하게 되는 계기가 된다. 인권위원회와 초안작성위원회(핵심위원회) 위원장으로서 루스벨트는 높은 영향력을 발휘하였다. 이 영향력이 없었다

을 부위원장으로 하는 국제권리장전 초안위원회를 구성하였다. 이 위원회는 핵심적인 업무를 담당하는 소위 핵심위원회였으며, 험프리John P. Humphrey5)에 의해 지원을 받았다. 핵심(초안)위원회는 전체위원회를 구성하고 관련 용어와 작업 방식을 확정하였다. 이를 바탕으로 경제사회이사회는 동년 6월 다양한 국가와 다양한 정치적 배경을 가진 18명의 위원들로 초안위원회를 확대 편성하여 인권위원회를 구성하였다. 첫 번째 인권위원회 조직은 미국, 영국, 소련, 프랑스, 중국 등 5개 국가들Great Powers과 3년 임기를 가진 13개 국가들로 구성되었다. 최초 13개국에는 레바논Lebanon, 벨기에Belgium, 벨로루시공화국Byelorussian SSR, 우루과이Uruguay, 우크라이나공화국Ukrainian SSR, 유고슬라비아공화국People's Federal Republic of Yugoslavia, 이란Iran, 이집트Egypt, 인도India, 파나마Panama, 필리핀the Philippines, 칠레Chile, 그리고 호주Australia가 있었다(Glendon, 2001 : 32). 유엔의 상설기구로서 인정된 인권위원회는 국제권리헌장으로 여겨지던 작업들을 이어받아서 진행하였다. 이들이 인권선언문을 작성하기 시작한 것이다.

이때 세 가지 접근이 집중적으로 논의되었다(유네스코한국위원회, 1995 : 40). 첫째, 법률적인 세부사항에 대한 명시는 없되, 지구촌 공동체의 견해 표명으로서 도덕적 영향력을 가질 수 있는 기준과 목표에 대한 선언 작성, 둘째,

---

면 오늘의 세계인권선언이 유엔에서 반대표 한 표도 없이 탄생하지는 못했을 것이고, 각국의 헌법에서 그렇게 널리 인권이 언급되지도 못했을 것이라는 게 중론이다. 앨리노어 루스벨트는 행동가였고 자극제이자 촉진제였으며 합의 도출자였고, 근면과 정열의 상징이었으며 인권을 위한 노력의 화신이 되었다(유네스코한국위원회, 1995 : 26). 세계인권선언의 최대 공로자로 루스벨트와 카생이 꼽힌다.

4) 피 씨 창은 중국인이었지만 주로 미국에서 교육을 받았다. 그러나 인권을 논의할 때는 서양 이외의 철학체계를 포괄해야 함을 상기시킨 소수 중 하나로 꼽힌다. 이는 실제적으로 토론 당시 유교의 원리를 자주 인용하는 것으로 표현되었다(유네스코한국위원회, 1995 : 27).

5) 존 피 험프리는 유엔사무국 사무국 요원으로 사회부 인권국장이었다(유네스코한국위원회, 1995 : 29-30). 캐나다 사람으로 국제변호사였는데, 인권문제에 대해서는 열정적인 이상주의자였으며, 고집 센 실용주의자로 평가되고 있다. 학자와 실용주의자, 정치가와 공무원, 이들 사이에서 연결고리 역할을 잘 해낸 것으로 평가된다. 위원회에서는 기초 문서를 모으고 분석하고 다른 위원들을 지원하는 일을 도맡아 한 실무책임자였다. 맥길대학 법대 학장을 지냈으며 유엔에서 나와서는 계속 맥길대학에서 강의하였다.

국제법상 협정으로서 승인국들 사이에 법적 구속력을 발휘하는 규약을 하나 또는 다수 제정, 그리고 셋째, 인권을 보호하기 위한 국제적 장치 마련이었다.

이를 기준으로 다양한 논의가 있었다. 국내적으로나 국제적으로 법적 구속력이 있는 형태를 선호하는 발언들과 이럴 경우 비준절차로 인해 일정이 지연되므로 구속력 없는 선언으로 우선 채택을 신속히 하고 이후 작업을 통해 규약을 제정할 수 있도록 하자는 논의들이 진행되었다. 결국 위원회는 신속하게 초안이 만들어질 수 있는 국제권리장전에 대한 선호를 표명하였고(유네스코한국위원회, 1995 : 41), 경제사회이사회는 이행절차와 구속력 있는 협약과 선언에 대한 작업을 계속할 것을 지시하였다.

험프리에 의해 초안의 문서가 작성되었다. 위원회가 참고한 내용들은 ① 1947년 제1차 회의에서 인권위원회 위원들이 표명한 견해들, ② 미국, 인도, 파나마, 쿠바, 칠레 정부에 의해 제출된 제안과 초안들, ③ 약 55개 국가들의 국내법 조항들, 그리고 ④ 특정 비정부단체에 의해 제출된 선언 초안들이다. 미국은 루스벨트 위원장은 가능한 한 빨리 구체적인 성과를 내고자 하는 희망을 보이며 선언의 형태로 발표될 것을 선호하였다. 조약이 아니라 선언으로 채택하는 것을 지지한 것이다. 미국에서 독립선언문이 미국 전역에 영향을 미쳤던 것처럼 인권선언도 국제사회에 그와 같은 영향을 미칠 것을 확실히 하고 싶었기 때문이었다. 뿐만 아니라 조약이나 규약 등 법적 구속력을 갖는 형태로 만들어지면 외교적 타협도 있어야 하고 국내 의회의 통과절차도 있어야 하기 때문에 시간이 많이 소요되고 또한 많은 논란이 있을 것을 염려했기 때문이었다. 반면 영국은 과거 국제연맹 시절에도 그와 같은 협약은 있었으므로 이번에는 모호한 수준의 선언은 의미가 없다고 생각하고 선언형태에 대해 반대의견을 개진하였다. 현 시점에서 보자면 이때의 루즈벨트 위원장의 생각이 옳았다.

위원회는 루스벨트Roosevelt, 윌슨Wilson, 말릭Malik[6], 그리고 카생Cassin[7]으로 임시작업단을 구성할 것을 명하고, 최종문서 작업에 돌입하였다. 그 결과 1947년 12월 세 가지 보고서가 준비되었다(유네스코한국위원회, 1995 : 43). 하나는 미국이 지지하는 일반원칙의 간략한 선언 초안이었고, 다른 하나는 영국이 제출한 근본적인 구속력을 갖는 협약이었으며, 나머지 하나는 이행수단에 관한 임의적인 논평이었다. 이 보고서를 가지고 각 정부의 의견을 수렴하는 절차를 거쳤고, 1948년 6월 유엔 경제사회이사회는 각국의 의견을 검토한 초안을 9월 총회에 제출하였다. 다시 토론을 거쳐 12월 10일 총회에 다시 제출하였고, 드디어 세계인권선언이 총회를 통과하여 채택되면서 세계 인권의 새 역사가 쓰여지게 되었다. 이를 위해 총 85차례의 회의, 20여 차례의 하부회의, 그리고 무수한 수정안이 제안되고 채택되는 과정을 거쳤다.

세계인권선언은 1948년 12월 10일 48개국의 찬성과 8개국의 기권, 그리고 의사표명이 없는 2개국을 포함하여 반대국 없이 유엔총회에서 통과되고 채택되었다(유네스코한국위원회, 1995 : 45). 이로써 12월 10일은 세계적으로 인권의 날이 되었으며 많은 국가들이 이 날을 《세계인권의 날International Human Rights Day》로 기념하고 있다.

세계인권선언문 채택을 찬성한 48개국은 다음과 같다.[8] 과테말라Guatemala, 그리스Greece, 네덜란드Netherlands, 노르웨이Norway, 뉴질랜드New Zealand, 니

6) 찰스 말릭*Charles H. Malik*은 레바논 사람이지만 주로 미국에서 공부하였고 박사학위는 하버드에서 받고 미국에서 교수를 지냈다. 위원회의 보고자로 역할을 하였다. 그리스정교 신자였으며, 경제사회이사회와 제3위원회 의장이었다. 인권의 자연법적 기초에 대한 확고한 신념을 갖고 작업에 임했다(유네스코 한국위원회, 1995 : 28-29).

7) 르네 카생*René Cassin*은 프랑스 사람으로 저명한 법률가이자 철학자이다. 전 세계적으로 각국의 정부와 비정부단체들이 내놓은 제안들을 총정리해서 세계인권선언의 초안을 주말을 꼬박 새워 작성한 것으로 유명하다. 세계인권선언의 최고 공헌자로 루스벨트 여사와 카생, 이렇게 2명이 꼽힌다. 이후 인권운동가로 활동했으며 이 노력으로 노벨평화상을 수상하였다.

8) 찬성국에 관한 정보는 위키피디아 영어판을 참조하였음.

카라과Nicaragua, 덴마크Denmark, 도미니크공화국Dominican Republic, 레바논Lebanon, 룩셈부르크Luxembourg, 리비아Liberia, 멕시코Mexico, 버마Burma, 미국United States, 베네수엘라Venezuela, 벨기에Belgium, 볼리비아Bolivia, 브라질Brazil, 샴(태국)Siam, 스웨덴Sweden, 시리아Syria, 아르헨티나Argentina, 아이슬란드Iceland, 아이티Haiti, 아프가니스탄Afghanistan, 에콰도르Ecuador, 에티오피아Ethiopia, 엘살바도르El Salvador, 영국United Kingdom, 우루과이Uruguay, 이라크Iraq, 이란Iran, 이집트Egypt, 인도India, 중국China, 칠레Chile, 캐나다Canada, 코스타리카Costa Rica, 콜롬비아Colombia, 쿠바Cuba, 터키Turkey, 파나마Panama, 파라과이Paraguay, 파키스탄Pakistan, 페루Peru, 프랑스France, 필리핀Philippines, 그리고 호주Australia이다. 온두라스Honduras와 예멘Yemen은 찬성도 반대도 기권도 하지 않았다.

세계인권선언문 채택에 기권표를 던진 8개국은 다음과 같다. 남아프리카공화국Union of South Africa, 벨로루시공화국Byelorussian SSR, 사우디아라비아the Kingdom of Saudi Arabia, 소비에트유니언Soviet Union, 우크라이나공화국Ukrainian SSR, 유고슬라비아공화국People's Federal Republic of Yugoslavia, 폴란드People's Republic of Poland, 그리고 체코슬로바키아Czechoslovakia이다. 남아프리카공화국의 입장은 제12조나 제16조와 같은 인종차별에 관련된 인종차별 정책apartheid을 옹호하는 입장 때문에 인권선언을 찬성할 수 없었다. 6개 공산주의 국가들은 파시즘과 나치즘을 충분히 비난하고 규탄하지 못했다고 생각하기 때문에 반대하는 차원에서 기권을 하였다. 루즈벨트 위원장은 시민의 권리로 자신의 국가를 떠날 수 있도록 한 제13조가 이 국가들이 기권하는 이유라고 생각하였다.

3. 구 조

선언은 전문과 30개의 조항으로 이루어져 있다. 법적으로 구속력은 없지만, 선언에 근거하여 만들어지는 국제 규약들과 조약들, 각 국가의 헌법이나 법률들, 지역의 인권조문들에서 정교하게 내용을 담고 있다.

세계인권선언의 기초 구조는 프랑스의 카생이 마련한 초안에 정리되어 있다. 그러다 보니 전문을 가지고 있다든가 서론적 일반원칙을 포함한다든가 하는 등 나폴레옹법전the Code Napoleon의 영향을 많이 받은 것으로 이해된다. 카생은 인권의 불가분성을 강조하면서 초석, 계단, 4개의 기둥, 그리고 지붕을 가지고 있는 하나의 그리스 신전 현관portico에 비유하였다(Glendon, 2001 : 172). 인권선언문의 구조를 그림으로 그리면 신전 현관의 맨 아래에는 ① 존엄, 자유, 평등, 형제애가 기초 초석으로 놓여 있고(제1조, 제2조), ② 그 위로 7개의 계단이 있으며(전문), ③ 4개의 기둥이 세워져 있고(제3조~제11조; 제12조~제17조; 제18조~제21조; 제22조~제27조), 마지막으로 ④ 지붕(제28조~제30조)이 있다.

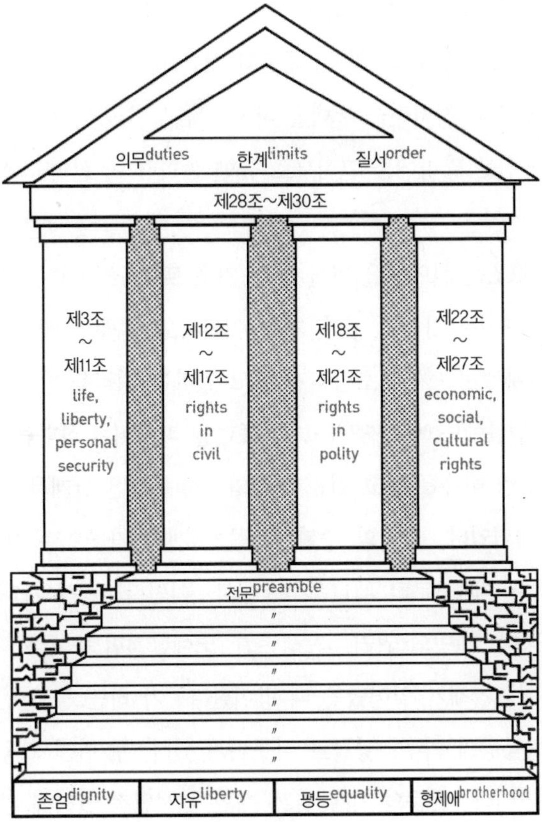

출처 : Glendon(2001), p. 172.

선언문의 전문에는 각국의 정부는 자국의 사람들이 보편적이고 광범위적이며 효과적으로 인권을 인지하고 준수할 것을 확실시 하는 진행적인 도구를 만듦으로써 인권을 지키려는 노력을 하고 있음을 입증해야 한다고 명시하고 있다. 그리고 전문 말미에는 그러므로 유엔 총회가 이 선언을 선포한다고 선언하고 있다.

제1조와 제2조는 선언문을 만들게 된 기초 토대 조문이다. 존엄, 자유, 평등, 그리고 형제애를 가지고 있다. 물론 여기서도 형제애brotherhood를 사용하고 있어 자매애sisterhood가 포함되지 않고 있다는 지적을 받고 있다. 따라서 형제애 대신 인류애human-hood라고 그 표현을 바꾸어야 한다는 주장도 있다. 인권선언의 성립 이유를 담고 있는 전문의 7개 문장은 단계를 묘사하고 있어 계단으로 표시되었다. 선언의 주된 본체는 4개의 기둥으로 이루어져 있다. 첫 번째 기둥은 제3조부터 제11조까지이다. 시민사회에서의 개인적 권리에 관한 조항들이다. 개인의 권리, 즉 생존권, 노예금지법 등이다. 제6조부터 제11조까지는 인권침해가 일어났을 때 방어한다든가 하는 등 인권의 근본적인 적법성, 즉 법률상의 의무조항들로 이루어져 있다. 두 번째 기둥은 제12조부터 제17조까지이다. 이동의 자유 같은 개인의 시민적 권리에 관한 조항들이다. 세 번째 기둥은 제18조부터 제21조까지이다. 이 조항들은 결사의 자유, 사상의 자유, 양심의 자유, 그리고 종교의 자유와 같은 영적인, 공공의, 그리고 정치적인 자유에 관해 다루고 있다. 마지막으로 네 번째 기둥은 제22조부터 제27조까지이다. 사회적 · 경제적 · 문화적 권리를 다루고 있다. 마지막 3개 조문인 제28조부터 제30조까지의 조항들은 카생의 모델에서는 전체 구조를 다 같이 묶는 지붕과 같은 역할을 한다. 사회에 대한 개인의 의무, 유엔 기구의 목적에 위배되는 형태의 권리 사용 금지 등이 적시되어 있다.

선언은 선언일 뿐 법적 구속력은 없다. 그러나 세계인권선언은 1948년 이후 많은 국가들이 자국의 헌법이나 국가의 규정들을 개정하여 인권을 반영시키고자 함에 있어 많은 영향을 주었다. 국내법, 국제법, 그리고 규약들이 인권을 함양하고 인권침해를 방지하기 위해 국내외의 제도에 영향을 미쳤다.

4. 내 용

1) 전 문

전문은 세계인권선언의 요약과 같은 것으로 선언문의 탄생 및 존재의 이유, 목적, 회원국의 합의조건과 다짐, 인권수호의 원칙, 그리고 유엔의 역할 등을 포괄적으로 담고 있다. 자유와 정의가 강조되고 있으며 인류애와 동지애를 강조하고 있다. 선언문을 안내하는 역할을 하고 있다.

총 7개의 강령을 담고 있다. 공식적인 문서에서 첫 부분에 주로 쓰이는 'whereas'로 시작하는 전문은 ~하며, ~한 사실이 있으므로 등으로 해석된다. 총 7개가 있는데, 이는 카생이 디자인한 신전 현관 모형의 7개 계단이다.

(1) 모든 개개인의 인간존엄과 평등을 인정하는 것은 전 세계의 자유, 정의, 평화의 기초이다. 이것은 인권의 천부성, 불가양성, 불가분성, 보편성을 말하는 것이다.

(2) 제2차 세계대전을 인권을 무시하고 경멸한 야만적 행위로 정의하고 있다. 언론, 신념, 공포, 궁핍으로부터 자유를 희망하는 것이 자유 중 최고의 자유로 여겨지며 인류 모두가 강력히 원하는 사안이 되었다고 말하고 있다.

(3) 법적 강제가 없이는 세상이 폭정과 억압으로 물들 수밖에 없음을 인정하는 형국이 되었는데, 따라서 각국의 법률체계는 자국민의 인권보호를 위해 법 집행체계를 갖출 것을 제안하고 있다.

(4) 이 조문은 가장 짧지만 가장 핵심적인 내용을 담고 있다. 국가들이 서로 친근하고 평화적인 국제관계를 맺고 계속 발전시켜 나가야 한다는 것을 강조하고 있는 것이다. 국가 간, 그리고 국가의 개인들 간 서로 우호적인 관계를 맺는 것이 바로 인권이 목표하고 있는 바임을 명시하고 있다.

(5) 이 조문은 많은 내용을 담고 있다. 과거에 어떤 일이 있었던지에 관해서는 불문으로 하고 유엔 회원국들은 인권의 본질, 인간의 존엄과 가치, 남자와 여자의 동등한 권리에 대한 신념을 가지고 더 큰 자유, 더 나은 삶을 촉진시키기 위해 노력해야 한다. 더 나은 삶은 기초생활 standard living이 더 나아져야 하는 것을 의미하는 것이다. 자유도 중요하지만 그와 함께 인간다운 삶, 경제사회적으로 기본적인 기초생활이 보장되고 촉진되는 삶이 중요하다는 것을 강조하는 것이다. 또한 남자와 여자가 동등하다고 천명하고 있다. 권리뿐 아니라 인간존엄성과 가치까지도 동등함을 인정하는 것이다.

(6) 이 문구는 회원국들이 자발적으로 서약한다는 것을 강조하고 있다. 인권과 본질적 자유를 존중하고 준수할 것을 유엔과의 협력하에 하기로 서약하였다고 강조하고 있다. "'자유'란 상대적인 개념"(Reichert, 2011 : 52)인데 자유를, 그것도 본질적인 자유를 준수할 것을 약속했다고 강조하고 있다.

(7) 그러면서 이 서약은 권리와 자유에 대한 공통의 이해가 있어야 최대한으로 실현될 수 있다는 점이 매우 중요하다고 강조하면서 회원국들의 철저한 이해를 촉구하고 있다. 선언을 써놓기는 했는데 어느 국가도 이를 이해하지 못하고 또한 준수하려 하지 않는다면 아무 소용도 없기 때문이다.

그러면서 전문 말미에서는 '그러므로 유엔 총회가 지금 하고자 하는 것이 회원국 모두에게 권리와 자유를 보편적인 것임을 이해하고 공통의 기준으로 준수'할 것을 강조하고 있다. 선언에 불과하지만 회원국이 준수해야 할 의무가 나열되어 있다. 그 첫 번째로 인권을 마음에 품기가 있다. 그 다음으로는 인권을 가르치기, 배우기, 그리고 인권을 실천하기 위해 국내적, 국제적으로 점진적 조치를 취하기 등이다.

인류 가족 모든 구성원의 고유한 존엄성과 평등하고 양도할 수 없는 권리를 인정하는 것이 세계의 자유, 정의, 평화의 기초가 됨을 인정하며,

인권에 대한 무시와 경멸은 인류의 양심을 짓밟는 야만적 행위를 결과하였으며, 인류가 언론의 자유, 신념의 자유, 공포와 궁핍으로부터의 자유를 향유하는 세계의 도래가 일반인의 지고한 열망으로 천명되었으며,

사람들이 폭정과 억압에 대항하는 마지막 수단으로서 반란에 호소하도록 강요받지 않으려면, 인권이 법에 의한 지배에 의하여 보호되어야 함이 필수적이며,

국가 간의 친선관계의 발전을 촉진시키는 것이 긴요하며,

국제연합의 여러 국민들은 그 헌장에서 기본적 인권과, 인간의 존엄과 가치, 남녀의 동등한 권리에 대한 신념을 재확인하였으며, 더욱 폭넓은 자유 속에서 사회적 진보와 생활수준의 개선을 촉진할 것을 다짐하였으며,

회원국들은 국제연합과 협력하여 인권과 기본적 자유에 대한 보편적 존중과 준수의 증진을 달성할 것을 서약하였으며,

> 이들 권리와 자유에 대한 공통의 이해가 이러한 서약의 이행을 위하여 가장 중요하므로, 따라서 이제 국제연합 총회는 모든 개인과 사회의 각 기관은 세계인권선언을 항상 마음속에 간직한 채, 교육과 학업을 통하여 이러한 권리와 자유에 대한 존중을 신장시키기 위하여 노력하고, 점진적인 국내적 및 국제적 조치를 통하여 회원국 국민 및 회원국 관할하의 영토의 국민들 양자 모두에게 권리와 자유의 보편적이고 효과적인 인정과 준수를 보장하기 위하여 힘쓰도록, 모든 국민들과 국가에 대한 공통의 기준으로서 본 세계인권선언을 선포한다.

2) 기초 권리와 의무

기초 권리와 의무는 카생이 디자인한 신전 현관 모형의 초석과 지붕이다. 제1조와 제2조, 그리고 제29조와 제30조가 여기에 해당된다(Glendon, 2001 : 172).

신전 현관의 초석에는 존엄, 자유, 평등, 그리고 형제애를 놓았다. 제1조에서 존엄, 자유, 평등, 형제애를 모두 언급하고 있다. 제2조에서는 인종, 성별, 종교, 정치적 배경, 그 밖의 견해나 기타의 지위 등 그 어떤 조건에서도 그 어떤 이유로도 차별이 행해져서는 안 된다고 강조하고 있다.

카생은 제28조, 제29조, 그리고 제30조 등 3개 조문을 질서, 의무, 한계의 개념으로 잡고 지붕에 놓았다. 그러나 본 저서에서 본 저자는 앞서 설명한 것처럼 제28조를 새로 등장하고 있는 제3세대 평화적 권리를 위한 조문으로 별도 해석하고자 한다. 카생이 주장한 질서, 의무, 한계는 제29조와 제30조에서도 충분히 설명되고 있다. 제29조에서는 이 선언에서 강조하는 자유와 권리가 나한테 중요한 만큼 다른 사람에게도 동일하게 중요하다는 것을 인지해야 한다는 것을 강조하고 있다. 공동체에 대한 의무, 공공의 질서, 법률의 제한 등에 관해 명시하고 있다. 그리고 이를 위해 각 국가와 정부는 타인의 자유와 권리를 존중해야 할 의무가 지역사회에 있음을 인지하고 확실히 해야 한다. 제30조에서는 그러므로 이 조문의 보장 내용을 어기지 않아야 할 것을 강조하고 있다.

제1조 모든 사람은 태어날 때부터 자유롭고, 존엄성과 권리에 있어서 평등하다. 사람은 이성과 양심을 부여받았으며 서로에게 형제의 정신으로 대하여야 한다.

제2조 모든 사람은 인종, 피부색, 성, 언어, 종교, 정치적 또는 그 밖의 견해, 민족적 또는 사회적 출신, 재산, 출생, 기타의 지위 등에 따른 어떠한 종류의 구별도 없이, 이 선언에 제시된 모든 권리와 자유를 누릴 자격이 있다. 나아가 개인이 속한 나라나 영역이 독립국이든 신탁통치지역이든, 비자치지역이든 또는 그 밖의 다른 주권상의 제한을 받고 있는 지역이든, 그 나라나 영역의 정치적, 사법적, 국제적 지위를 근거로 차별이 행하여져서는 아니 된다.

제29조 1. 모든 사람은 그 안에서만 자신의 인격을 자유롭고 완전하게 발전시킬 수 있는 공동체에 대하여 의무를 부담한다.

2. 모든 사람은 자신의 권리와 자유를 행사함에 있어서, 타인의 권리와 자유에 대한 적절한 인정과 존중을 보장하고, 민주사회에서의 도덕심, 공공질서, 일반의 복지를 위하여 정당한 필요를 충족시키기 위한 목적에서만 법률에 규정된 제한을 받는다.

3. 이러한 권리와 자유는 어떤 경우에도 국제연합의 목적과 원칙에 반하여 행사될 수 없다.

제30조 이 선언의 그 어떠한 조항도 특정 국가, 집단 또는 개인이 이 선언에 규정된 어떠한 권리와 자유를 파괴할 목적의 활동에 종사하거나, 또는 그와 같은 행위를 행할 어떠한 권리도 가지는 것으로 해석되지 아니한다.

3) 시민적 · 정치적 권리

세계인권선언문 제3조에서 제21조까지의 내용은 시민적 · 정치적 권리를 담고 있다. 여기서는 자유freedom가 강조된다. 이 권리들을 1세대 또는 1단계 인권이라고 부른다. 제3조에서 제11조는 생명, 자유, 그리고 개인의 안전life, liberty, and personal security에 관한 내용이며, 제12조에서 제17조까지는 시민권civil right에 관한 것이고, 제18조에서 제21조는 정치권political right에 관한 것이다.

카생은 인권의 불가분성을 강조하여 인권선언문의 내용을 신전 현관의 4개의 기둥으로 구분하여 설명하고자 하였다. 그리고 4개 기둥 중 3개의 기둥을 시민적·정치적 권리에 할애하고 있다. 그러나 유엔은 결국 인권을 2개로 나누어 국제규약을 제정하게 되는데(이샤이, 2008 : 372), 그중 하나가 시민적·정치적 권리에 관한 국제규약International Covenant on Civil and Political Rights이다. B규약이라고도 불린다.

제3조부터 제11조까지는 생명, 자유, 안전이 주요 개념이다. 이를 위해 법 앞에 평등을 강조하고 있으며 기본권 침해에 대해서는 구제받을 수 있다고 하고 있다. 물론 공정한 공개심판을 기본으로 하고 있다. 노예상태를 금지하며 고문 등의 형벌을 금지하고 있고 구금, 체포, 추방으로부터 보호하고 있다. 재판을 통해 범죄가 입증될 때까지 무죄추정 원칙에 근거한 권리가 있음을 명백히 밝히고 있다.

제3조 모든 사람은 생명권과 신체의 자유와 안전을 누릴 권리가 있다.

제4조 어느 누구도 노예나 예속상태에 놓여지지 아니한다. 모든 형태의 노예제도 및 노예매매는 금지된다.

제5조 어느 누구도 고문이나, 잔혹하거나, 비인도적이거나, 모욕적인 취급 또는 형벌을 받지 아니한다.

제6조 모든 사람은 어디에서나 법 앞에 인간으로서 인정받을 권리를 가진다.

제7조 모든 사람은 법 앞에 평등하고, 어떠한 차별도 없이 법의 평등한 보호를 받을 권리를 가진다. 모든 사람은 이 선언을 위반하는 어떠한 차별에 대하여도, 또한 어떠한 차별의 선동에 대하여도 평등한 보호를 받을 권리를 가진다.

제8조 모든 사람은 헌법 또는 법률이 부여하는 기본권을 침해하는 행위에 대하여 담당 국가법원에 의하여 효과적인 구제를 받을 권리를 가진다.

제9조 어느 누구도 자의적인 체포, 구금 또는 추방을 당하지 아니한다.

제10조 모든 사람은 자신의 권리와 의무, 그리고 자신에 대한 형사상의 혐의를 결정함에 있어서, 독립적이고 편견 없는 법정에서 공정하고도 공개적인 심문을 전적으로 평등하게 받을 권리를 가진다.

제11조 1. 형사범죄로 소추당한 모든 사람은 자신의 변호를 위하여 필요한 모든 장치를 갖춘 공개된 재판에서 법률에 따라 유죄로 입증될 때까지 무죄로 추정받을 권리를 가진다.
2. 어느 누구도 행위 시의 국내법 또는 국제법상으로 범죄를 구성하지 아니하는 작위 또는 부작위를 이유로 유죄로 되지 아니한다. 또한 범죄가 행하여진 때에 적용될 수 있는 형벌보다 무거운 형벌이 부과되지 아니한다.

제12조부터 제17조까지에서는 시민으로서의 권리보장이 주요 개념이다. 사생활 보장은 기본이며 거주, 이전, 이동의 자유가 보장되어야 함을 강조하고 있다. 국적을 가질 권리, 국적을 바꿀 권리, 박해를 피해 망명할 권리가 있다. 사적 재산을 소유하고 박탈당하지 않을 권리도 인간의 기본권임을 강조하고 있다. 성인 남녀는 혼인하여 가정을 이룰 권리를 가진다.

제12조 어느 누구도 자신의 사생활, 가정, 주거 또는 통신에 대하여 자의적인 간섭을 받지 않으며, 자신의 명예와 신용에 대하여 공격을 받지 아니한다. 모든 사람은 그러한 간섭과 공격에 대하여 법률의 보호를 받을 권리를 가진다.

제13조 1. 모든 사람은 각국의 영역 내에서 이전과 거주의 자유에 관한 권리를 가진다.
2. 모든 사람은 자국을 포함한 어떤 나라로부터도 출국할 권리가 있으며, 또한 자국으로 돌아올 권리를 가진다.

제14조 1. 모든 사람은 박해를 피하여 타국에서 피난처를 구하고 비호를 향유할 권리를 가진다.
2. 이 권리는 비정치적인 범죄 또는 국제연합의 목적과 원칙에 반하는 행위만으로 인하여 제기된 소추의 경우에는 활용될 수 없다.

제15조 1. 모든 사람은 국적을 가질 권리를 가진다.
2. 어느 누구도 자의적으로 자신의 국적을 박탈당하거나 그의 국적을 바꿀 권리를 부인당하지 아니한다.

제16조 1. 성년에 이른 남녀는 인종, 국적 또는 종교에 따른 어떠한 제한도 받지 않고 혼인하여 가정을 이룰 권리를 가진다. 이들은 혼인 기간 중 및 그 해소 시 혼인에 관하여 동등한 권리를 가진다.

2. 결혼은 양 당사자의 자유롭고도 완전한 합의에 의하여만 성립된다.
3. 가정은 사회의 자연적이며 기초적인 구성 단위이며, 사회와 국가의 보호를 받을 권리를 가진다.

제17조 1. 모든 사람은 단독으로는 물론 타인과 공동으로 자신의 재산을 소유할 권리를 가진다.
2. 어느 누구도 자신의 재산을 자의적으로 박탈당하지 아니한다.

제18조부터 제21조까지는 정치체제에서의 자유가 주요 개념이다. 종교의 자유, 표현의 자유, 집회 및 결사의 자유, 투표와 선거의 자유를 보장해야 함을 강조하고 있다.

제18조 모든 사람은 사상, 양심 및 종교의 자유에 대한 권리를 가진다. 이러한 권리는 자신의 종교 또는 신념을 바꿀 자유와 선교, 행사, 예배, 의식에 있어서 단독으로 또는 다른 사람과 공동으로, 공적으로 또는 사적으로 자신의 종교나 신념을 표명하는 자유를 포함한다.

제19조 모든 사람은 의견과 표현의 자유에 관한 권리를 가진다. 이 권리는 간섭받지 않고 의견을 가질 자유와 모든 매체를 통하여 국경에 관계없이 정보와 사상을 추구하고, 접수하고, 전달하는 자유를 포함한다.

제20조 1. 모든 사람은 평화적 집회와 결사의 자유에 관한 권리를 가진다.
2. 어느 누구도 어떤 결사에 소속될 것을 강요받지 아니한다.

제21조 1. 모든 사람은 직접 또는 자유롭게 선출된 대표를 통하여 자국의 통치에 참여할 권리를 가진다.
2. 모든 사람은 자국의 공무에 취임할 동등한 권리를 가진다.
3. 국민의 의사는 정부의 권위의 기초가 된다. 이 의사는 보통 및 평등 선거권에 의거하며, 또한 비밀투표 또는 이와 동등한 자유로운 투표 절차에 따라 실시되는 정기적이고 진정한 선거를 통하여 표현된다.

4) 사회적 · 경제적 · 문화적 권리

세계인권선언문 제22조에서 제27조까지의 내용은 사회적 · 경제적 · 문화적 권리를 담고 있다. 여기서는 평등equality이 강조된다. 이 권리들을 2세대 또는 2단계 인권이라고 부른다. 카생은 4개 기둥 중 1개의 기둥을 사회적 · 경제적 · 문화적 권리에 할애하고 있다. 유엔은 이 권리에 근거하여 사회적 · 경제적 · 문화적 권리에 관한 국제규약International Covenant on Economic, Social, Cultural Rights을 제정하였다. A규약이라고도 불린다.

경제, 사회, 문화적 권리 실현에 대한 권리가 주요 개념이다. 따라서 사회보장제도의 확보가 기본이다. 근로권, 직업선택권, 실업보장권, 동등한 보수보장권, 노동조합 결성 및 가입권, 휴식권 등이 근로하는 모든 국민에게 보장되어야 한다. 적합한 생활수준의 기초생활을 유지하기 위한 의, 식, 주 등의 생계보장의 권리를 누릴 수 있어야 한다. 아동은 부모의 유무와 상관없이 어떤 경우라도 사회적 보호를 향유할 권리가 있다. 교육받을 권리를 강조하고 있으며, 무상의 의무 초등교육이 중요하게 언급되고 있다. 고등교육의 평등한 개방과 기술 · 직업교육의 허용 가능성이 동시에 강조되고 있다. 문화생활, 예술활동, 과학혜택에 참여하고 향유할 권리가 있다.

제22조 모든 사람은 사회의 일원으로서 사회보장제도에 관한 권리를 가지며, 국가적 노력과 국제적 협력을 통하여 그리고 각국의 조직과 자원에 따라 자신의 존엄성과 인격의 자유로운 발전을 위하여 불가결한 경제적, 사회적 및 문화적 권리의 실현에 관한 권리를 가진다.

제23조 1. 모든 사람은 근로의 권리, 자유로운 직업 선택권, 공정하고 유리한 근로조건에 관한 권리 및 실업으로부터 보호받을 권리를 가진다.

2. 모든 사람은 어떠한 차별도 받지 않고 동등한 노동에 대하여 동등한 보수를 받을 권리를 가진다.

3. 모든 근로자는 자신과 가족에게 인간적 존엄에 합당한 생활을 보장하여 주며, 필요할 경우 다른 사회적 보호의 수단에 의하여 보완되는, 정당하고 유리한 보수를 받을 권리를 가진다.
4. 모든 사람은 자신의 이익을 보호하기 위하여 노동조합을 결성하고, 가입할 권리를 가진다.

제24조 모든 사람은 근로시간의 합리적 제한과 정기적인 유급휴일을 포함한 휴식과 여가에 관한 권리를 가진다.

제25조 1. 모든 사람은 식량, 의복, 주택, 의료, 필수적인 사회역무를 포함하여 자신과 가족의 건강과 안녕에 적합한 생활수준을 누릴 권리를 가지며, 실업, 질병, 불구, 배우자와의 사별, 노령, 그 밖의 자신이 통제할 수 없는 상황에서의 다른 생계 결핍의 경우 사회보장을 누릴 권리를 가진다.
2. 모자는 특별한 보살핌과 도움을 받을 권리를 가진다. 모든 어린이는 부모의 혼인여부에 관계없이 동등한 사회적 보호를 향유한다.

제26조 1. 모든 사람은 교육을 받을 권리를 가진다. 교육은 최소한 초등기초단계에서는 무상이어야 한다. 초등교육은 의무적이어야 한다. 기술교육과 직업교육은 일반적으로 이용할 수 있어야 하며, 고등교육도 능력에 따라 모든 사람에게 평등하게 개방되어야 한다.
2. 교육은 인격의 완전한 발전과 인권 및 기본적 자유에 대한 존중의 강화를 목표로 하여야 한다. 교육은 모든 국가들과 인종적 또는 종교적 집단 간에 있어서 이해, 관용 및 친선을 증진시키고 평화를 유지하기 위한 국제연합의 활동을 촉진시켜야 한다.
3. 부모는 자녀에게 제공되는 교육의 종류를 선택함에 있어서 우선권을 가진다.

제27조 1. 모든 사람은 공동체의 문화생활에 자유롭게 참여하고, 예술을 감상하며, 과학의 진보와 그 혜택을 향유할 권리를 가진다.
2. 모든 사람은 자신이 창조한 모든 과학적, 문학적, 예술적 창작물에서 생기는 정신적, 물질적 이익을 보호받을 권리를 가진다.

5) 평화적 권리

세계인권선언문 제28조의 내용은 평화적 권리를 담고 있다. 여기서는 연대solidarity가 강조되며, 연대권, 평화권, 발전권, 환경권 등이 함께 고려되어야 하는 권리들로 논의되고 있다(박병도, 2006 : 162; Reichert, 2011 : 21; Ife, 2012 :

47). 이 권리들을 3세대 또는 3단계 인권이라고 부른다. 세계인권선언문 작성 당시 카생은 이와 같은 국제질서에서의 집합적 연대를 고려하지 못했던 것 같다. 신전 현관의 4개 기둥 중 단 1개의 기둥도 평화를 위한 권리에 할애하지 않았다. 따라서 유엔도 아직까지는 이 권리에 근거한 어떤 형태의 국제규약도 제정하지 않고 있다.

이 제28조는 국제적으로 모든 국가가 개발하는 과정에서 그리고 세계 평화를 수호하기 위해서 권리와 자유의 완벽한 실현을 위한 국제질서를 연대하여 지킬 권리를 가진다. 여기서 강조하고 있는 권리로는 개발에 대한 권리, 경제발전에 관한 권리, 자연환경을 지킬 권리, 평화를 수호할 권리, 건강하고 조화된 환경에서 살 권리, 인류공동유산으로부터 이익을 얻을 권리, 인도적 조력을 받을 권리, 그리고 자결권과 연대할 권리 등을 생각해 볼 수 있다(박병도, 2006 : 170).

제28조 모든 사람은 이 선언에 제시된 권리와 자유가 완전히 실현될 수 있는 사회적 및 국제적 질서에 대한 권리를 가진다.

1998년 5월 대한민국 광주에서 채택한 아시아 인권헌장은 평화권에 대해 정의하고 있다.

아시아 인권헌장 중 평화권

"모든 개인은 평화롭게 살 권리를 가진다. 그리하여 자신의 육체적, 지적, 도덕적, 정신적 능력을 충분히 개발할 수 있어야 하며, 어떠한 종류의 폭력의 대상이 되어서도 안 된다. 아시아 민중들은 전쟁과 내전으로 인하여 커다란 곤란과 비극을 체험하고 있다. 전쟁과 내전은 많은 사람의 생명을 앗아가고, 신체를 훼손시키며, 사람들로 하여금 다른 지방 내지 다른 나라로 떠나게 만들고, 많은 가족을 해체시키고 있다. 좀 더 포괄적으로 말하자면, 전쟁과 내전은 문명의 혜택을 누리는 삶 혹은 평화적 생활을 갈구하는 그 어떤 희망도 거부하고 있다.

(중략) 평화롭게 살 권리가 보장되려면, 국가와 기업, 그리고 사민사회 차원에서 이루어지는 제반의 정치, 경제, 사회적 활동들이 모든 국민의 안전을 존중해야 하며, 특히 사회적 약자의 안전만큼은 존중해야 한다. 국민들은 그들이 살아가는 자연환경과의 관계에 있어서도 안전을 보장받아야 한다. 억압과 착취, 그리고 폭력에 기대지 않고 사회 속에 내재하는 모든 가치 있는 요소들을 훼손하지 않으면서 자신의 욕구와 희망을 충족시킬 수 있는 정치, 경제, 사회적 환경을 보장받아야 한다." (박병도, 2006 : 171-172)

5. 사회복지와 세계인권선언

이미 여러 차례 언급했듯이 사회복지는 인권전문직이다(IFSW, 2005; Ife, 2012 : 76). 이는 인권이 발달해 나가는 과정에서 사회복지가 역할을 해온 것만 보더라도 (Reighert, 2011 : 35) 알 수 있다. 여기서는 잘 알려진 몇몇 사례를 언급하고자 한다.

1915년 제인 아담스Jane Addams는 헤이그에서 열린 여성평화회의에 참석하였고 이후 베를린에 들러 세계 제1차 대전을 끝낼 것을 독일 수상에게 강력히 말하였다. 이후 아담스는 1931년 노벨평화상을 수상한다. 제인 아담스는 우리에게 매우 친숙한 사람이다. 1889년 스타Ellen Gates Starr와 함께 미국 시카고Chicago에 헐하우스Hull House를 세운 사람이다. 미국에서 가장 유명한 SHM이다. 지역주민들과 하나가 되어 매우 인권실천적인 사회복지사업을 펼친 인물로 알려져 있는 사회복지사이다.

에글렌타인 젭Eglantyne Jebb은 1919년 세이브더칠드런Save the Children을 영국에서 창립하고 아동들의 권리를 함양하는 데 혼신의 힘을 쏟았다. 이후 1924년에는 유엔연합의 전신인 국제연맹League of Nations에서 자신의 아동권리에 관한 선언을 '아동권리에 관한 제네바선언'으로 채택하게 하였다(http://www.sc.or.kr). 한국세이브더칠드런은 1953년 부산을 중심으로 전쟁고아와 미망인 대상의 구호활동을 하기 위한 지부설립으로 시작되었다. 2002년 한국세이브더칠드

런으로 재탄생하였으며, 2011년 한국 최초 아동의 목소리를 담은 「대한민국 아동보고서」를 유엔 아동권리위원회에 제출하였다.

이런 역사를 가진 사회복지는 인권 관련 정책이 사회복지의 인권 미션과 함께한다고 미국의 사회복지사협회는 발표하였다(NASW, 2009 : 204-206). 몇 가지 예를 들면 다음과 같다.

가. 세계인권선언의 미국 비준을 장려한다. 동시에 경제, 사회, 문화적 권리조약, 모든 종류의 여성에 대한 차별금지조약, 그리고 아동권리협약과 같은 유엔의 중대한 조약 및 협약들을 장려한다.

나. 아동권리와 아동노동력 착취, 아동매춘, 그리고 학대와 같은 범죄 등을 부단히 경계하고 방심하지 않는다. 또한 이와 같은 이슈와 관련된 공적이고 전문적인 인식을 개발하는 데 있어 리더십을 갖는다.

다. 취약계층의 권리를 옹호하며 예사롭지 않은 위험에 인권을 빠뜨릴 것 같은 정책, 실천, 그리고 편협한 태도, 불관용, 그리고 증오를 비난하고 질책한다. 인종, 민족, 성별, 성 취향, 연령, 장애, 이민 상태, 또는 종교를 이유로 이루어진 인권침해는 없어야 한다.

라. 모든 사람들과 그 가족들의 건강과 복지를 보장하는 생계기준에 대한 권리를 지지한다. 그리고 그것은 예외가 없어야 한다.

마. 사형폐지를 옹호한다.

바. 정부조직과 비정부조직, 그리고 지역사회 집단들과 협력하여 세상에서 가장 취약한 사람들의 건강과 복지를 위해 선도적 역할을 하는 힘을 발휘한다. 경제적 인권을 포함하는 인간성장과 인권을 진전시키기 위해 유엔과 협력하며, 경제적 격차를 좁히기 위해 일한다.

사. 고문폐지를 옹호한다.

아. 미국의 안전과 인권과 윤리와 일치하는 반테러정책을 옹호한다.

09

국제 인권 문서들과 인권구제

1. 문서의 종류

1) 선 언

선언declaration은 일반적 원칙과 광범위한 의무를 나열하는 공식적인 문서이다. 격식은 갖추었으나 법적 구속력은 없는 문서로서 회원국들에게 구체적인 의무를 부과하지 않는다(UN Center for Human Rights, 2005 : 60-63). 권고 차원의 의무가 부과되는 문서이다. 따라서 일련의 '윤리적 규정'이라고 여겨지기도 한다.

선언도 그 준엄성과 의미의 중요도에 따라 국제사회를 구성하는 회원국들의 준수를 요구할 수 있다. 그리고 많은 국가들이 선언을 수용하고 각 국내법의 체제로 편입한다면 윤리적 규정의 힘과 영향력, 그리고 적용 가능성은 확장된다. 가장 좋은 예는 세계인권선언문Universal Declaration for Human Rights이다. 세계인권선언은 관습에 의해 회원국들을 구속하는 원칙을 규정하고 있는 문서로 인정되고 있다.

2) 협약과 규약

협약convention 또는 규약covenant은 유엔이 개발한 국제적으로 합의를 한 문서이다(UN Center for Human Rights, 2005 : 61). 구체적인 인권이나 기본적인 자유를 증진하거나 보장하기 위한 조항들을 포함하고 있다. 2개 이상의 국가들이 특정한 법률로 규약의 내용을 이행하겠다고 약속하는 것이다.

효력발생을 위해서는 일정 수 국가의 동의가 필요하다. 각 협약이나 규약의 본문에 규정되어 있는 숫자만큼 또는 그 이상의 숫자의 국가가 가입하고 비준을 하여야 법률적 효력이 발생된다. 비준 또는 가입에 의하여 당사국이 된 국가는 법적 의무를 갖게 되고 유엔은 해당 국가에 대하여 법적 구속력을 갖게 된다. 이렇게 법적 구속력을 갖게 되는 협약이나 규약은 가입국이 지켜야 할 구체적인 권리와 권리행사의 한계 및 제한사항을 규정한다. 또한 가입당사국이 준수하여야 할 의무도 기술한다. 따라서 문서에 동의하였으면 가입국은 협약 및 규약의 내용을 준수할 의무가 부과된다. 또한 규약기준에 대한 이행사항 권고에 대한 보고의 의무도 갖게 된다.

3) 조 약

조약treaty은 규약 및 협약과 유사한 국제적 합의 문서이다. 모든 조건은 협약 및 규약과 동일하다. 다만, 효력발생을 위한 가입 및 비준 국가의 수를 요구하지 않는다는 점에서 다르다.

2. 주요 국제규약

1) 경제적 · 사회적 · 문화적 권리에 관한 국제규약

경제적 · 사회적 · 문화적 권리에 관한 국제규약International Covenant on Economic, Social, Cultural Rights은 A규약이라고도 불리며, 1966년 채택되었고 1976년 1월 3일에 발효되기 시작하였다(유네스코한국위원회, 1995 : 93). 채택되고 발효되기까지 10년이 소요되었는데, 그 이유는 처음 이 규약이 채택되었을 때 이 규약의 효력발생을 위해서는 35개국이 비준하여야 하는 것으로 규정(UN Center for Human Rights, 2005 : 65)하였기 때문이다. 35개국 이상의 비준을 얻는데 10년이 걸렸다는 것이다. 2016년 현재 가입동의국은 164개국이다. 이 협약을 이행하기 위한 실행기구로 유엔은 경제적 · 사회적 · 문화적 권리위원회Committee on Economic, Social, and Cultural Rights(CESCR)를 설치하였다.

이 규정에는 노동의 권리(제6조, 제7조), 사회보장의 권리(제9조), 가정에 대한 보호를 받을 권리(제10조), 적절한 생활수준을 누릴 권리(제11조), 교육의 권리(제13조), 건강의 권리(제12조), 노동조합에 가입할 권리(제8조) 등이 규정되어 있다.

조금 더 자세히 살펴보면 전문에서는 인류사회의 모든 구성원의 고유의 존엄성 및 평등하고 양도할 수 없는 권리를 인정하는 것이 세계의 자유, 정의, 평화의 기초가 된다고 하고 있다. 그리고 이런 권리는 인간의 고유한 존엄성으로부터 유래함을 인정하고, 인권과 자유에 대한 보편적 존중과 준수를 촉진시킬 국가의 의무를 고려하며, 다른 사람과 자기가 속한 사회에 대한 의무를 지고 있는 개인 역시 권리증진과 준수를 위해 노력해야 할 책임이 있음을 강조하고 있다.

제1조는 자결권self-determination에 관한 것이다. 모든 국민은 자신들의 정치적 지위를 자유로이 결정하고 경제, 사회, 문화적 발전을 자유로이 추구한

다고 하고 있다. 또한 어떤 경우라도 생존수단을 박탈당하지 아니한다고 명시하고 있으며 규약당사국은 자결권의 실현을 촉진하고 권리를 존중하여야 한다고 하고 있다. 제2조는 이 규약에 선언된 권리들이 인종, 피부색, 성, 언어, 종교, 정치 또는 기타의 의견, 민족적 또는 사회적 출신, 재산, 출생 또는 기타 신분 등에 의한 어떤 종류의 차별도 없이 행사되도록 보장할 것을 요구하고 있다. 제3조는 남녀 동등한 권리의 확보를 강조하고 있다.

제6조는 노동에 의한 생계 영위의 권리를 포함한 근로의 권리를, 제7조는 공정하고 유리한 근로조건을 향유할 권리를 가지는 것을 강조하고 있다. 여기에는 근로자와 가족의 품위 있는 생활, 안전하고 건강한 근로조건, 승진의 동등한 기회, 휴식과 여가의 보장과 정기적인 유급휴일 등을 포함하고 있다. 제8조는 자신이 선택한 노동조합에 가입할 권리, 노동조합 결성의 권리, 활동할 권리, 파업의 권리 등을 담고 있다.

제9조는 당사국의 모든 사람이 사회보험을 포함한 사회보장에 대한 권리를 명명하고 있다.

제10조는 사회의 자연적이고 기초적인 단위로서의 가정에 대한 조문으로 임산부에 대한 특별한 보호, 어린이와 연소자를 위한 특별한 보호와 원조의 조치 및 경제, 사회적 착취로부터의 보호, 노동금지 등을 제시하고 있다.

제11조는 적당한 식량, 의복, 주택을 포함하는 적당한 생활수준을 누릴 권리와 생활조건을 지속적으로 개선할 권리를, 제12조는 모든 사람이 도달 가능한 최고수준의 신체, 정신적 건강을 향유할 권리를, 제13조는 모든 사람이 교육에 대해 권리를 가지는 것에 관해 동의할 것을 요구하고 있다. 여기에는 유아사망률 감소, 어린이의 건강한 발육, 환경개선, 질병의 예방, 치료, 통제, 무상의무교육으로서의 초등교육, 기술교육의 개방 등을 포함한다.

제15조는 문화생활에 참여할 권리, 과학의 진보 및 응용으로부터의 이익을 향유할 권리, 저작의 권리, 과학적 연구와 창조적 활동에의 자유 존중 등을 보장할 것을 요구하고 있다.

그러나 경제적·사회적·문화적 권리는 이 규약을 통해 규정하고 있는 권리가 모호할 수밖에 없다. 따라서 이 A규약은 이행감시기구가 마련되지 못하였고 권리를 침해당했을 경우 청원할 수 없다는 점에서 구체적인 권리규범으로 인정받고 있지 못하다(문진영, 2013 : 99).

대한민국은 1990년 4월 10일에 가입하여, 동년 7월 10일 발효되기 시작하였다(외교부 홈페이지).

2) 시민적·정치적 권리에 관한 국제규약

시민적·정치적 권리에 관한 국제규약International Covenant on Civil and Political Rights은 B규약이라고도 불리며, 1966년 채택되었고 1976년 3월 23일 발효되기 시작하였다(유네스코한국위원회, 1995 : 93). A규약과 마찬가지로 역시 비준국 35개국의 조건을 갖추느라 10년이 소요된 것이다. 2016년 현재 가입동의국은 168개국이다. 이 협약을 이행하기 위한 실행기구로 유엔은 시민적·정치적 권리위원회Committee on Civil and Political Rights(CCPR)를 설치하였다.

이 규약에는 생명, 자유 및 안전에 관한 권리(제6조), 고문과 그 밖의 잔혹하고 비인간적이거나 굴욕적인 대우 또는 처벌을 받지 않을 권리(제7조), 노예제도 금지(제8조), 자의적으로 구금되지 않을 권리(제9조), 표현의 자유(제19조), 종교의 자유(제18조), 집회의 자유(제21조), 노동조합 가입을 포함한 결사의 자유(제22조), 이주와 거주의 자유에 관한 권리(제12조), 보통선거권에 의해 선거할 권리(제25조), 공정한 재판을 받을 권리(제14조), 자유결혼과 부부간 동등한 권리보장(제23조), 소수자의 권리보호(제27조) 등이 규정되어 있다.

조금 더 자세히 살펴보면, 전문에서는 인류사회 모든 구성원의 고유한 존엄성과 평등하고 양도할 수 없는 권리를 인정하는 것이 세계의 자유, 정의, 평화의 기초가 된다고 하고 있다. 그리고 이런 권리가 인간의 고유한 존엄성으로부터 유래한다고 하고 있으며, 자유를 향유하는 권리를 강조하고 있고, 인권과 자유에 대한 보편적 존중과 준수를 촉진시킬 국가의 의무를 명시하고 있다. 이는 개인과 자기가 속한 사회에 대한 의무를 지고 있는 개인이 이 규약에서 인정한 권리의 증진과 준수를 위하여 노력해야 할 책임하에 이루어짐을 강조하고 있다.

제1조는 자결권에 관한 것이다. 정치적 지위를 자유로이 결정할 수 있다고 하고 있다. 제2조는 인종, 피부색, 성, 언어, 종교, 정치적 또는 기타의 의견, 민족적 또는 사회적 출신, 재산, 출생 또는 기타의 신분 등에 의한 어떠한 종류의 차별도 인정하지 않는다고 하고 있다. 뿐만 아니라 권리 또는 자유를 침해당할 경우에는 효과적인 구제조치를 받을 수 있도록 확보해야 한다고 강조하고 있다. 또한 구제조치를 청구하는 개인에 대하여는 그 권리가 결정될 것을 확보하고 사법구제조치의 가능성을 발전시켜야 하며, 구제조치가 허용되는 경우에는 집행할 것을 확보해야 한다고 주장하고 있다. 제3조는 남녀 동등한 권리를 강조하고 있으며, 제5조에서는 어떤 규정도 국가가 권리를 제한하거나 훼손해서는 안 된다고 하고 있다.

제6조는 모든 인간의 고유한 생명권에 관한 조항이다. 어느 누구도 자의적으로 생명을 박탈당하지 아니한다. 사형선고를 받은 사람은 사면 또는 감형 청구의 권리가 있으며 18세 이하에게는 사형선고가 내려져서는 안 되고 임산부에게는 집행되어서는 안 된다. 제7조는 고문, 잔혹하거나 비인도적이거나 굴욕적인 취급 또는 형벌을 받지 아니하는 것에 관한 조문이고, 제8조는 모든 형태의 노예제도 및 노예매매의 금지조항이다. 제9조는 신체의 자유와 안전

에 대한 권리, 자의적으로 체포되거나 억류되지 않을 권리, 피의사실에 대해 통보받을 권리 등에 관한 조문이다. 제10조는 자유를 박탈당한 모든 사람은 인도적으로 인간 고유의 존엄성을 존중하여 취급되어야 한다고 하고 있으며, 피고인은 기결수와 격리되어야 하고 미성년은 성인과 격리되어야 하며 신속히 재판받아야 하고 그 연령 및 법적 지위에 상응하는 대우를 보장해야 한다. 제12조는 이동의 자유와 거주의 자유, 자국을 포함한 어떤 나라로부터의 자유로운 퇴거, 자국에 돌아올 권리 등을 보장해 주고 있다. 제14조는 재판에서의 평등을 보장해 주는 조문으로 독립적이고 공평한 법원에 의한 공정한 공개심리를 받을 권리를 주장하고 있다. 무죄추정의 권리와 본인이 선임한 변호인과 충분한 시간과 편의를 가질 권리, 부당하게 지체됨이 없이 재판을 받을 권리, 불리한 진술이나 유죄의 자백을 강요당하지 않을 권리, 상소의 권리 등을 보장해야 한다고 하고 있다.

제16조는 법 앞에 인간으로서 인정받을 권리를 보장해 주고 있다. 법정으로부터의 비인간적인 처우를 불식시키겠다는 의지의 표현이다. 제17조는 사생활에 대한 불법적인 간섭으로부터의 보호를, 제18조는 사상, 양심, 종교의 자유에 대한 권리를, 제19조는 표현의 자유를, 제21조는 평화적인 집회의 권리를 보장해야 한다고 하고 있다.

제22조는 노동조합의 결성 및 가입의 권리와 결사의 자유에 대한 권리를 규정하고 있다. 이 권리의 행사는 법률에 의해 규정되고 민주사회에서 필요한 것 이외의 어떤 제한도 가해져서는 안 된다고 하고 있다. 제23조는 남녀의 결혼과 가정을 구성할 권리에 관한 것으로 양 당사자의 자유롭고 완전한 합의를 통해서만 결혼이 성립된다는 것을 강조하고 있다. 제24조는 모든 어린이는 출생 즉시 등록되고 성명을 가진다고 하고 있으며 국적을 취득할 권리를 갖는다고 하고 있고, 출생에 관해 어떤 차별도 받지 않는다고 하고 있다.

제25조는 자유로운 직접 투표를 통해 선출한 대표를 통해 정치에 참여할 권리, 보통 평등 선거권에 따라 비밀투표를 할 권리, 선거권과 피선거권, 평등한 조건하에서 자국의 공무에 취임할 권리와 이에 대한 기회보장을 강조하고 있다. 제26조는 법 앞에의 평등을, 법의 차별 없는 평등한 보호의 권리를 보장하고 있다. 제27조는 종족적, 종교적, 언어적으로 소수민족이 존재할 경우 그 소수민족에게 자신의 문화를 향유할 권리, 자신의 종교를 표명하고 실행할 권리, 자신들의 언어를 사용할 권리를 부인하지 않아야 한다. 즉, 소수민족의 권리를 동등하게 지켜주어야 한다는 것이다.

A규약과 달리 B규약은 나름 구체적인 권리들을 규정하고 있다. 따라서 이행감시기구도 마련되어 있고, 구제를 위한 이행절차들도 마련되어 있다. 구제이행절차는 이 장에서 뒤에 설명하고 있다.

대한민국은 1990년 4월 10일에 4개 조항을 유보한 채 가입하여 동년 7월 10일에 발효되기 시작하였다. 4개 유보조항들은 제14조 제5항, 제14조 제7항, 제22조, 그리고 제23조 제4항이었다. 이후 제23조 제4항은 1991년에, 제14조 제7항은 1993년에 유보를 철회하였다.

3) 선택의정서

(1) 시민적 · 정치적 권리 선택의정서

시민적 · 정치적 권리에 관한 국제규약 선택의정서Optional Protocol to the International Covenant on Civil and Political Rights는 1966년 12월 16일에 채택되었으며 1976년 3월 23일에 발효되었다(유네스코한국위원회, 1995 : 94). 2016년 현재 기준 당사국은 115개국이다. 대한민국은 1990년 4월 10일 개인진정에 관한 제1선택의정서에 조인하여 동년 7월 10일 발효 시작하였다.

(2) 경제적 · 사회적 · 문화적 권리 선택의정서

경제적 · 사회적 · 문화적 권리에 관한 국제규약 선택의정서Optional Protocol to the International Covenant on Economic, Social and Culture Rights는 2008년 12월 10일에 채택되었다(네이버 지식백과). 2016년 현재 기준 당사국은 21개국이다. 대한민국은 현재 미가입 상태이다.

(3) 사형제 폐지를 위한 선택의정서

사형제 폐지를 위한 시민적, 정치적 권리에 관한 국제규약 제2차 선택의정서Second Optional Protocol to the ICCPR Aiming at the Abolition of the Death Penalty는 1989년 12월 15일에 채택되었으며, 1991년 7월 11일에 발효되었다(유네스코한국위원회, 1995 : 94). 2016년 현재 기준 당사국은 81개국이다. 대한민국은 현재 미가입 상태이다.

3. 특정 사안에 대한 5대 주요 협약

1) 인종차별철폐협약

모든 형태의 인종차별철폐에 관한 국제협약International Convention on the Elimination of All Forms of Racial Discrimination은 1965년에 채택되었고, 1969년 1월 4일 발효되었다(유네스코한국위원회, 1995 : 94). 이 협약을 이행하기 위한 실행기구로 유엔은 인종차별철폐위원회Committee on the Elimination of Racial Discrimination(CERD)를 설립하였다.

이 협약은 모든 사람들로 하여금 평등 및 비차별의 원칙을 향유할 수 있도록 보장하고 있다(UN Center for Human Rights, 2005 : 67-68). 모든 형태의 인종차별 및 그 표출 철폐, 인종차별적 원칙과 관행의 방지와 이에 대한 투쟁, 모든 형태의 인종 격리와 차별로부터 자유로운 국제사회를 형성하기 위한 규정들을 포함하고 있다.

이 협약에 가입한 당사국들은 모든 형태의 인종차별을 금지하고 철폐하며 인종, 피부색, 국가 또는 민족적 출생에 대하여 차별을 두지 않고, 모든 사람들의 권리 – 특히 법 앞에 평등할 권리 – 를 보장할 의무를 지닌다. 이 협약은 특히 노동권, 노동조합가입권, 주거권을 보다 명확하게 언급하고 있다.

대한민국은 1978년 12월 5일에 가입하였고 1979년 1월 4일 발효되기 시작하였다.

2) 여성차별철폐협약

여성에 대한 모든 형태의 차별철폐에 관한 협약Convention on the Elimination of All Forms of Discrimination against Women이 1979년 12월 18일에 채택되었으며, 1981년 9월 3일 법적 효력을 얻어 발효되었다(유네스코한국위원회, 1995 : 100). 150개국이 비준한 협약이다. 이 협약을 이행하기 위한 실행기구로 유엔은 여성차별철폐위원회Committee on the Elimination of Discrimination Against Women(CEDAW)를 설치하였다.

유엔은 인권위원회 설립과 동시에 1946년 설립된 여성지위위원회Commission on the Status of Women를 중심으로 여성인권에 대해 특별한 관심을 보여 왔다(정경수, 2006 : 238). 여성지위위원회는 1974년부터 여성차별철폐협약을 만들기 위해 노력하였다(UN Center for Human Rights, 2005 : 68-70). 이 규정이 정의하고 있는 여성에 대한 차별이라 함은 "여성이 혼인 여부에 관계없이 남녀평등에 근거하여 정치, 경제, 사회, 문화, 시민, 또는 기타 분야에서 인권과 기본적 자유를 인정받고 향유하며 행사하는 것을 손상하거나 무효화하는 효과 또는 목적을 갖는, 성을 근거로 한 일체의 구분, 배제, 또는 제한"(제1조)을 의미한다.

이 협약은 이 협약에 가입하는 모든 회원국이 여성에 대한 차별을 적합한 방법으로 지체 없이 철폐하는 정책을 추구하도록 하고 있다. 제2조에서는 그 목적을 달성하기 위한 이행사항을 제시하고 있다.

가. 각 국가의 국내 헌법에 남녀평등 원칙을 선언하는 문구를 삽입하고, 법률 및 다른 적절한 방법을 통해 남녀평등 원칙을 실질적으로 실현하는 것을 보장한다.

나. 여성에 대한 모든 차별을 금지하고 필요한 경우 제재(처벌)를 포함하여 적절한 법률 및 다른 수단들을 채택한다.

다. 남성과 평등하게 여성의 권리를 보호하는 법 체제를 수립하고 관할권이 있는 사법 내지 준사법적 기구를 통하여 모든 형태의 차별 행위로부터 여성을 효과적으로 보호할 것을 보장한다.

라. 어떠한 개인, 조직, 기업에서도 여성에 대한 차별을 철폐하기 위한 모든 적절한 조치를 취한다.

마. 여성에 대한 차별을 규정하는 법, 조례, 풍습, 관례를 수정하거나 또는 폐지한다.

대한민국은 1983년 5월 26일에 조약에 서명하였다. 4년마다 국가보고서를 유엔사무총장에게 제출하고 있다.

3) 고문방지협약

고문과 그 밖의 잔혹하고 비인간적이거나 굴욕적인 대우 또는 처벌에 반대하는 협약Convention Against Torture and Other Cruel Inhuman or Degrading

Treatment or Punishment은 1984년 채택되었으며 1987년 6월 26일 발효되었다(유네스코한국위원회, 1995 : 96). 이 협약을 이행하기 위한 실행기구로 유엔은 고문방지위원회Committee Against Torture(CAT)를 설치하였다.

고문방지협약은 당사국이 고문을 국내법에 의해 불법화할 것을 규정하고 있다(UN Center for Human Rights, 2005 : 71-72). 또한 어떠한 상사의 명령이나 특수한 상황도 고문과 그 밖의 잔혹하고 비인간적이거나 굴욕적인 대우 또는 처벌을 정당화하는 사유로 인정할 수 없음을 명백하게 언급하고 있다.

이 협약은 고문을 없애기 위하여 특별히 두 가지 새로운 요소를 도입하고 있다. 하나는 고문을 한 사람은 앞으로 어느 당사국의 영역에서든지 발견되면 기소될 수 있다는 것이다. 이는 고문 혐의자는 어느 당사국에서라도 재판을 받을 수 있거나 재판을 받기 위해 고문 행위자 관할 국가로 인도될 수 있기 때문에 내려지는 조치이다. 다른 하나는 만일 당사국 내에서 고문이 조직적으로 실행되고 있다는 믿을 만한 정보가 있는 경우, 이에 관한 국제조사를 허용해야 한다는 것이다. 동의를 얻는다면 당사국을 방문하여 조사하는 것까지도 포함하고 있다.

따라서 이 협약에 가입한 당사국은 자신의 영토 내에서 고문을 방지하기 위한 법률, 행정, 사법, 기타 조치를 취할 의무가 있다. 전쟁상태, 국내 정치적 불안정 상태 또는 여타 비상사태에서도 고문을 정당화할 수 없으며, 여기에 예외는 없다.

대한민국은 1995년 1월 9일에 가입하였으며 동년 2월 8일 발효되기 시작하였다.

4) 아동권리협약

아동의 권리에 관한 협약Convention on the Rights of the Child이 1989년에 채택되었다. 192개국이 비준하였으며, 유엔의 인권협약 중 최다 비준국을 보유하고 있는 협약이다. 1990년 9월 2일 발효되었다(유네스코한국위원회, 1995 : 100). 이 협약을 이행하기 위한 실행기구로 유엔은 아동권리위원회Committee on the Rights of the Child(CRC)를 설치하였다.

이 협약은 아동의 최상의 이익을 그 지도적 이념으로 삼고 있으며, 협약 비준 당사국으로 하여금 해당 국가의 사회, 정치적 활동에 아동이 적극적이고 창조적으로 참여할 수 있는 조건을 형성할 것을 요청하고 있다(UN Center for Human Rights, 2005 : 72-74). 이 협약에서의 아동은 18세 미만인 자이다. 물론 당사국이 18세 미만인 자를 성인으로 규정하고 있다면 당사국의 기준을 따르도록 규정하고 있다. 이 협약은 모든 형태의 인권을 포함하고 있으며, 아동의 인지와 윤리 및 영적 능력을 개발하기 위해 필요한 자유가 다른 어떤 것보다도 건강하고 안전한 환경, 보호수단에의 접근, 그리고 최저한도의 의식주에 달려 있음을 강조하고 있다. 이 협약의 중요한 원칙은 차별금지이다. 아동은 자신과 그 부모 또는 법적 대리인의 인종, 피부색, 성별, 언어, 출신, 재산, 장애, 출생 또는 다른 지위 등에 관계없이 어떤 종류의 차별도 받지 않고 모든 권리를 향유할 수 있어야 한다.

대한민국은 1991년 11월 20일에 가입하였으며 동년 12월 20일에 발효되기 시작하였다. 4년마다 국가보고서를 유엔사무총장에게 제출하고 있다. 아동의 무력충돌 참여에 관한 제1선택의정서와 아동매매・성매매・음란물 등에 관한 제2선택의정서에 2004년 9월 24일 가입하여 동년 10월 24일 발효되기 시작하였다. 개인진정에 관한 제3선택의정서에는 아직 미가입상태이다.

5) 이주노동자협약

모든 이주노동자와 그 가족의 권리보호에 관한 국제협약International Convention on the Protection of the Rights of All Migrant Workers and Members of Their Families은 1990년 채택되었다. 이 협약을 이행하기 위한 실행기구로 유엔은 이주노동자위원회Committee on Migrant Workers(CMW)를 설치하였다.

이 협약은 특정 국가에서 거주하면서 일하고 있으나 실제로는 그 국가의 국민이 아닌 노동자들과 그 가족들의 인권을 보호하기 위한 협약이다. 이 협약은 성별, 인종, 피부색, 언어, 종교 또는 믿음, 정치적 또는 다른 의견, 국가, 민족, 사회적 태생, 연령, 경제적 위치, 재산, 결혼상태, 출생 또는 다른 지위 등과 같은 것에 있어 차별 없이 모든 이주노동자와 그의 가족 구성원에게 적용될 수 있다(UN Center for Human Rights, 2005 : 74-75).

이 협약은 소수자, 토착민 집단의 아동문제와 약물남용, 방임 등의 문제에 접근하면서 아동을 모든 형태의 착취에서 보호함으로써 인권의 법률적 적용 범위를 넓혔다. 형사법 제도에 관련된 아동들, 즉 형사절차상 수사나 재판의 대상이 되는 아동들의 인권을 보호하기 위하여 특별한 규정이 만들어졌다. 이 협약은 아동을 돌보고 보호함에 있어 가족과 부모의 역할이 매우 중요하고 동시에 국가는 가족과 부모가 그들의 의무를 수행할 수 있도록 도와줄 책임이 있음을 규정하고 있다.

대한민국은 아직까지 조인하고 있지 않다.

4. 인권 관련 위원회

유엔의 인권 관련 위원회는 가장 크게는 경제사회이사회Economic and Social Council(ECOSOC)와 그 산하에 있는 인권위원회Commission on Human Rights이다. 인권위원회는 1946년 경제사회이사회에 의하여 설립되었으며 3년을 임기로 하여 선출되는 56개 회원국의 대표들로 구성되어 있다. 위원회는 연구를 수행하고 건의를 준비하며 국제문서를 입안한다. 유엔총회로부터 위탁받은 특별과제를 수행하기도 한다.

유엔은 또한 각 협약들을 이행하기 위한 실행위원회로 다음의 위원회를 설치, 운영하고 있다. 경제적·사회적·문화적 권리 위원회Committee on Economic, Social, and Cultural Rights(CESCR), 시민적·정치적 권리위원회Committee on Civil and Political Rights(CCPR), 고문방지위원회Committee Against Torture(CAT), 인종차별철폐위원회Committee on the Elimination of Racial Discrimination(CERD), 여성차별철폐위원회Committee on the Elimination of Discrimination Against Women(CEDAW), 아동권리위원회Committee on the Rights of the Child(CRC), 이주노동자위원회Committee on Migrant Workers(CMW)가 있다.

5. 인권 보장 및 이행절차

1) 유엔 차원의 인권보장

유엔 차원의 인권보장은 경제사회이사회 산하 인권위원회에서 처리하고 있다(정경수, 2006 : 235). 인권에 관한 전반적인 사안을 모두 다루며 중대한 인권 위반에 대해 국제청원을 다룬다. 인권위원회는 1967년 결의한 「1235 절차」를 통해 인권위반 및 인권침해에 대해 개입하여 조사를 할 수 있도록 권한을 부여받았다. 인권침해에 대응하여 현재 유엔에서 운영되고 있는 절차는 「1235 절차」, 「1503 절차」, 「특별 절차」가 있다. 필요에 따라서는 국제사회의 유일한 집행력 확보기관인 안전보장이사회가 개입하여 인권침해에 대응하기도 한다.

(1) 「1235 절차」

1967년 경제사회이사회 결의 1235호를 통해 도입되었으며, 1235 절차라는 명칭도 그 결의번호에서 따온 것이다(정경수, 2006 : 235). 이 절차는 남아프리카공화국의 인종분리정책Apartheid과 같은 인권 및 기본 자유에 대한 중대한 위반에 대응하기 위해 만들어졌다. 인권위원회의 인권소위원회는 직권으로 또는 국가의 요구에 따라 특정 국가의 인권침해나 특별한 중대 인권위반을 공개적으로 조사할 수 있는 권한을 위임받았다. 인권소위원회는 조사를 실시하고 조사결과에 대해 결의를 채택한 후 인권위원회에 보고해야 한다. 인권위원회는 인권침해에 대응하는 조치를 취하는 권한을 행사하게 된다. 특별보고관을 선임하거나 심층 조사 연구하는 것이 이에 해당된다.

(2) 「1503 절차」

1970년 경제사회이사회 결의 1503호를 통해 도입되었으며, 1503 절차라는 명칭도 그 결의번호에서 따온 것이다(정경수, 2006 : 236). 이 절차는 고문, 장기구금, 공정한 재판 없는 사형 등 특정 국가에서 지속적으로 발생하는 중대한 인권 위반 상황을 국제사회가 인식하고 그에 대응할 방안을 모색하게 하기 위한 과정이다. 인권위원회의 소위원회는 사무총장이 접수하고 인권위원회에 회부한 '인권에 대한 중대하고 신빙성 있는 위반의 지속적인 유형이 드러나는 상황'에 관한 통보를 비공개로 심리할 수 있는 권한을 위임받았다. 다만, 국내 구제절차를 소진하였을 때만 가능하도록 하였다.

이 절차의 특징은 출처가 다양하다는 것과 심리가 비공개로 이루어진다는 것이다. 심리를 진행하는 과정에서 상황 확인을 위해 다양한 출처의 개별통보를 활용한다. 이때 활용되는 개별 인권 위반은 상황에 대한 중요한 증거가 되는데, 관련 사건들과 결부되어 유엔이 조치를 취할 수 있도록 하는 데 중요한 단서가 된다. 이로 인해 1503 절차는 청원정보체계Petition Information System라는 별칭으로도 불린다. 물론 이때의 개별 침해에 대한 확인이 직접적인 개별구제로 대응되는 것은 아니다. 또한 권고를 결정할 때까지 전 과정이 비공개로 진행되도록 조치한 것은 관련된 해당 국가들이 방해하여 조사가 무산되거나 왜곡될 수 있는 여지를 상당히 줄여놓은 것이다.

(3) 「특별 절차」

인권위원회는 인권침해를 조사하고 인권상황을 감시하기 위하여 실무분과working groups 및 특별보고관special rapporteurs 제도를 두고 있다(정경수, 2006 : 237). 이들은 구체적인 인권침해에 관한 청원을 다룰 수 있는 권한을 부여받았는데 이것이 특별절차이다.

인권침해의 피해자, 그 가족, 민간단체 등은 청원 방식을 통해 이들에게 인권침해 정보를 제공한다. 이들은 인권침해에 대한 연구, 조사, 국가방문, 현장조사 등을 실행한다. 청원 내용을 심사한 후 해당 정부에 평가서를 전달한다. 긴급한 사안에 대해서는 긴급대응urgent action을 호소하기도 한다.

2) 인권조약 차원의 인권보장

유엔에 설치된 조약기구들은 절차를 통해 조약 당사국들의 조약 이행을 감시하고 촉진하고 있다(정경수, 2006 : 240). 대표적인 주요 조약기구들은 경제적 · 사회적 · 문화적 권리 위원회Committee on Economic, Social, and Cultural Rights(CESCR), 시민적 · 정치적 권리위원회Committee on Civil and Political Rights(CCPR), 고문방지위원회Committee Against Torture(CAT), 인종차별철폐위원회Committee on the Elimination of Racial Discrimination(CERD), 여성차별철폐위원회Committee on the Elimination of Discrimination Against Women(CEDAW), 아동권리위원회Committee on the Rights of the Child(CRC), 이주노동자위원회Committee on Migrant Workers(CMW) 등이다. 위원회 차원의 인권보장 절차로는 국가보고절차, 조사절차, 국가 간 통보절차, 개인통보절차가 있다.

(1) 국가보고절차

국가보고절차State Reporting Procedure는 조약기구에 의무적으로 '국가보고서National Report to General Assembly'를 제출하는 제도이다(정경수, 2006 : 240). 모든 당사국에 적용되는 유일한 강제절차이다. 당사국의 인권현황을 파악하고 진단해야 하며 개선을 도모하는 수단으로 활용된다. 통상 1년 이내에 최초보고서를 제출하며, 이후 매 5년 단위로 정기보고서를 제출하여야 한다. 각 보고서에는 당사국이 취한 조치 및 조약상 권리들의 향유와 관련하여 이루어진 조치, 그리고 조약상 권리들의 향유와 관련하여 이루어진 진전 상황이 포함되어야 하며, 인권 실현의 장애요소와 어려움도 적시되어야 한다(정경수, 2006 : 240-241). 조약기구는 당사국의 보고서를 검토, 심의한다. 보고서의 진실성과 정확성을 확보하기 위해 당사국의 대표를 참석시켜 질의하고 답변을 듣거나 추가 자료제출을 요구할 수 있다. 심리 후에는 최종보고서를 작성하여 당사국에 송부한다. 이때 최종의견concluding observations 또는 최종논평concluding comments을 달아 당사국의 인권침해 사실을 환기시키고자 하고 있다. 보고서의 검토는 '건설적 대화constructive dialogue'를 목적으로 하며 구속력을 갖지는 않는다. 다만, 권리실현 장애 제거와 보장의 증진을 촉구하는 정치적 압력으로 이해되고 있다.

(2) 조사절차

조사절차Investigative Procedures는 조약 당사국에 의해 조직적으로 심각하게 인권침해가 이루어지고 있다는 정보가 입수되었을 때 인권침해 정도를 조사하고 확인하는 절차이다(정경수, 2006 : 241-242). 조사요원이 당사국 영토에 방문하여 직접 조사하고 보고하는 것이다. 이는 '인권이 주권에 우선한다'는 원칙하에 이루어지는 것이다. 그러나 조사를 위한 해당국 영토 방문은 당사국의 동의나 합의 없이는 불가능하다. 따라서 조사가 제대로 이루어지지 않는 등 한계가 많다. 이 조사절차는 특히 고문방지협약과 여성차별철폐협약이 채택한 절차였는데, 정작 영토를 방문하여 직접조사가 어려워지자 고문방지협약에서는 고문방지협약 선택의정서를 채택하여 조사절차의 실효성을 증대하고자 노력하였다. 이로 인해 구금 장소를 직접 방문하여 고문사실 여부를 조사할 수 있게 되었다.

(3) 국가 간 통보절차

국가 간 통보절차Inter-state Communication Procedure는 국가 간 고발제도Inter-state Complaint System라고 불리기도 하는 제도이다(정경수, 2006 : 243). 이

는 조약의무를 이행하지 않는 당사국을 상대로 다른 당사국이 고발조치하는 것이다. 그러나 이 국가 간 고발은 비준가입 때 별도의 수락이 있어야 가능하다. 별도 수락한 국가는 매우 적은 소수에 불과하다. 우선 당사국 간 통보가 이루어져야 절차가 시작될 수 있다. 통보받은 당사국은 3개월 내에 해명자료를 송부해야 하고 6개월 내 조치를 취해야 한다. 조치가 이루어지지 않으면, 통보 당사국은 조약기구에서 사안을 다룰 것을 촉구할 수 있다. 통보 접수한 조약기구는 12개월 내에 보고서를 작성하여 당사국에 통보하고 총회에 제출한다. 통보내용은 권고의 성격을 갖는다.

(4) 개인통보절차

개인통보절차Individual Communication Procedure는 인권침해를 당했다고 생각하는 한 개인이 조약기구에 직접 통보하는 것으로 개인고발제도Individual Complaint System라고 불리기도 하는 절차를 갖는다(정경수, 2006 : 243-245). 이는 국가가 아니라 한 개인이 자신의 인권침해를 조사해 달라고 신청하는 것이다. 국제적 인권보장절차의 핵심으로 평가받고 있는 제도이다. 그러나 이 역시 별도의 수락이 있는 국가에 한해서만 효력이 발생한다. 또한 모든 유형의 인권침해가 아니라 시민, 고문, 인종, 여성에 대한 인권침해의 문제에 대해서만 적용되고 있다.

개인통보절차는 조약마다 차이가 있긴 하지만 공통적인 절차는 다음과 같다. 우선 조약 당사국의 피해자 개인 또는 대리인이 통보를 제출한다. 단, 익명은 허용되지 않는다. 그러나 이때 통보는 당사국 국내의 구제절차를 소진한 경우여야 하며, 당사국이 조인한 구체적인 조항을 위반한 것이어야 한다. 그리고 이 통보는 다른 절차에 의해 조사 또는 심의되고 있지 않아야 한다.

심사결과, 통보내용을 당사국 정부에 보내고 해당 정부는 통상 6개월 내 답변서를 제출하게 되어 있다. 조약기구는 당사국의 의견을 청취한 후 심의하여 최종 견해views 또는 권고recommendations를 채택한다. 이 채택된 견해 또는 권고는 당사국과 통보인에게 송부된다. 이 견해 또는 권고는 당사국으로 하여금 이행하여야 할 국제법적 의무를 부과하지만 직접적으로 당사국을 구속하지는 않는다.

10

인권과 사회복지실천

1. 인권적 사회복지실천

참된 인권은 자신의 욕구를 스스로 정의할 수 있는 권리이다. 클라이언트 스스로 자신의 욕구를 인간으로서의 권리의 수준에서 정의할 수 있도록 클라이언트에게 힘을 실어주는 것, 그것이 사회복지실천에 있어서의 인권적 실천이다. 따라서 인권적 사회복지실천에 있어 주요 개념은 강점관점이며 임파워먼트이다. 자신의 주장과 욕구를 정확하게 적극적이고 능동적으로 표출하도록 힘을 실어주고 권한을 부여해 주는 것이 바로 인권적 사회복지실천인 것이다. 이는 클라이언트를 사회복지서비스의 수혜대상으로 보는 것이 아니라 인권실천의 과정에서의 파트너로 보는 것이다. 그리고 파트너로서의 역할을 수행하도록 기대하고 힘을 실어주는 것이다.

인권적 실천은 공격적이어서는 안 되고 평화적이며 건설적이어야 한다. 이렇게 하기 위한 접근방법으로 연역적 접근과 귀납적 접근이 있다.

1) 연역적 방법

인권적 실천을 연역적deductive 방법으로 접근한다는 것은 인권에 관한 한 개 또는 그 이상의 문서들로부터 실천의 과정을 시작한다는 것을 의미한다(Ife, 2012 : 206). 인권이슈에 대해 기존의 문서에 근거하여 해석하는 것을 의미하는 것이다. 따라서 연역적 접근을 할 때는 적합한 문서를 선택하고 그 문서를 정확하게 이해하고 적용하는 것이 매우 중요하다.

이렇게 문서를 중심으로 인권이슈에 접근하게 되면 사회복지사들은 안정적으로 일할 수 있게 된다(Ife, 2012 : 207-208). 사회복지사와 클라이언트가 서로 어떤 내용으로 일이 전개될 것인지에 대해 기대를 동일하게 가질 수 있다는 것은 이 연역적 방법의 큰 장점으로 꼽힐 수 있다. 이미 이런 이슈들이 문서까지 만들어져 있을 정도로 어디서나 있을 수 있는 이슈라는 것이 클라이언트를 이슈에 접근하게 하는 데 안심시킬 수 있는 좋은 도구가 된다.

그러나 이렇게 문서에 의존하게 되는 연역적 접근은 몇 가지 문제를 갖게 된다(Ife, 2012 : 207-208). 첫째, 기존의 문서가 몇몇 힘 있는 사람들에 의해서만 작성된다는 점이다. 이들이 학식은 출중할지 모르지만 기본적으로 힘을 가지고 있는 사람들이어서 힘을 가지고 있지 못한 사람들에 대한 이해가 낮을 것이라는 점이다. 국제적인 문서의 경우 국제적으로 힘이 있는 강대국에서 파견된 사람들에 의해 쓰여질 가능성이 매우 높으며 이럴 경우 약소국들의 의견이 반영될 가능성은 매우 희박하다. 세계인권선언도 강대국들이 모여서 작성하였다. 미국이 위원장이었고 프랑스가 부위원장이었다. 국가 내의 문서인 경우 정치적으로 힘이 있는 국회의원이나 정부의 관리들이 작성할 가능성이 높으며 이럴 경우 사회적 약자의 의견이 반영될 가능성은 매우 낮다.

둘째, 이런 문서들은 자주 개정되지 않는다는 것이다. 이미 잘 알려져 있듯이 세계인권선언은 1948년에 작성된 후 아직까지 한 번도 개정되지 않았다. 법적 구속력이 없는 선언이기 때문에 시대에 맞게 자주 개정할 이유가 없다는 이유에서라지만, 아무리 그렇다 하더라도 상당 부분 시대에 뒤떨어져 있는 표현들이 많다. 성, 연령, 인종, 문화 등에 대한 인식이 부족한 표현들이 그대로 남아 있는 것은 인권선언이라고 하기조차 민망할 정도이다. 그 외 법적 효력을 가지고 있는 각종 규약이나 협약들도 마찬가지로 개정이 잘 되지 않는다. 따라서 이런 문서들에 의존하다 보면 현재 실제 상황에서의 인권은 시대에 뒤처진 해석을 갖게 되기가 쉽다.

마지막으로 셋째, 많은 문서들이 정치적이고 행정적인 상황 안에서 해석된다는 것이다. 정치적 배경 없이 해석되기 어렵고 행정적인 뒷받침 없이 적용되기 어렵다는 것이다.

2) 귀납적 방법

연역적 방법의 한계를 보완할 수 있는 방법으로 귀납적 방법을 생각해 볼 수 있다. 인권적 실천을 귀납적inductive 방법으로 접근한다는 것은 인권을 구성해 나가는 것을 의미한다(Ife, 2012 : 211). 연역적 접근과 달리 문서에 쓰여 있는 대로, 문서가 정해준 대로 인권을 해석하는 것이 아니라 현재의 실제의 상황에서 인권의 이슈를 정의하고 해석하는 것이다. 오래전에 만들어서 이미 현실에 적용이 불가한 원칙과 이론과 지침을 가지고 있는 죽어버린 문서들에 의존하는 것이 아니라 '지금－여기'의 상황에서 그 상황에 맞고 그 사람에게 맞게 인권의 이슈를 구성해 나가는 것을 말하는 것이다.

사회복지사들은 이미 현장에서 '지금-여기' 이데올로기에 매우 익숙해 있다. 따라서 인권 역시도 문서에 의존하기보다 현재의 상황에 맞게 정확하게 해석하면서 구성해 나가는 것이 그렇게 어려운 일이 아닐 수 있다. 다만, 사회복지사가 직면하는 도전은 그 상황에서, 클라이언트가 가지고 온 그 이슈가 클라이언트가 개인적으로 풀어나가야 할 개인적인 문제가 아니라 그런 상황이 심각한 사회문제를 초래하고 있다는 것을 볼 수 있어야 한다는 것이다. 즉, 개인의 문제를 공공의 문제로 알아챌 수 있어야 하고 그 알아챈 내용을 공공의 이슈로 전환할 수 있는 시각을 가져야 한다는 것이다(Ife, 2012 : 212).

귀납적 접근에서 인권은 그래서 평이하게 다루어져야 한다. 사회복지사가 일상의 실천현장에서 만나는 이슈들이 인권의 이슈이며 그래서 사회복지사들이 인권의 이슈를 가장 잘 다룰 수 있는 사람이 되는 것이다. 그리고 이 과정을 통해서 현장에서 인권이라고 구성되는 이슈들이 새로이 생성되는 것이다. 이런 의미에서 아이프는 귀납적 접근을 하는 사회복지사를 "인권정의자human rights definer"라고 명명하기까지 하였다(Ife, 2012 : 213).

2. 욕구, 윤리, 그리고 인권적 실천

1) 욕구중심의 실천 vs. 인권적 실천

사회복지전문직은 클라이언트의 욕구에 초점을 두고 발전해 왔다. 새로이 시작할 때는 언제나 욕구조사(needs assessment)를 하는 것으로 모든 업무를 시작할 정도로 사회복지사에게 욕구에 관한 정확한 파악은 매우 중요하였다. 일상이 되어버린 것 같은 사회복지사의 욕구조사는 권리보다는 욕구가 더 구체적으로 보여지는 것이기 때문에 욕구중심의 실천이 인권중심의 실천보다 더 먼저 발달하는 데 기여하게 된 것이다(UN Center for Human Rights, 1994 : 33).

그러나 욕구충족을 위한 사회복지실천은 결국 욕구와 동등하게 중요한 인간의 권리를 보장하기 위한 사회복지실천으로 전환하여 이해되면서 사회복지실천의 영역에 욕구만큼이나 권리도 중요하게 자리하기 시작하였다. 즉, 인간의 적극적 권리를 추구하고 그 자격을 보장하는 것이 인간의 욕구를 충족함에 있어 매우 중요한 전제조건이 되고 있다는 것이다(UN Center for Human Rights, 1994 : 33).

인권은 사회복지의 이론, 가치, 윤리, 그리고 실천과 분리될 수 없다(UN Center for Human Rights, 1994 : 35). 중재적인 역할을 수행하는 전문직으로서 사회복지사는 실천가치를 항상 의식하고 인권분야를 비롯한 다양한 지식기반을 단단하게 갖춤으로써 실천에 있어 초래되는 많은 갈등상황을 해결한다(UN Center for Human Rights, 1994 : 34). 따라서 다른 분야의 전문가보다 사회복지 교육자와 실무자들은 실천현장에서 만나고 있는 클라이언트의 인권존중의 중요성을 인식하고 있다. 사회복지 교육자와 실천가가 가지고 있는 사회의 취약계층 및 상황에 대한 직접적 지식은 사회복지정책 형성에 있어 중요한 바탕이 된다(UN Center for Human Rights, 1994 : 35). 이는 미국의 사회복지교육협의회(Council on Social Work Education)가 제시하고 있는 사회복지학과 인증조건에 인권과 사회·경제적 정의 증진(advance human rights and social and economic justice)을 각 대학이 교육정책으로 포함하고 있어야 함을 강조하는 것과 맥락을 같이한다[1].

1) 미국사회복지교육협의회는 미국 대학의 사회복지학과를 인증하기 위한 조건으로 각 대학의 교육정책을 심의하는데, 그중 하나로 인권과 사회경제정의 증진을 들고 있다. 이는 2008년 제정된 규정으로서 현재는 2012년 규정을 적용하고 있다. https://cswe.org/getattachment/Accreditation/Standards-and-Policies/2008-EPAS/2008EDUCATIONALPOLICYANDACCREDITATIONSTANDARDS(EPAS)-08-24-2012.pdf.aspx

인권적용이 갖는 장점은 욕구를 가진 클라이언트를 문제를 가진 사람으로 보는 것이 아니라 그와 같은 욕구로 표현되는 권리를 가진 사람이라는 것이다. 욕구를 가진 클라이언트를 보편화하는 것이다. 이 같은 과정은 클라이언트를 스티그마화하지 않고, 인간으로서의 존엄성을 유지하게 하는 것으로 클라이언트가 서비스를 선택함에 있어 자율적 결정의 주체임을 인정하는 것이다.

이는 또한 클라이언트 역시 자신의 욕구를 스스로 정의하고 사회복지사와 진실된 대화를 나눌 수 있게 한다(Ife, 2012 : 240). 이렇게 인권은 욕구의 정의 안에 내포되어 있으며, 욕구 안에 내재되어 있거나 욕구 뒤에 있게 된다. 그러므로 욕구의 정의는 인권적 실천의 가장 중심적인 요소가 된다(Ife, 2012 : 241). 따라서 욕구조사(사정)needs assessment를 하는 사회복지사는 항상 욕구 뒤에 자리하고 있는 인권을 확인해야 한다.

많은 경우 욕구는 무엇인가를 성취하기 위한 수단means으로 여겨질 뿐 욕구가 최종의 목적ends은 아닌 것으로 이해된다(Ife, 2012 : 129). 사회복지사가 욕구조사인 니즈어세스먼트needs assessment를 할 때는 그 니즈needs가 어떤 목적을 달성하기 위해 필요한 욕구인지를 사정하는 것을 매우 중요하게 여겨왔다. 따라서 대부분의 경우 사회복지사들은 클라이언트의 최종목적을 달성하는 것을 더욱 중요하게 여겼으며 욕구는 이를 달성하기 위한 수단으로만 여겼기 때문에 욕구에 대해 가치를 낮게 평가해 온 것도 사실이다. 그러나 인권실천을 하기 위해서는 사회복지사들은 클라이언트의 욕구를 조사하고 측정하여 사정할 것이 아니라 그 권한을 클라이언트에게 되돌려 주어 클라이언트들이 스스로 자신들의 욕구를 확인하고 정의할 수 있도록 해야 한다(Ife, 2012 : 140).

2) 윤리적 실천 vs. 인권적 실천

윤리와 인권은 서로 연관이 깊은 것으로 인지되고 있다(Baier, 1994, Ife, 2012 : 164 재인용). 윤리적 실천은 사회복지실천에 있어 거의 생명과도 같은 것이고, 윤리적 실천을 하는 이유는 클라이언트의 인간으로서의 존엄을 지켜주고 자기결정권을 보장해 주기 위함이었다. 윤리적 실천을 뒷받침해 주는 강력한 도구인 윤리강령을 보면 사실 인권의 내용이 상당히 많이 들어 있다. 그래서 윤리강령을 준수하여 사회복지실천을 한다는 것은 인권적 실천을 한다는 것과 다름 아니다.

그러다 보니 사회복지실천에서 윤리와 인권은 동전의 양면과도 같다(Ife, 2012 : 164)는 표현이 등장하게 된 것이다. 각각은 독립적이며 보여주는 것도 다르고 강조하는 것도 다르지만, 결국은 절대적으로 연결된 떼려야 뗄 수 없는 하나라는 것을 의미하는 것이다.

인권은 큰 틀에서 사회복지실천의 근본적인 방향을 제시한다면 윤리는 주어진 상황에서의 사회복지사 개인이 취할 실천의 방향과 지혜를 제시해 준다. 그러므로 윤리는 사회복지사를 위한 것으로 사회복지사가 클라이언트와 함께 일할 때 인권을 지키고 보장해 주기 위한 실천 지침인 것이다. 윤리는 근본적으로 개인에 관한 내용을 담고 있고 개인의 윤리적 실천을 위한 가이드를 제공한다. 따라서 신자유주의 이데올로기를 취하고 있다고 할 수 있다(Ife, 2012 : 165). 반면 인권은 개인보다는 집단을 중심으로 이해하고자 하며 사회복지사보다는 클라이언트에게 초점이 주어진다.

사회복지윤리에서는 인간평등, 권익옹호, 인간존엄성, 차별금지, 사회정의, 도덕성, 책임성 등을 기본으로 인권존중과 인권지킴을 최우선 가치로 제시한다. 가치중심 전문직이며 가장 규범적인 전문직이다. 윤리성을 토대로 실천하는 것이 곧 인권실천이며, 이를 실무자의 역할에 포함시킨다.

인간존엄성, 자율성, 기회균등성, 사회책임성의 가치와 윤리가 인권으로 직결된다.

3. 인권적 실천의 이슈들

1) 인권 이슈들

인권 관련 이슈들은 다양하다. 전 세계적으로 공통된 이슈들도 있으며 지역별 또는 국가별 특성을 가진 이슈들도 있고 각 개인이 갖는 독특한 이슈도 있다. UN Center for Human Rights(1994 : 120-160)는 인권의 이슈들을 일반적 주제와 취약집단의 주제로 나누어 일반적인 주제로는 빈곤, 성차별, 인종차별, 종교, 환경과 개발, 취약집단인 아동, 여성, 노인, 장애인, 수감자, 난민, 이주민 등으로 나누어 제기하고 있다.

여기서는 이 주제들을 재조정하여 크게 빈곤, 연령, 성, 장애, 그리고 기타 글로벌사회에서 경험하게 되는 이슈들로 나누어 살펴보고자 한다. 여기서 언급하는 이슈들이 모든 사회복지실천을 함에 있어 모든 가능한 인권적 이슈들을 포괄하지는 못하겠지만 사회복지사들이 사회복지실천의 상황에서 빈번하게 경험하게 되는 이슈들을 다루고자 하였다. 각 주제별로 해당되는 사례를 제시하였으므로 각 사례를 통해 어떤 인권이슈들이 극대화되고 있으며 세계인권선언 및 기타 국제문서들의 어떤 조항들이 각 사례의 이슈들이 위반 또는 침해하고 있는지 생각해 보는 것은 도움이 될 것이다. 또한 이렇게 연역적으로 접근하는 것뿐 아니라 귀납적으로 접근하는 것도 고려해 볼 수 있다.

(1) 빈곤

삶의 질, 음식, 고용, 주택, 건강, 교육, 환경, 주택이나 토지 등 자산소유 등 다양한 이슈들이 빈곤영역에서 자주 만나는 주제들이다.

{ 사례 }

허 선생은 동주민센터 사회복지사이다. 술에 취해 길에 쓰러져 있는 남성을 경찰이 시립정신병원으로 데리고 갔다가 특별한 정신질환이 없다는 판정이 났으나 갈 곳이 없다는 이유로 의뢰해 왔다. 한 번도 정식 직장생활을 해본 적 없이 거리와 쪽방을 전전하며 살면서 폐지 등을 주워 생활을 유지해 오고 있는 35세 모○○와 마주 앉아 있다. 어디서부터 무엇부터 시작해야 할지 막막하다는 생각으로 고민을 하고 있다.

(2) 연령

연령은 아동 청소년과 노인이 가장 두드러지는 집단이라 할 수 있다. 아동은 아동사망률, 건강, 교육, 아동과 가족, 이혼과 재혼, 시설보호, 대리가정보호, 국내입양, 해외입양, 성 관련 이슈, 소수 지역사회와 토착민의 아동, 신체 또는 정신장애 아동, 유기아동, 부랑아, 학대와 착취(성학대, 성착취, 포르노, 매춘), 방임, 아동매매 거래, 유괴, 십대 임신, 청소년범죄, 전쟁지역에서의 아동, 난민아동, 수감자의 아동, 여성수감자가 수감시설에서 낳은 아동, 수감시설에서 성장하고 있는 아동, 청소년수감자 등의 이슈를 생각해 볼 수 있다.

노인의 경우 노후를 위한 준비의 결여, 건강 측면과 수입 관련 기대, 노인의 계발되지 않은 잠재력, 가족 내 노인의 변화된 역할, 사회 내 노인의 변화된 역할, 인구학적 동향과 정책적 의미, 시설 내 노인의 권리, 노인의 자립적 삶을 가능하게 하는 서비스, 평생훈련, 직업, 고용, 젊은 노인과 늙은 노인, 의연한 죽음, 노인수감자 등의 이슈가 자주 거론된다.

{ 사례 }

신 선생은 종합사회복지관에서 근무하는 사회복지사이다. 올해로 92세인 박 할머니의 거취 때문에 고민 중이다. 박 할머니는 젊었을 때부터 살던 집에서 50년째 살고 있다. 5년 전 남편 사망 후 지금은 혼자 살고 있다. 슬하에 딸 둘을 두었고 전화통화는 자주 하고 있으며 하루에 한 번 만나는 것은 일주일에 한두 번씩 하고 있다. 손주들과도 잘 지내는 사이이다. 그런데 요즘 자주 일상생활에서 잊어버리는 게 많아지면서 딸들의 걱정을 사기 시작했다. 전자오븐에 음식을 넣어 데워놓고는 며칠째 먹지 않아 썩고 있거나, 가스레인지 밸브를 잠그지 않기도 하고, 음식쓰레기가 1리터가 채워지도록 기다리느라 몇 주째 버리지 않아 벌레가 생기기도 한다는 것이다. 그러나 박 할머니는 다 알고 있으며 별일 아니니 걱정 없다는 반응이다. 혼자서 집에 사는 것은 전혀 문제 없으며 다 잘할 수 있으니 걱정 말라고 딸들에게 말하고 있다. 딸들은 빨리 시설을 찾아서 시설입주를 하게 해야 한다는 입장이다. 마땅한 시설을 찾아달라고 하고 있는 자매를 마주하고 있는 신 선생은 어떻게 해야 할지 고민이다.

(3) 성

건강, 교육, 일, 급여에 있어서의 평등과 불평등, 문화적이거나 전통적인 성역할, 결혼과 공유된 생활의 다른 형태, 성취향 등이 주요 이슈들이다. 요즘은 역차별이라는 말이 자주 거론될 정도로 여성우선정책으로 인해 남성들이 차별받는다는 주장이 나오고 있지만 아직까지 여성이 차별받는 것에는 견줄 바 못된다. 법 또는 기존 관습의 관점에서의 불평등, 교육, 노동, 재산, 상속에 있어서의 불평등이 빈번하고, 농촌지역에서의 여성의 조건(땅 소유 등)이나 도시빈민지역에서의 여성의 조건(신용 등) 등은 매우 열악하다. 가정폭력에 무방비로 노출되어 있는 경우가 많고 소녀들의 건강과 교육, 가장역할을 하고 있는 소녀들과 여성들, 여성노인, 장애여성, 여성수감자 등에 대한 열악한 상태는 여성인권적 측면에서 보았을 때 시급히 다루어져야 할 이슈들이다. 여성이 의사결정과 정책과정에 차별 없이 적극적으로 참여해야 하는 것 역시 여성의 인권적 측면에서 보았을 때 시급히 다루어져야 할 이슈들이다.

{ 사례 }

민 선생은 구청 사례관리팀에서 일하고 있는 사회복지사이다. 어느 날 53세 여성이 찾아와서 자신이 갑자기 해고를 당했는데 먹고 살 일이 막막하다는 것이었다. 이야기를 들어보니 이 여성은 인력용역회사에 고용되었었고, 용역회사에서 가라는 곳으로 가서 그때그때 주어진 일들을 했었는데, 일을 주지 않을 때도 여러 번 있었고 힘든 일을 줄 때는 여성으로 하기에 힘에 겨웠지만 열심히 했었다. 그런데 일도 잘 주지 않고 또 자신이 일한 만큼 보수를 받고 있지 못하다고 생각하여 여러 번 항의를 하였고, 그것 때문인지 이번에 재계약을 하지 못하고 해고를 당했다는 것이었다. 해고사유를 물어봤지만 말해주지 않았고, 대대적인 인력감축이라고만 말해주었는데 믿어지지도 않았다고 했다. 어쨌든 당장 먹고 살게 없으니 도와달라는 이 여성을 앞에 둔 채 민 선생은 어떻게 해야 할지 고민이다.

(4) 장애

자기결정, 재활, 자기신뢰, 자립, 지역사회 내 통합, 치료적 보조기구, 적절한 보상과 수입의 결여, 지체장애인에게 적합한 주택, 교육, 훈련, 지역사회에 기반을 둔 재활훈련, 고용, 직업, 강체치료 또는 정신장애인의 시설보호, 수송 및 교통기관에의 접근 등이 주요 이슈이다.

사례

남 선생은 지적장애를 가진 사람들이 주로 이용하는 장애인복지관에서 사회복지사로 일하고 있다. 이 복지관에는 30세 여성과 38세 남성이 결혼하여 현재 임신 중인 부부가 함께 다니고 있다. 이들은 작업장에서 일하는 것으로 생활을 이어가고 있으며 장애인이기 때문에 국가로부터 제공되는 수당도 받고 있다. 그런데 이들이 한 가지 문제가 생겼다면서 남 선생에게 상담을 요청해 왔다. 이들이 아기를 낳아도 제대로 기를 수 없으니 입양을 시키라고 양쪽 부모들의 계속해서 강요를 하고 있는데 이를 어떻게 했으면 좋겠느냐는 것이었다. 부모가 완강하게 반대하니 이런 상태에서 아이를 낳아봐야 도움도 못 받을 것 같은데, 그래도 아기를 낳아서 기르고 싶다는 이 부부 앞에서 남 선생은 어떻게 해야 할지 고민이다.

(5) 글로벌 이슈들

글로벌 이슈는 과거에는 개별국가의 전통이나 문화 등의 차이로 인해 빚어지는 갈등에 관한 것이 주를 이루었다. 요즘에는 개발로 인한 환경에 관련된 이슈들도 많은 관심을 받고 있다.

전통, 문화, 관습 등은 외부에서 개입하기 매우 민감한 이슈들을 많이 가지고 있다. 조혼, 여성혐오, 여성살해 등 전통과 문화의 차이로 인한 문제들, 숨겨지거나 공인되지 않은 인종차별적 태도, 공개적인 인종차별적 적대감, 다민족사회에서의 통합, 자발적 인종차별, 강요된 인종차별과 격리, 긍정적인 인종적 자기이미지 또는 집단이미지, 인종적 소수집단과 다수 인구와의 관계 및 다른 소수집단들과의 관계 등은 세계화가 널리 퍼져 있는 현재 사회에서 매우 중요한 이슈로 전 세계인에게 다가가고 있다. 특히 난민이나 이주민에 대한 이슈들은 국가 간의 정치적인 문제까지 담고 있어 개인적인 인권으로 풀기에는 어려운 것이 현실이다. 난민의 경우 첫 번째 피난국가에서의 위기개입, 가족 재결합, 자아존중감 향상, 난민캠프에서의 외상후스트레스, 난민

여성, 난민아동의 특별욕구, 개인의 안전보장과 사회적 경제적 보호, 재정착을 위한 준비, 재정착하는 국가에서의 통합, 자발적인 본국 송환 등의 이슈가 있다. 이주민 역시 정착된 국가에서의 통합 대 동화, 이중문화와 문화정체성, 인종주의, 2세대, 임시이주, 기술/훈련, 일/고용, 가족 재결합, 귀환자 등에 관련된 이슈들이 있다.

종교에 대한 자유 및 제한, 교파와 예배의 발전, 기독교 정통파의 정통주의와 보수주의의 경향, 종교간 갈등과 폭력, 박해와 추방, 비 종교국가 대 종교국가, 국가 입법과의 갈등, 국가 및 지방 풍습과의 갈등, 다른 종교 간의 결혼 및 혼합가족 등이 이슈이다. 환경개발에 있어서는 공해 및 유독성 물질과 위험한 쓰레기 등이 인권 관련 이슈들이다.

{ 사례 }

김 선생은 개발도상국 국제NGO에서 사회복지사로 일하고 있다. 어느 날 그동안 친분을 쌓고 지내던 사람들이 찾아와 자신들의 문제를 해결해 달라고 하였다. 이들이 제기한 문제는 국제사회의 개입으로 국가개발이 이루어지고 있는데 이때 공해가 심히 공기도 오염되고 숨쉬기가 어렵다는 것이다. 이 공해는 가임기여성의 불임, 유산, 조산 등을 유발한다고 알려진 유독성 물질을 포함하고 있다고 주장하였다. 이들 중 한 명은 두 번이나 이미 유산을 경험하였고 한 명은 조산을 하였었는데 병원에서 확인해 준 것은 아니지만 원인이 이 공해라고 확신하고 있었다. 이 국제NGO는 인권 NGO니까 무차별적 개발을 하는 자신의 국가와 그 사업을 담당한 국가를 대상으로 자신들의 건강권을 찾아달라는 것이었다. 이 문제를 들은 김 선생은 어떻게 해야 할지 고민이다.

2) 인권 실천을 위한 이슈들

(1) 강점관점

강점관점strength perspective은 사회복지의 오랜 전통에 있는 것으로 사회복지사들이 클라이언트를 만날 때 갖는 클라이언트에 대한 시각이다. 강점관점을 인지하고 적용하기 때문에 사회복지사들은 클라이언트에게 인권원칙을 적용할 수 있다는 것이다(Reichert, 2011 : 201).

강점관점은 클라이언트의 강점에 초점을 두고 클라이언트가 가지고 있는 역량을 향상시켜 문제보다는 강점을 강화시키는 데 초점을 둔다(양옥경 외, 2010 : 431). 이 같은 강점관점은 인간존엄성과 사회정의라는 사회복지의 기본 가치를 실천하는 데 필수적인 관점이며, 이는 사회복지의 기본 가치가 클라이언트의 잠재력, 능력, 강점을 인지하고 실현할 수 있도록 하는 사회복지전문직의 가치와 일치한다. 따라서 강점관점은 사회복지사가 클라이언트의 인권을 보장해 주기 위한 실천을 할 때 필수적인 요소라 하겠다.

(2) 임파워먼트

임파워먼트접근empowerment approach은 클라이언트에게 힘을 실어주고 사회복지사가 가지고 있던 권한을 부여해 주는 권한부여적 접근이다. 클라이언트의 자신에 대한 또는 타인에 대한 통제력이나 권위나 영향력 등 불균형적인 힘을 균형 있게 해주는 작업이다(양옥경 외, 2010 : 435-436).

사회복지사가 인권적 실천을 하기 위해 접근할 수 있는 방법으로 임파워먼트 접근을 들 수 있다(Reichert,[2] 2011 : 200). 임파워먼트는 클라이언트의 상

---

2) 본 저자는 엘리자베스 라이커트가 여기서 임파워먼트를 개인적 임파워먼트personal empowerment와 사회적 임파워먼트social empowerment로 나누어 설명하고 있는 것에는 동의하지 않는다. 물론 두 유형의 임파워먼트가 서

황을 환경 안에서 이해하며 자원과 강점을 찾고 문제를 없애려 하기보다는 해결책을 찾아내는 데 역점을 둔다(양옥경, 2010 : 435-436). 이 같은 임파워먼트 접근은 사회복지실천에 항상 있어왔고 개인과 집단의 억압에 대응하는 방법으로 활용되어 왔다(Saleebey, 2005; 양옥경 외, 2010). 임파워먼트란 클라이언트가 힘을 가질 수 있도록 힘을 실어주고 권한을 부여해 주는 것이다. 따라서 권한부여적 개념으로서의 임파워먼트는 클라이언트가 자신의 권리를 정의할 수 있도록 하고 힘을 실어준다는 점에서 인권적 실천의 필수불가결한 개념이다(Ife, 2012 : 230).

(3) 문화민감성

문화민감성culture sensibility은 인권실천을 위해 사회복지사가 가져야 할 또 하나의 매우 중요한 요소이다. 한 국가 내에서나 국제적으로나 문화나 전통 또는 관습에 대한 민감한 이해와 수용의 자세가 중요한데 이는 클라이언트들이 문화적으로 취약한 상태에 놓이게 되는 경우가 많기 때문이다. 또한 정치 경제적으로 취약한 계층의 경우 이들이 공유하고 있는 문화나 전통, 가치, 관습 등이 주류사회권에 의해 몰이해되거나 말살대상이라고 여겨지기도 하기 때문이다. 이때 사회복지사는 클라이언트 한 개인뿐 아니라 클라이언트가 속한 문화권 자체에 대한 민감한 이해를 가질 수 있어야 한다.

로 포괄적mutually inclusive으로 이해된다고 하지만, 개인적 임파워먼트를 자기결정self-determination의 임상적 개념clinical notion과 비슷하다고 한다든가 사회적 임파워먼트가 마련되어 있어야 개인적 임파워먼트가 제대로 영향을 발휘할 것이라는 식의 설명은 바람직하지 못하다고 생각하기 때문이다.

4. 인권적 사회복지실천을 위한 분석틀

1) 연역적 분석틀

(1) 세계인권선언

세계인권선언은 말 그대로 선언이다. 그러나 기본적인 인권에 대한 기저를 마련하고 방향을 제시해 주기 때문에 인권이슈에 대해 분석하기 위해서는 가장 우선적으로 참고할 필요가 있다.

(2) 인권 관련 국제문서들

유엔헌장Charter of the United Nations(1945), 세계인권선언Universal Declaration of Human Rights(1948), 인권에 관한 국제규약International Covenants on Human Rights(1966), 시민적 · 정치적 권리에 관한 국제규약International Covenant on Civil and Political Rights(1976), 경제적 · 사회적 · 문화적 권리에 관한 국제규약International Covenant on Economics, Social, and Cultural Rights(1976), 아동권리협약Convention on the Rights of the Child(1989), 아동권리선언(1959), 아동을 위한 세계정상회담에서 채택되었던 세계선언과 행동계획(1990), 국제적 아동유괴의 민사적 측면에 관한 협약(헤이그국제사법회의, 1980), 아동보호 및 국가 간 입양 관련 협력에 관한 협약(1993), 응급 및 전장상황에서의 여성과 아동보호를 위한 선언(1974), 여성에 관한 모든 형태의 차별철폐에 관한 협약Convention on the Elimination of All Forms of Discrimination Against Women(1979); 여성발전을 위한 나이로비전략(1985), 결혼동의, 최저혼인연령, 결혼등록에 관한 협약(1962), 모든 형태의 인종차별철폐에 관한 국제협약International Convention on the Elimination of All Forms of Racial Discrimination(1965), 소년범 사법행정을 위한 유

엔 표준최소규칙United Nations Standard Minimum Rules for the Administration of Juvenile Justice(베이징규칙, 1985), 의료윤리원칙Principles of Medical Ethics(1982), 수감자처우를 위한 표준최소규칙Standard Minimum Rules for the Treatment of Prisoners(1955), 고문과 그 밖의 잔혹하고 비인간적이거나 굴욕적인 대우 또는 처벌에 반대하는 협약Convention Against Torture and Other Cruel Inhumane or Degrading Treatment or Punishment(1984), 모든 이주 노동자와 그 가족의 권리보호에 관한 국제협약International Convention on the Protection of the Rights of All Migrant Workers and Members of Their Families(1990), 발전권에 관한 선언Declaration on the Rights to Development(1986), 모든 형태의 종교차별철폐에 관한 선언Declaration on the Elimination of All Forms of Religious Intolerance(1981), 긴급 및 무장출동 상황에서의 여성과 아동의 보호를 위한 선언Declaration on the Protection of Women and Children in Emergency and Armed Conflict(1974), 정신지체인 권리선언Declaration on the Rights of Mentally Retarded Persons(1971), 정신지체인의 인권에 관한 국제협약(1971), 장애인인권선언(1975), 정신질환자의 보호 및 정신건강서비스 증진을 위한 원칙(1991), 노화에 관한 세계회의의 실천행동을 위한 국제계획(1982), 교육에 있어서 차별에 반대하는 UNESCO 국제협약(1960), 인종차별금지 및 징벌에 관한 국제협약(1973), 사형을 선고받은 수감자의 인권보호조항(1984), 사법관의 독립에 관한 기초 원칙(1985), 난민지위에 관한 협약(1951), 난민 지위에 관한 의정서(1967), 이주민인권선언(1985), ILO 협약 및 권고 등이 있다.

(3) 지역별 인권 관련 문서들

유럽인권협약(1950), 유럽사회헌장(1961), 아메리카인권협약(1969), 헬싱키최종법(1975), 아프리카인권헌장(1981) 등이 있다. 그 외에도 많은 문서들이 있다.

(4) 국가별 법률들

각국의 해당 법률들이 여기에 해당된다. 아동복지법, 노인복지법, 장애인복지법, 장애인차별금지법 등이 있다. 이 외에도 많은 법률들이 현행법으로 있다.

2) 귀납적 분석틀

(1) 인권이슈의 내용분석

귀납적 분석이 어떤 틀을 갖는다는 것 자체가 모순일 수 있다. 따라서 유형화된 어떤 틀이라기보다는 고려해야 할 내용을 중심으로 정리해 보았다. 귀납적 분석을 위해서는 우선 인권적 상황에 대한 양상, 현상, 실태, 상황의 이해가 필요하다. 또한 원인, 증상, 부족한 부분, 문제해결을 위한 잠재력 등에 대한 분석이 필요하다. 차별, 무시, 교육부족, 주택부족, 고용부족, 임금부족 등이 빈번하게 나타나는 현상이다.

빈곤과 관련해서는 자원분배의 불평등, 부랑인 양상, 무력감, 사회보장 급여와 관련 입법체계의 부족, 자조집단, 생산품의 대량구매, 정치적 동원 등이 있을 수 있다. 여성인권과 관련해서는 여성에 대한 전통적 사고, 여성의 무력감, 여성의 낮은 지위, 여성의 이중적 역할부담, 의사결정에서의 배제, 낮은 사회적 지위, 여성의 시각 무시, 낮은 성인지적 시각이 이슈가 될 수 있다. 노인의 경우 노인의 주변화, 노인의 낮은 자존감, 상대적 빈곤, 열등한 시설서비스이용, 자녀 및 손자녀와의 갈등, 노인의 잠재적 능력의 무시, 노인이라는 낙인감, 연령차별의 사회적 인식이 주로 관찰되는 인권이슈이다. 장애나 정신장애에 대한 부정적 시각, 장애인이나 정신장애인의 자신에 대한 부정적 이미지 및 자기낙인, 장애인의 잠재적 능력 무시, 난민의 국적상실 및 지위상

실에 있어서의 인권적 이슈들도 자주 경험하는 현상이다.

세계화와 국제개발이 활발해지면서 환경파괴와 이문화 갈등도 이슈가 되고 있다. 이주국가의 수용시설의 문제, 주택, 임금체계, 사회보장제도의 문제, 이주민에 대한 착취와 심각한 혹사, 인종주의, 언어적, 국가적 출신, 종교, 정치적 의견, 경제적 지위 등에 의한 차별, 이주민에 대한 이주국가 국민의 태도 등이 빈번히 노출되는 이슈이다.

(2) 현존하는 프로그램 분석 및 적용

이에 접근하는 방법으로는 정부의 프로그램, 정부의 지원 프로그램, 전문가 반응, 사회복지기관 및 시설, 서비스의 수준, 민간의 활동, 통계자료, 예방적 재분배적 입법, 사회복지정책의 적절성과 부적절성 고찰 등이 있다. 법률, 발전과정, 문화적 유산, 관습, 전통 등을 분석할 수 있다. 여성의 조직화, 여성의 성인지적 활동 분석 등이 있을 수 있다.

3) 윤리강령과의 연계

(1) 윤리강령의 조문 적용

이미 앞서 설명한 바와 같이 인권과 윤리는 동전의 양면과도 같아 서로 떼어놓을 수 없다. 인권을 지키고 보장하기 위한 실천이 윤리이며 사회복지실천에서의 윤리적 활동은 곧 인권으로 직결된다(양옥경외, 2010 : 62). 한국 사회복지사 윤리강령은 인권존중과 인권지킴을 최우선의 실천강령으로 삼고 있다. 윤리강령 제4장 제1절에서는 사회복지사의 역할로 "인권존중과 인간평등을 위해 헌신"하여야 한다고 명시하고 있다. 이렇게 직접 인권을 명시한 조문 이외에도 인간존엄성의 존중, 인간평등과 차별금지 등을 기본으로 담고 있다. 따라서 윤리강령에 따르면 "윤리적 실천은 곧 인권적 실천을 인도하는 것이며 인권적 실천은 곧 윤리적 실천의 기준을 맞춘 것"이 되는 것이다(양옥경 외, 2010 : 62). 그러므로 윤리강령 조문의 적용은 인권적 실천에 있어 매우 중요한 과업이다.

(2) 실천적 과제

윤리강령의 조문을 적용함에 있어 경험하게 되는 다양한 실천적 과제가 있다. 대부분의 조문들이 클라이언트와의 관계를 중심으로 서술되었다는 것이다(Reichert, 2011 : 203). 조금 더 클라이언트를 둘러싸고 있는 상황이나 환경, 사회적 배경 및 정치적 상황 등과의 관계에서 클라이언트를 볼 수 있어야 하며 그런 이슈들에 접근할 수 있어야 할 것이다.

초교파적 단체와 상호신뢰 구축, 다민족집단과의 연계, 정부, 지방, 국가, 국제수준의 민간여성단체들과의 협력, 노인자조집단의 형성 도모, 자조집단의 적극적 지원, 난민자조집단 형성 도모, 새로 도착한 난민의 난민자조집단과의 연결, 난민상담, 긴장 최소화, 법률상담과의 연결, 난민원조기관과 협력, 이주민 상담, 국가 내 이주 협력, 이주민 적응 지원, 이주민에 대한 차별적 대우에의 도전 등이 있다. 이주민에게 자신의 권리를 충분히 이해하도록 도움을 줄 수 있으며 이주민협회나 이주민자조집단을 지원할 수도 있다.

5. 인권적 사회복지실천

1) 인권적 사회복지실천

(1) 대상에 대한 이해

대상이 누구인지를 명확히 하는 것이 중요함은 아무리 강조해도 지나치지 않다. 아동, 청소년, 노인, 장애인, 정신장애인, 여성, 가족, 빈곤층, 시설수용자, 범죄자, 북한이탈주민, 이주노동자, 난민, 환경공해피해자 등 매우 다양하다. 이렇게 다양한 대상의 구체적인 특성을 명확하게 파악하고 이해할 필요가 있다. 예를 들어 아동의 경우, 이들은 미성년이면서 동시에 의사결정능력 미발달자이고 인지능력의 미발달자인 것으로 이해되고 있기 때문에 인권보장의 측면에서 이들을 어떻게 이해할 것인지는 매우 중요하다.

(2) 인권 관련 이슈들의 인식

다양한 유형의 억압이나 유린 등 인권침해의 내용을 법이나 선언 등의 근거에 맞춰 파악하고 분석해야 한다. 즉, 장애인의 경우 이동권, 건물접근권, 정보접근권, 노동권 등에 있어서의 침해상황과 법적 근거를 파악해야 한다. 정신장애인의 경우 입퇴원에서의 자기결정권 등이 어떻게 지켜졌는지, 침해되지는 않았는지 등의 상황을 파악하고 법적 근거를 이해해야 한다. 또는 근거는 불명확하거나 법적으로 인권을 보호할 근거가 없더라도 인권침해의 상황이 어떠한지 정확히 파악하여야 하며 대응할 수 있는 방법을 모색해야 한다.

(3) 인권 관련 문서들의 이해

세계인권선언, 인권 관련 국제법과 국내법, 각종 국제규약들의 이해가 바탕이 되어야 한다. 대상에 따른 구체적인 법과 규약들을 이해해야 한다. 예를 들어 아동의 경우, 아동권리협약, 아동복지법, 아동시설운영규정 등을 인지하고 있어야 한다. 여성의 경우 여성차별철폐협약, 남녀고용평등법, 여성발전기본법, 남녀차별금지 및 구제에 관한 법, 가족법 등이 해당된다.

(4) 인권보장을 위한 실천활동

인권을 침해하는 법과 제도 개선, 사회적 관심 유발, 인권침해적인 사회와 소속 단체의 구조 개선, 서비스 개선과 인권을 담보하는 서비스 개발, 당사자 인권교육과 당사자 임파워먼트 프로그램 개발, 인권 관련 전문인력의 자질 함양, 인권 관련 협약이나 규약 등의 이행사항 모니터링, 협약과 규약의 철저한 이행을 위한 개입전략 개발, 이행불충분 권고사항, 미가입 권고사항 등에 대한 모니터링과 개입전략 확보 등을 들 수 있다.

(5) 인권보장실천을 위한 사회복지 분야에서의 준비

사회복지가 인권전문직이라는 유엔의 정의가 내려진 지 꽤 오랜 시간이 지났지만 정작 사회복지전문직이 인권을 실천의 중심에 놓고 실천과정을 전개해 오지는 않았다. 인권 담론이 사회복지에 주는 함의는 비교적 명확하다는 주장이 있다(문진영, 2013 : 112). 어떠한 사회복지제도이든 권리에 기초하지 않으면, 언젠가는 축소되거나 철회될 수 있다는 사실 때문이라는 것이다. 그렇다. 그래서 이제는 사회복지사들도 인권에 기반 한 실천을 해야 하며 거기서부터 사회복지의 제도와 정책이 만들어져야 한다.

첫째, 클라이언트의 인권존중을 위한 실천원칙을 채택하고 교육을 실시한다(UN Center for Human Rights, 1994 : 177-178). 기관 내부의 규정을 개정하고 용어를 정비하며 필요하다면 인권헌장을 제정하고 준수하는 것을 고려해 볼 수도 있다. 용어정리와 함께 기록양식도 정비하고 재정도 마련하면 더욱 좋을 것이다.

둘째, 인권과목을 정규교육과정에 포함하여 인권교육을 실시한다. 실습과목에서 인권 관련 내용이 실습교육과정에 포함하는 것을 의무화한다. 보수교육과정에 인권교육을 의무화한다. 실천과정에서의 토론회나 강연회를 개최하며 인권포럼이나 인권사랑방 등을 운영한다. 사회복지사가 '인권'사회복지사로서 역할을 충실히 할 수 있도록 교육하고 훈련하여야 한다. 이를 통해 사회복지사는 민감성을 높여 자질을 함양해야 한다.

셋째, 인권 관련 국제문서, 사례연구, 연구문헌 등 인권실천을 위한 자료들을 해당 기관에 정비(UN Center for Human Rights, 1994 : 178)해 두고 사회복지사들이 수시로 손쉽게 활용할 수 있게 한다.

넷째, 인권실천지표, 인권민감성지표 등을 개발하고 활용함으로써 서비스와 프로그램에 인권시각의 반영을 높인다.

다섯째, 인권모니터링을 함으로써 인권실천이 잘 진행되고 있는지 점검한다. 기관 내부에 인권을 다루는 전담기구를 설치한다. 예를 들어, 인권모니터링팀, 인권보장위원회, 인권심의위원회 등을 구성하고 정규화하여 운영한다. 신고전화 및 인권진정함 등을 눈에 잘 띄는 곳에 설치하고 인권전담기구로 하여금 관리하게 한다. 장애인 거주시설에는 인권관점에 기초한 사회복지실천을 실시하고 있는 경우가 종종 있다(김미옥 · 김경희, 2011). 이런 연구나 모니터링이 더욱 적극적으로 진행될 필요가 있겠다.

2) 국가인권위원회

인권적 사회복지실천을 하기 위해서는 인권관련 기구 및 정책에 관한 지식을 가지고 있어야 한다.

대한민국 국가인권위원회National Human Rights Commission of Korea3)는 2001년 5월 제정된 독립된 위원회로서의 지위를 가지는 국가인권위원회법의 근거하에 2001년 11월 정식 출범하였다. 입법, 사법, 행정 3부 어디에도 속하지 않고 독자적으로 업무를 수행하는 합의제 행정기관이며, 국민의 인권의 보호와 향상을 위한 업무를 수행한다. 인권침해와 차별적 행위에 대한 조사, 이에 대한 구제조치 및 권고 등을 할 수 있는 준 사법기구이다.

현재「제4기 인권증진행동계획(2015-2017)」의 실행단계에 있으며, 인권의제에 대한 실효성 강화와 함께 인권보호를 위한 예방적 기능을 강화하고자 하고 있다. 위원회 기능으로 4가지 차원을 갖고 있다. 첫째, 기본정책으로는 국제인권조약 가입 및 조약의 이행에 관한 권고와 의견표명이 있으며, 각종 법령, 제도, 정책, 관행에 있어서의 인권침해 부분을 조사하고 연구하여 개선을 권고하거나 의견표명을 한다. 사형제 및 호주제 폐지 의견표현과 국가보안법 폐지 권고 등이 그 결과이다. 둘째, 인권침해, 평등권 침해의 차별행위 등을 조사하고 구제한다. 크레파스 색상 중 살색이 피부색을 차별하는 표현이라는 것을 시정 조치한 것이 좋은 예이다. 셋째, 국민의 인권의식 향상을 위한 교육을 실시하고 인권문화를 확산한다. 공무원이나 시설종사자 대상 인권교육, 인권교육센터 설치 및 운용 등이 있다. 넷째, 국내외 협력을 위해서는 국내외 인권단체 및 개인, 국제인권 관련 기구들과 교류협력을 하고 있다.

---

3) 국가인권위원회에 관한 내용은 http://www.humanrights.go.kr에 기초하여 정리하였음.

인권적 실천을 하는 사회복지사들은 인권위원회에 관해 인지하고 있어야 하며, 인권보장실천을 하는 데 있어 이 기구를 활용할 수 있어야 할 것이다.

3) 인권적 사회복지실천의 도전

(1) 구조

구조적 측면에서 보았을 때 사회복지실천은 인권적 실천을 해내기에 많은 도전적 요소를 가지고 있다. 첫째, 사회복지 실천이 시설 및 법인중심으로 진행된다는 점이다. 사회복지 조직들의 폐쇄적 운영 등이 클라이언트나 소속 사회복지사들에게 있어 인권침해가 발생하게 할 가능성을 높게 하였다. 시설 내부의 일이 인권침해적이라 하더라도 사회적 약자인 클라이언트가 스스로 문제 제기하기는 어려운 일이다. 이는 사회복지사들의 경우에도 마찬가지인데, 야근, 근무 외 시간 근무, 봉사정신, 소위 말하는 '열정페이' 등이 인권침해의 요소가 되는 것이다.

둘째, 사회복지실천을 시설중심으로 하게 되면서 관료체제를 채택하게 되었다는 것이다. 슈퍼바이저가 생겼으며 슈퍼바이저와의 위계적 관계가 형성되었다. 슈퍼비전에서 사회복지사는 자신의 인사고과에 막강한 영향력을 가지고 있는 상사의 지시를 무시할 수 없으며, 자신의 권한을 행사할 수 없게 되었다. 이는 슈퍼비전이 갖는 구조적인 특성이며 이 과정 속에서 사회복지사들은 인권침해를 받을 수 있는 위치에 놓이게 된다.

셋째, 민·관 협력체계를 기준으로 하는 제도의 문제이다. 시설운영을 정부의 보조금으로 사용하는 예산운용 구조에서 정부의 클라이언트에 대한 비인권적 사업내용에 대해 적극적으로 대응하고 클라이언트를 옹호하는 것은 거의 불가능하다 하겠다.

넷째, 시설평가제도 및 연구는 클라이언트들을 연구 및 평가의 대상자로 전락시킨 채 클라이언트의 평가 참여에 대한 동의도 구하지 않고 참여거부의 권리도 무시한 처사이다. 효과성 검증, 증거기반 실천evidence based practice, 실천중심 연구practice based research 등이 유행하게 되면서 사회복지실천에서 연구를 통한 실증자료를 만들어 내는 것은 당연한 일이 되었다. 시설 및 기관 평가를 하게 되면서 모든 기관과 시설들이 서비스제공보다 평가를 잘 받는 것에 더 많은 시간을 소비하게 되었다. 이는 클라이언트에 대한 비윤리적이며 비인권적인 처사가 될 수 있다.

마지막으로 다섯째, 클라이언트의 인권을 보호하는 과정에서 사회복지사의 인권이 침해될 수 있다. 또는 클라이언트가 비자발적 클라이언트인 경우가 대다수인 사회복지실천의 현장에서는 클라이언트에 의해 인권침해를 경험할 수도 있다.

(2) 용어들

사회복지실천 현장에서 사용하는 용어들이 클라이언트의 인권을 고려하지 못했거나 무시한 경우들이 많다.

① 전문가

인권적 접근은 전문가주의의 축소를 의미한다. 당사자의 적극적 참여로 인해 스스로의 목소리를 갖게 됨에 따라 전문가로서의 사회복지사는 그 권한을 클라이언트가 가질 수 있도록 돕는 역할을 수행한다. 그러므로 인권실천이 곧 전문적 실천이 되도록 인권적 접근의 개입 및 역할에 대한 새로운 모델의 개발이 필요하다.

사회복지사들은 전문가로 인정받기 위해 부단히 노력해 왔고 국가시험을 통해 사회복지사 1급 자격을 갖게 되는 제도가 사회복지사들을 전문가로 인정하는 것이라고 생각해 왔다. 물론 여기서 사회복지사가 전문가가 아니어야 한다거나 사회복지가 전문직이 아니라는 것을 주장하는 것은 아니다. 그러나 사회복지전문가라고 하는 이 용어가 주는 파워power 관계의 불균형을 강조하고자 하는 것이며, 이것이 전문가로서 사회복지사가 클라이언트와 함께 일하게 될 때 클라이언트의 인권을 보장하는 데에 한계가 있을 수 있음을 명심해야 한다는 의미이다.

전문가는 전문가로서 지켜야 하는 원칙, 따라야 하는 이론, 맞추어야 하는 기법과 기술, 염두에 두어야 하는 윤리 등이 늘 준비되어 있으며, 어떻게 그것들에 맞추어서 실천을 진행했는지에 대해 기록으로 남겨야 하는 의무가 있는 위치에 놓인 사람이다.

② 사례와 사례관리

클라이언트라는 단어도 인권적 사회복지실천에서는 문제가 되고 있는데 (Ife, 2012 : 255-257) 우리는 주로 사례라는 단어로 우리의 클라이언트를 지칭해 왔고 이들에게 개입하는 과정을 사례관리라고 정의하고 있다. 아이프는 인권적 사회복지실천을 하는 사회복지사들은 클라이언트를 "사람people" 또는 "시민citizen"이라고 지칭하는 게 맞는 것이라고 주장하고 있다(Ife, 2012 : 257). 특히 시민이라고 불러야 한다고 하면서 사회복지사들이 만나는 클라이언트들도 시민사회에서 시민으로서의 "적극적인 시민active citizen"의 "시민적 권리citizenship rights"를 가져야 하기 때문이라고 하고 있다. 왜냐하면 이들이 종종 시민으로서의 권리를 박탈당하는 상황에 놓이게 되는 경우가 많기 때문이다.

사회복지실천에서 만나는 클라이언트들은 법원이나 학교나 병원이나 등으로부터 의뢰되어 오는 경우가 많으며 이들의 대부분은 비자발적 클라이언트들이다. 이들은 자신들이 만나고 싶은 사회복지사를 스스로 선택할 수 있는 권리도 주어지지 않은 사람들이며, 서비스를 선택하거나 결정할 수 있는 권한이 주어지지 않은 사람들이다.

③ 사정 및 개입

사정assessment 및 개입intervention은 사회복지실천이 의료모델을 따라했을 때 가지고 있었던 진단diagnosis과 치료treatment의 대체 용어로서 처음 등장했을 때는 신선하다고 여겨졌었다. 그러나 그 용어마저도 인권적 실천을 함에 있어서는 몇 가지 문제를 내포하고 있다는 것을 알 수 있다.

사정은 욕구를 파악하는 단계인데, 욕구에 관해서는 이미 언급한 대로 욕구를 개인이 원하는 것을 얻는 것으로 인지되기 때문에 평가절하 되어 왔다.

개입은 말 그대로 "자신과 직접적인 관계가 없는 일에 끼어드는 것"을 말하는 것으로 남의 일에 끼어드는 형국이 되는 것이다. 물론 사회복지사는 클라이언트의 일에 직접적으로 관계가 있지는 않지만 사회복지사가 됨으로써 관계를 형성하고 함께 일하게 되어야 하는 것인데, 사실상 개입은 그것을 허용하지 않는 것이다. 그러나 이보다 더 심각한 문제는 이 개입이라는 실천이 클라이언트를 디스임파워disempowerment 한다는 것이라는 주장이다(Ife, 2012 : 258).

④ 슈퍼비전

슈퍼비전은 사회복지실천에서 전문성을 강화하고 전문가로서 사회복지사가 성장하는데 필수불가결한 제도라고 여겨지고 있다. 그러나 슈퍼비전은 말 그대로 슈퍼바이지인 사회복지사를 위에서부터 지켜보면서 지도감독하는 매우 권위적인 제도이기도 하다. 상명하복이라는 것이 체제 안에 가능한 것이기도 하다. 주로 개별적으로 만나는 과정에서 이루어지게 되는데 이때 진행되는 비인권적인 행위의 가능성은 자명하다고 하겠다. 주로 상급자에 의해서 주어지게 되는데, 상급자가 항상 하급자보다 더 우수하고 우월하고 능력이 출중하다는 보장이 없음에도 불구하고 그렇게 제도가 만들어지는 것 자체가 비인권적이라는 지적이다(Ife, 2012 : 277).

따라서 슈퍼비전은 평생 이루어지는 것이 아니어야 한다. 요즘 우리 사회복지기관 및 시설에서는 슈퍼비전제도의 도입을 강조하는 것에 대한 대응으로 기관장은 국장이나 부장을, 국장이나 부장은 과장이나 팀장을, 그리고 팀장은 일반사회복지사를 슈퍼비전 주는 것을 당연한 것으로 인지하고 입사해서 퇴사할 때까지 평생 슈퍼비전제도 안에 들어가게 해놓고 있는데, 이것이야말로 사회복지사들을 옭아매는 제도인 것으로 절대적으로 바뀌어야 한다.

참·고·문·헌

고수현(2005; 2011). 사회복지윤리와 철학. 경기 : 양서원.

곽미정 외(2016). 사회복지윤리와 철학. 경기 : 정민사.

김기덕(2002). 사회복지윤리학. 서울 : 나눔의집.

김기덕 외(2012). 사회복지윤리와 철학. 경기 : 양서원.

김만두(1988). "인권으로서의 사회복지에 대한 체계적 연구시설". 사회사업논집, 11(1), 9-40.

김미옥(2011). "인권관점에 기초한 사회복지실천 경험에 관한 질적사례연구 – 장애인거주시설의 종사자 경험을 중심으로". 한국사회복지학, 63(1), 29-55.

김상균 · 오정수 · 유채영(2002). 사회복지윤리와 철학. 경기 : 나남.

김상균 외(2011). 사회복지개론. 경기 : 나남.

김상윤(2008). 사회복지윤리와 철학. 경기 : 청목출판사.

김정자(2004). "제3장 사회복지실천에서 윤리의 문제". 양옥경 외. 사회복지윤리와 철학. 서울 : 나눔의집, pp. 55-79.

김진숙 · 장연진(2012). "사회복지사의 윤리적 신념과 경험에 관한 연구 – 이중관계를 중심으로", 사회복지연구, 43(2), 235-266.

남경희(2004). "제2장 윤리이론과 사회복지". 양옥경 외. 사회복지윤리와 철학. 서울 : 나눔의집, pp. 33-53.

로스, W. D.(2011). 플라톤의 이데아론. 서울 : 누멘.

문성학(2007). 칸트윤리학과 형식주의. 대구 : 경북대학교출판부.

문인숙 외 공역(1985). 임상사회복지학. 서울 : 집문당.

문진영(2013). "인권과 사회복지 : 쟁점분석". 비판사회정책, 39, 83-116.

박병도(2006). "제7장. 연대의 권리, 제3세대 인권". 인권법교재발간위원회 편. 인권법, pp. 161-177.

서미경 외(2015). 사회복지윤리와 철학. 경기 : 양서원.

아리스토텔레스(2013). 천병희 역. 니코마스윤리학. 경기 : 도서출판 숲.

양옥경(1993). "제2장. 윤리적 결정의 이론적 배경". 양옥경 외. **사회복지실천과 윤리**. 서울 : 한울, pp. 25-45.

______(2004). "제4장. 사회복지사윤리강령". 양옥경 외. **사회복지윤리와 철학**. 서울 : 나눔의집, pp. 83-116.

양옥경 외(2000). **사회복지실천론**. 경기 : 나남.

양옥경 · 김정진 · 서미경 · 김미옥 · 김소희(2010). **사회복지실천론(개정4판)**. 경기 : 나남.

오윤수 외(2010). **사회복지윤리와 철학**. 경기 : 공동체.

오혜경(2004). "사회복지 실천의 가치와 윤리에 관한 연구". **사회복지리뷰**, 9, 115-143.

______(2005). **사회복지윤리와 철학**. 경기 : 창지사.

우국희(2013). **사회복지윤리와 철학**. 경기 : 공동체.

유네스코한국위원회 편(1995). **인권이란 무엇인가 – 유네스코와 세계인권선언의 발전과 역사**. 서울 : 도서출판 오름.

윤성호 외(2016). **사회복지윤리와 철학**. 경기 : 학지사.

이샤이, 미셸린(2008). 조효제 역. **세계인권사상사**. 서울 : 도서출판 길.

이정일(2007). **칸트와 헤겔에 있어서 인륜적 자유**. 경기 : 한국학술정보.

이효선(2002). "사회복지 기본 가치와 보편적 윤리의 관계성에 관한 연구 – 칸트를 넘어 하버마스까지". **한국사회복지**, 6, 47-61.

______(2016). **사회복지윤리와 철학**. 경기 : 학지사.

임재홍(2006). "제1장. 근대 인권의 확립". 인권법교재발간위원회 편. **인권법**, pp. 15-33.

정경수(2006). "제10장. 국제적 보장". 인권법교재발간위원회 편. **인권법**, pp. 233-252.

조효제(2007). **인권의 문법**. 서울 : 후마니타스.

최명민(2009). "사회복지 윤리교육의 현황 및 효과에 관한 연구 – 윤리적 민감성을 중심으로". **한국사회복지학**, 61(4), 381-402.

터너, 프랭크(2016). 서상복 역. **예일대 지성사 강의**. 서울 : 책세상.

Baier(1994). *Moral Prejedices : Essays on Ethics*. Cambridge : Harvard University Press.

BASW(2012). *The Code of Ethics for Social Wokers*. BASW.

Biestek, Felix P.(1975). "Client self-determination". In McDermott, F. E.(Ed.), *Self-determination in Social Work : a Collection of Essays on Self-determination and Related Concepts by Philosophers and Social Work Theorists*. Boston : Routledge & K. Paul.

Congress, Elaine P.(2004). 강선경 · 김 욱 공역. **사회복지 가치와 윤리**. 서울 : 시그마프레스.

Dolgoff, Ralph, Donna Harrington, & Frank Loewenberg(2012). *Ethical Decisions for Social Work Practice*(9th ed.). Brooks/Cole.

Donnelly, Jack(2013). *Universal Human Rights—In Theory and Practice*(3rd ed.). Ithaca : Cornell University Press

Friedlander, Walter(1976). "Introduction : Generic Principles of Social Work". In W. Friedlander(Ed.) *Concepts and Methods of Social Work*(2nd ed.). Englewood Cliffs : Prentice-Hall.

______________(Ed.)(1976). *Concepts and Methods of Social Work*(2nd ed.). Englewood Cliffs : Prentice-Hall.

Glendon, Mary Ann(2001). *A World Made New—Eleanor Roosevelt and the Universal Declaration of Human Rights*. N.Y. : Random House.

Goldstein, H.(1973). *Social Work Practice : A Unitary Approach*. Columbia : University of South Carolina Press.

Greenwood, E.(1957). "Attributes of a Profession". *Social Work*, Jan, 44-55.

Hepworth, Dean H., Ronald H. Rooney, Glenda Dewberry Rooney, Kimberly Strom-Gottfried, & JoAnn Larsen(2010). *Direct Social Work Practice : Theory and Skills*(4th ed.). U.S. : Brooks/Cole.

Hunt, Leonard(1978). "Social work and ideology". In Noel Timms & David Watson(Eds.), *Philosophy in Social Work*. The International Library of Welfare and Philosophy, London : Routledte & Kegan Paul, pp. 7-25.

Ife, Jim(2001). *Human Rights and Social Work : Towards Rights-based Practice*. Cambridge : Cambridge University Press.

______(2012). *Human Rights and Social Work : Towards Rights-based Practice*(2nd ed.). Cambridge : Cambridge University Press.

IFSW(2005).

Levy, C. S.(1973). "The value base of social work". *Journal of Education for Social Work*, Jan, 34-42.

________(1976). *Social Work Ethics*. Human Science Press.

Loewenberg, Frank & Ralph Dolgoff(1988). *Ethical Decisions for Social Work Practice*(3rd ed.). Itasca : F. E. Peacock Publishers, Inc.

Loewenberg, Frank, Ralph Dolgoff, & Donna Harrington(2000). *Ethical Decisions for Social Work Practice*(6th ed.). Itasca : F. E. Peacock Publishers, Inc.

Lowy, Louis(1974). *The Function of Social Work in a Changing Society : A Continuum of Practice*, Boston : Charles River Books.

McDermott, F. E.(Eds.)(1975). *Self-determination in Social Work : a Collection of Essays on Self-determination and Related Concepts by Philosophers and Social Work Theorists*. Boston : Routledge & K. Paul.

NASW(1995). *Encyclopedia of Social Work*. Maryland : NASW.

______(2009). *Encyclopedia of Social Work*. Maryland : NASW.

Park(2007). *Promoting Peace and Human Rights on the Korean Peninsula*. Seoul : Ewha Womans University Press.

Perlman, Helen Harris(1975). "Self-determination : reality or illusion?". In McDermott, F. E.(Ed.), *Self-determination in Social Work : a Collection of Essays on Self-determination and Related Concepts by Philosophers and Social Work Theorists*. Boston : Routledge & K. Paul.

Pincus, Allen & Ann Minahan(1973). *Social Work Practice : Model and Mtehod*. Ithaca : F.E.Peacock.

Reamer, Frederic G.(1992). *Ethical Dilemmas in Social Services*(2nd ed.). N. Y. : Columbia University Press.

________________(1995). *Social Work Values and Ethics*. N. Y. : Columbia University Press.

________________(1999). *Social Work Values and Ethics*(2nd ed.). N. Y. : Columbia University Press.

________________(2013). *Social Work Values and Ethics*(4th ed.). N. Y. : Columbia University Press.

Reichert, Elizabeth(2003). *Social Work and Human Rights : A Foundation for Policy and Practice*. N.Y. : Columbia University Press.

______________(2011). *Social Work and Human Rights : A Foundation for Policy and Practice*(2nd ed.). N.Y. : Columbia University Press.

Saleebey, Dennis(2005). *The Strengths Perspective in Social Work Practice*(4th ed). Boston : Pearson/Allyn & Bacon.

Timms, Noel(1983). *Social Work Values : An Inquiry*. London : Routledge & Kegan Paul.

UN Center for Human Rights(2005). 이혜원 역. *Human Rights in Social Work Practice*. 인권과 사회복지실천. 서울 : 학지사.

Watson, David(1978). "Social services in a nutshell". In Noel Timms & David Watson(Eds.), *Philosophy in Social Work*. The International Library of Welfare and Philosophy, London : Routledge & Kegan Paul, pp. 26-49.

Whittington, Colin(1975). "Self-determination re-examined". In McDermott, F. E.(Ed.), *Self-determination in Social Work : a Collection of Essays on Self-determination and Related Concepts by Philosophers and Social Work Theorists*. Boston : Routledge & K. Paul.

Yang, Ok Kyung(2016). Class lecture. unpublished material.

국립국어연구원(1999). 표준국어대사전. 서울 : 두산동아.

The Random House(2001). Unabridged Dictionary. New York : Random House.

http://cdn.ifsw.org/assets/ifsw_12405-10.pdf

https://cswe.org/getattachment/Accreditation/Standards-and-Policies/2008-EPAS/2008EDUCATIONALPOLICYANDACCREDITATIONSTANDARDS(EPAS)-08-24-2012.pdf.aspx

http://www.socialworkers.org/pubs/code/code.asp#.WIlpPqiM6VQ.gmail

https://en.wikipedia.org/wiki/Universal_Declaration_of_Human_Rights

http://ifsw.org/policies/statement-of-ethical-principles

http://www.sc.or.kr

http://www.humanrights.go.kr

부록

1-1. 한국 사회사업가 윤리강령(초안)

1-2. 사회복지사 윤리강령(1988)

1-3. 사회복지사 윤리강령(1992)

1-4. 사회복지사 윤리강령(2001)

2. 사회복지사 선서

1-1. 한국 사회사업가 윤리강령(초안)

1982년 1월 15일 제정

전문

모든 인간은 다 함께 인간으로서의 고유한 가치와 불변의 존엄성을 지닌다.

사회사업은 개인이 갖는 이러한 가치와 존엄성의 실현, 그리고 그가 속해 있는 집단의 사회적 발전을 돕기 위해 그 개인 및 집단과 지역사회의 유효한 자원을 효과적으로 결합시키려는 전문적인 노력을 의미한다.

그러므로 사회사업의 기본적인 목적은 사회사업가의 도움을 필요로 하는 모든 개인 및 집단의 성공적인 자기실현이며, 이는 인도주의적 이상과 민주주의적 철학에 그 바탕을 둔다.

따라서 우리들 사회사업가는 개인 및 집단을 가져야 될 자아실현의 목표를 개발하고, 이용 가능한 사회적 자원 및 과학적인 지식을 통합함으로써 복지사회, 정의로운 사회의 건설을 위해 헌신하는 것을 우리의 기본적인 직업윤리로 한다.

강령

1. 우리는 우리 자신을 가장 중요한 사회사업 자원으로 확신한다. 따라서 우리는 우리 자신의 자원적인 능력을 계속적으로 확대 개발해 나가야 한다.

2. 우리는 피조자(클라이언트)의 개별적인 목적과 능력을 존중한다. 따라서 우리는 피조자(클라이언트)의 개인적인 목적을 사회적으로 승화시키며, 그들의 자기 능력을 계속적으로 강화시켜 나간다.
3. 우리는 우리의 사업목적 및 실천에 대하여 우리의 기관과 더불어 공동의 책임을 진다. 따라서 우리는 우리가 속해 있는 기관의 정책을 사회사업의 기본적인 목적에 부응시킨다.
4. 우리는 사회사업의 사회성을 확인한다. 따라서 우리는 우리의 사업목표를 지역사회의 필요에 부응시킴으로써 필요한 자원을 사회로부터 제공받으며, 사업의 성과 역시 지역사회의 공헌으로 환원한다.
5. 우리는 사회사업의 전문성을 지지한다. 따라서 우리는 기존하는 사회사업의 학문적 공적을 옹호하며, 새로운 이론과 그 방법론의 개발을 계속적으로 추구한다.
6. 우리는 사회사업 각 기관과 조직의 협력관계를 옹호한다. 따라서 우리는 우리의 강령에 합치하는 사회사업기관 및 조직의 활동에 대하여 필요한 협조를 제공한다.
7. 우리는 사회사업 동료 및 유사 인접분야 전문가들의 업무적 의견과 기능을 존중한다. 따라서 우리는 그들의 기존하는 실적을 옹호하며, 새로운 연구나 실천의 향상을 위해 필요로 하는 협조를 제공한다.
8. 우리는 지역주민의 자원봉사정신을 존경한다. 따라서 우리는 지역사회의 안보정신을 발양하기 위하여 자원봉사자의 개발과 확대 및 조직화에 노력한다.
9. 우리는 사회사업의 공공성을 주장한다. 따라서 우리의 연구 및 사업실천에 대하여 정부 및 공공기관의 협력관계를 확대시켜 나감에 있어서

공동의 보조를 취한다.

10. 우리는 한국사회사업가 협회 및 국제사회사업과 연맹의 일원이다. 따라서 우리는 본 협회와 동 연맹이 정하는 제반 규약과 강령 및 결정들을 적극적으로 지지한다.

1-2. 사회복지사 윤리강령

1988년 3월 26일 개정; 4월 14일 공포

사회복지사업은 인도주의와 민주주의 이념을 기반으로 하고 있으므로 모든 사회복지사는 인간의 존엄성과 가치 및 그 잠재능력을 확신하고 인류복지의 향상 발전을 위하여 최선의 노력을 경주한다. 사회복지사는 사회정의를 실현할 의무를 맡고 있는 만큼 성실, 친절, 봉사 및 진정한 이해와 사랑으로서 클라이언트를 대해야 하며 또한 항상 정의, 공평, 평화를 수호하는 선도적 위치에 서야 한다. 특히 사회복지사는 보다 적극적으로 인간의 고귀한 생명과 건강을 보전하는 구체적인 방향을 탐구하고, 실천함으로써 국민생활을 더욱 향상시킬 수 있도록 끊임없이 노력해야 한다.

위와 같은 사명을 다하기 위하여, 사회복지사는 다음의 윤리강령을 준수하며, 아울러 스스로 훌륭한 사회복지사가 되도록 쉼 없이 연구, 정진하고 자기 품성을 도야할 것을 이에 맹세한다.

1. 사회복지사는 개인과 가족, 그리고 지역사회의 복지와 사회여건을 개선하기 위한 봉사적 사회운동에 참여하는 것을 기본적 사명으로 삼는다.
2. 사회복지사는 인종, 국적, 성별, 사상, 종교, 지위 및 빈부 등의 차이를 초월한 위치에서 공정 평등하게 클라이언트를 대우한다.

3. 사회복지사는 공사를 명확히 구분하여 공을 앞세우고 클라이언트의 사회적, 경제적 지위나 권리를 이용하여 자기 개인의 이익을 도모하지 않는다.
4. 사회복지사는 클라이언트로 하여금 고상한 인격과 자립정신을 가지고 국가 사회에 이바지하는 시민이 되도록 돕는다.
5. 사회복지사는 사회사업 실천에 있어 개인적 영리행위나 자기선전 또는 광고를 하지 않는다.
6. 사회복지사는 전문적 지식과 기술을 존중하며, 이를 습득, 개발, 전달하는 데 온갖 노력을 다한다.
7. 사회복지사는 사회복지사업을 모독하거나 동료 사회복지사의 지위나 인격을 손상하는 언사와 행동을 삼가고, 사회복지사의 자치활동에 적극적으로 참여하여 각자의 직능발전과 권익옹호에 힘쓴다.
8. 사회복지사는 자기기관 및 타 관계기관 직원들과 협동하여 원만한 상호관계를 유지하는 데 힘쓴다.

1-3. 사회복지사 윤리강령

1992년 10월 22일 개정, 공포

사회복지이념은 사회의 안정과 번영을 위하여 정의, 평등, 자유, 민주주의 가치를 바탕으로 모든 사회성원들이 인간의 존엄성을 유지하면서 자기실현을 할 수 있도록 사회 전체가 공동으로 책임을 진다는 철학을 기본으로 한다. 위의 이념을 구현하기 위하여 사회복지사는 개인, 가족, 집단, 조직, 지역과 같은 복지대상과 직접 일하거나 사회제도적 개선과 관련된 제반 활동에 적극 개입한다. 위의 사명을 다하기 위하여 사회복지사는 다음의 윤리강령을 준수한다.

1. 사회복지사는 전문가로서의 품위와 자질을 유지하고, 관장하는 업무에 대하여 책임을 진다.
2. 사회복지사는 전문직의 가치를 견지하면서 관련 지식과 기술을 습득, 개발, 전달하는 데 최선의 노력을 기울인다.
3. 사회복지사는 업무수행 과정에서 어떠한 압력에도 타협하지 않으며, 전문적 관계를 이용하여 부당한 영리를 취하지 않는다.
4. 사회복지사는 복지대상자의 권익을 최우선으로 삼는다.
5. 사회복지사는 복지대상자가 자기결정권을 최대한 행사할 수 있도록 돕는다.

6. 사회복지사는 복지대상자의 사상, 종교, 인종, 성별, 연령, 지위, 계층에 따른 차별을 하지 않는다.
7. 사회복지사는 복지대상자의 사생활을 존중하고, 직무상 취득한 정보를 전문적 업무 이외에는 공개하지 않는다.
8. 사회복지사는 동료 간의 존중과 신뢰로써 대하며, 동료 간의 전문적 지위와 인격을 훼손하는 언행을 하지 않는다.
9. 사회복지사는 동료나 사회복지기관 또는 단체의 비윤리적 행위에 대하여 공식적인 절차를 통하여 대처한다.
10. 사회복지사는 소속기관과 전문단체 활동에 적극 참여하여 성장발전과 권익옹호에 힘쓰며 기타 유관기관과는 협조관계를 유지한다.

1-4. 사회복지사 윤리강령

2001년 12월 15일 개정

전 문

사회복지사는 인본주의 · 평등주의 사상에 기초하여, 모든 인간의 존엄성과 가치를 존중하고 천부의 자유권과 생존권의 보장활동에 헌신한다. 특히 사회적 · 경제적 약자들의 편에 서서 사회정의와 평등, 자유와 민주주의 가치를 실현하는 데 앞장선다. 또한 도움을 필요로 하는 사람들의 사회적 지위와 기능을 향상시키기 위해 저들과 함께 일하며, 사회제도 개선과 관련된 제반 활동에 주도적으로 참여한다. 사회복지사는 개인의 주체성과 자기결정권을 보장하는 데 최선을 다하고, 어떠한 여건에서도 개인이 부당하게 희생되는 일이 없도록 한다. 이러한 사명을 실천하기 위하여 전문적 지식과 기술을 개발하고, 사회적 가치를 실현하는 전문가로서의 능력과 품위를 유지하기 위해 노력한다.

이에 우리는 클라이언트 · 동료 · 기관 그리고 지역사회 및 전체사회와 관련된 사회복지사의 행위와 활동을 판단, 평가하며 인도하는 윤리기준을 다음과 같이 선언하고 이를 준수할 것을 다짐한다.

윤리기준

1. 사회복지사의 기본적 윤리기준

1) 전문가로서의 자세

① 사회복지사는 전문가로서의 품위와 자질을 유지하고, 자신이 맡고 있는 업무에 대해 책임을 진다.

② 사회복지사는 클라이언트의 종교·인종·성·연령·국적·결혼상태·성 취향·경제적 지위·정치적 신념·정신, 신체적 장애·기타 개인적 선호, 특징, 조건, 지위를 이유로 차별대우를 하지 않는다.

③ 사회복지사는 전문가로서 성실하고 공정하게 업무를 수행하며, 이 과정에서 어떠한 부당한 압력에도 타협하지 않는다.

④ 사회복지사는 사회정의 실현과 클라이언트의 복지 증진에 헌신하며, 이를 위한 환경조성을 국가와 사회에 요구해야 한다.

⑤ 사회복지사는 전문적 가치와 판단에 따라 업무를 수행함에 기관 내외로부터 부당한 간섭이나 압력을 받지 않는다.

⑥ 사회복지사는 자신의 이익을 위해 사회복지 전문직의 가치와 권위를 훼손해서는 안 된다.

⑦ 사회복지사는 한국사회복지사협회 등 전문가단체 활동에 적극 참여하여, 사회정의 실현과 사회복지사의 권익옹호를 위해 노력해야 한다.

2) 전문성 개발을 위한 노력

① 사회복지사는 클라이언트에게 최상의 서비스를 제공하기 위해, 지식과 기술을 개발하는 데 최선을 다하며 이를 활용하고 전파할 책임이 있다.

② 클라이언트를 대상으로 연구하는 사회복지사는 저들의 권리를 보장하기 위해, 자발적이고 고지된 동의를 얻어야 한다.

③ 연구과정에서 얻은 정보는 비밀보장의 원칙에서 다루어져야 하고, 이 과정에서 클라이언트는 신체적, 정신적 불편이나 위험·위해 등으로부터 보호되어야 한다.

④ 사회복지사는 전문성을 개발하기 위해 노력하되, 이를 이유로 서비스의 제공을 소홀히 해서는 안 된다.

⑤ 사회복지사는 한국사회복지사협회 등이 실시하는 제반 교육에 적극 참여하여야 한다.

3) 경제적 이득에 대한 태도

① 사회복지사는 클라이언트의 지불능력에 상관없이 서비스를 제공해야 하며, 이를 이유로 차별대우를 해서는 안 된다.

② 사회복지사는 필요한 경우에 제공된 서비스에 대해, 공정하고 합리적으로 이용료를 책정해야 한다.

③ 사회복지사는 업무와 관련하여 정당하지 않은 방법으로 경제적 이득을 취하여서는 안 된다.

2. 사회복지사의 클라이언트에 대한 윤리기준

1) 클라이언트와의 관계

① 사회복지사는 클라이언트의 권익옹호를 최우선의 가치로 삼고 행동한다.

② 사회복지사는 클라이언트에 대하여 인간으로서의 존엄성을 존중해야 하며, 전문적 기술과 능력을 최대한 발휘한다.

③ 사회복지사는 클라이언트가 자기결정권을 최대한 행사할 수 있도록 도와야 하며, 저들의 이익을 최대한 대변해야 한다.

④ 사회복지사는 클라이언트의 사생활을 존중하고 보호하며, 직무 수행과정에서 얻은 정보에 대해 철저하게 비밀을 유지해야 한다.

⑤ 사회복지사는 클라이언트가 받는 서비스의 범위와 내용에 대해, 정확하고 충분한 정보를 제공함으로써 알 권리를 인정하고 존중해야 한다.

⑥ 사회복지사는 문서·사진·컴퓨터 파일 등의 형태로 된 클라이언트의 정보에 대해 비밀보장의 한계·정보를 얻어야 하는 목적 및 활용에 대해 구체적으로 알려야 하며, 정보 공개 시 동의를 얻어야 한다.

⑦ 사회복지사는 개인적 이익을 위해 클라이언트와의 전문적 관계를 이용하여서는 안 된다.

⑧ 사회복지사는 어떠한 상황에서도 클라이언트와 부적절한 성적 관계를 가져서는 안 된다.

⑨ 사회복지사는 사회복지 증진을 위한 환경 조성에 클라이언트를 동반자로 인정하고 함께 일해야 한다.

2) 동료의 클라이언트와의 관계

① 사회복지사는 적법하고도 적절한 논의 없이 동료 혹은, 다른 기관의 클라이언트와 전문적 관계를 맺어서는 안 된다.

② 사회복지사는 긴급한 사정으로 인해 동료의 클라이언트를 맡게 된 경우, 자신의 의뢰인처럼 관심을 갖고 서비스를 제공한다.

3. 사회복지사의 동료에 대한 윤리기준

1) 동 료

① 사회복지사는 존중과 신뢰로서 동료를 대하며, 전문가로서의 지위와

인격을 훼손하는 언행을 하지 않는다.

② 사회복지사는 사회복지전문직의 이익과 권익을 증진시키기 위해 동료와 협력해야 한다.

③ 사회복지사는 동료의 윤리적이고 전문적인 행위를 촉진시켜야 하며, 이에 반하는 경우에는 제반 법률규정이나 윤리기준에 따라 대처해야 한다.

④ 사회복지사가 전문적인 판단과 실천이 미흡하여 문제를 야기했을 때에는, 적절한 조치를 취해 클라이언트의 이익을 보호해야 한다.

⑤ 사회복지사는 전문직 내 다른 구성원이 행한 비윤리적 행위에 대해, 제반 법률규정이나 윤리기준에 따라 조치를 취해야 한다.

⑥ 사회복지사는 동료 및 타 전문직 동료의 직무 가치와 내용을 인정·이해하며, 상호 간에 민주적인 직무관계를 이루도록 노력해야 한다.

2) 슈퍼바이저

① 슈퍼바이저는 개인적인 이익의 추구를 위해 자신의 지위를 이용해서는 안 된다.

② 슈퍼바이저는 전문적 기준에 의해 공정하게 책임을 수행하며, 사회복지사, 수련생 및 실습생에 대한 평가는 저들과 공유해야 한다.

③ 사회복지사는 슈퍼바이저의 전문적 지도와 조언을 존중해야 하며, 슈퍼바이저는 사회복지사의 전문적 업무수행을 도와야 한다.

④ 슈퍼바이저는 사회복지사·수련생 및 실습생에 대해 인격적·성적으로 수치심을 주는 행위를 해서는 안 된다.

4. 사회복지사의 사회에 대한 윤리기준

1) 사회복지사는 인권존중과 인간평등을 위해 헌신해야 하며, 사회적 약자를 옹호하고 대변하는 일을 주도해야 한다.
2) 사회복지사는 필요한 사회서비스를 개발하기 위한 사회정책의 수립·발전·입법·집행에 적극적으로 참여하고 지원해야 한다.
3) 사회복지사는 사회환경을 개선하고 사회정의를 증진시키기 위한 사회정책의 수립·발전·입법·집행을 요구하고 옹호해야 한다.
4) 사회복지사는 자신이 일하는 지역사회의 문제를 이해하고, 그것을 해결하는 일에 적극적으로 참여해야 한다.

5. 사회복지사의 기관에 대한 윤리기준

1) 사회복지사는 기관의 정책과 사업 목표의 달성·서비스의 효율성과 효과성의 증진을 위해 노력함으로써, 클라이언트에게 이익이 되도록 해야 한다.
2) 사회복지사는 기관의 부당한 정책이나 요구에 대하여, 전문직의 가치와 지식을 근거로 이에 대응하고 즉시 사회복지윤리위원회에 보고해야 한다.
3) 사회복지사는 소속기관 활동에 적극 참여함으로써, 기관의 성장 발전을 위해 노력해야 한다.

6. 사회복지윤리위원회의 구성과 운영

1) 한국사회복지사협회는 사회복지윤리위원회를 구성하여, 사회복지윤리실천의 질적인 향상을 도모하여야 한다.
2) 사회복지윤리위원회는 윤리강령을 위배하거나 침해하는 행위를 접수받아, 공식적 절차를 통해 대처하여야 한다.
3) 사회복지사는 한국사회복사협회의 윤리적 권고와 결정을 존중하여야 한다.

2. 사회복지사 선서

나는 모든 사람들이 인간다운 삶을 누릴 수 있도록,
인간존엄성과 사회정의의 신념을 바탕으로,
개인·가족·집단·조직·지역사회·전체사회와 함께한다.
나는 언제나 소외되고 고통받는 사람들의 편에 서서,
저들의 인권과 권익을 지키며, 사회의 불의와 부정을 거부하고,
개인이익보다 공공이익을 앞세운다.
나는 사회복지사 윤리강령을 준수함으로써,
도덕성과 책임성을 갖춘 사회복지사로 헌신한다.
나는 나의 자유의지에 따라 명예를 걸고 이를 엄숙하게 선서합니다.

저/자/약/력

■ **양옥경**

[현직] 이화여자대학교 사회복지학과 교수

[전직] 한국사회복지교육협의회 회장

[학력] 이화여자대학교 영어영문학과 졸업, 미국 위스콘신대학교 사회사업학 석사 및 사회복지학 박사

[경력] 이화여자대학교 사회복지(전문)대학원 원장 역임, 한국사회복지학회 회장 역임

[저서]

사회복지실천론, 사회복지윤리와 철학, 사회복지실천과 윤리, 정신보건과 사회복지, 지역사회정신건강, 가족과 사회복지, 다문화 사회, 한국(공저), 사회복지지도감독론(공저) 등

사회복지 윤리와 인권

|저자| 양옥경

|1판 1쇄| 발행 2017년 10월 31일
|1판 2쇄| 발행 2021년 1월 28일
|1판 3쇄| 발행 2022년 2월 25일

|발행인| 김동훈
|발행처| 공동체

|주소| 경기도 고양시 일산동구 호수로 358-39, 동문타워Ⅰ 905호(백석동)
|전화| 031) 814-3000(대표)
|팩스| 031) 814-3100
|홈페이지| http://www.compub.co.kr
|전자우편| compub@naver.com
|출판등록| 2005년 10월 6일
|등록번호| 제396-2005-36호

|ISBN| 979-11-6105-200-7
정가 15,000원